Sous la coordination de :

Caroline MÉTOTÈ
Jacques TEMADJO
&
MUNNÉ BATET BOTÉTÈMÈ

Revisiter la communication des organisations au Cameroun

Acteurs, discours, dispositifs techniques et réglementaires, interactions, pratiques, stratégies, image et enjeux

Volume 1

PYGMIES

Cet ouvrage a été réalisée par les éditions Pygmies (Douala, Cameroun).

Tél. : +237 677 47 85 55 – +237 677 13 42 11

contact@pygmieseditions.com

www.pygmieseditions.com

Impression : Libri Plureos GmbH, Friedensallee 273, 22 763 Hambourg (Allemagne)

Dépôt légal : juin 2025

ISBN : 978-9956-459-94-0

Introduction générale

Caroline MÉTOTÈ
Université de Douala
metotecaroline@gmail.com

Dans le contexte actuel, et face aux avancées socioculturelles et technologiques, aux continuités et aux discontinuités connues par la « camerounisation » de la communication des organisations, il devient urgent de cerner la complexité et d'appréhender les méandres de la communication interne et externe selon les spécificités des organisations. Par ailleurs, il est utile de dénouer les problèmes posés, de questionner les discours, d'analyser les interactions, de cerner les pratiques et les dispositifs de communication tout en tenant compte des contingences socioculturelles, sociopolitiques, socio-économiques, sociotechniques et socio-technologiques qui ont une prégnance sur les organisations, notamment camerounaises.

Cet ouvrage collectif s'inscrit dans le domaine de recherche en Sciences de l'Information et de la Communication (SIC) et dans le sous-champ de la Communication des organisations. Il se propose de fournir à travers l'observation d'exemples réels, des cas d'organisations, une revue des pratiques, des stratégies, des discours de communication au Cameroun, à la lumière des grands courants théoriques et au contact des réalités spécifiques à cet environnement. Il s'agit donc entre autres :

- De revisiter la « camerounisation » de la communication des organisations appliquée au champ camerounais : nouvelles conceptualisations, nouvelles théorisations, nouvelles approches ;
- D'élaborer une anthologie des travaux réalisés (thèses, articles, mémoires, colloques, symposium, ouvrages) en communication des organisations au Cameroun ;
- De questionner les innovations apportées dans la communication des organisations au Cameroun ;

– D'interroger l'appropriation et les pratiques de l'Intelligence artificielle (IA) dans la communication des organisations au Cameroun (l'existant ; les réserves ; les perspectives).

Les chercheurs et autres universitaires camerounais s'inscrivent nombreux dans le foisonnement des études et des recherches universitaires sur la communication des organisations. Ceci montre l'intérêt de plus en plus grandissant à elle accordé aux plans théorique et pratique et, par ricochet, sa place et son rôle devenus incontournables au sein des organisations dans ce pays. Ce premier volume est composé de deux axes. Le premier axe est intitulé : Les pratiques et les enjeux de la communication des organisations au Cameroun (acteurs, discours, interactions). Cinq (5) chercheurs s'y sont intéressés : Métoté Caroline ; Ndonguè Timothé ; Djiadeu Collette ; Baba Wamé et Mache Honorine.

L'article de Métoté Caroline montre, à travers le discours managérial, comment les entreprises camerounaises, surtout celles du secteur public, sont prises en étau entre leur remobilisation et le défi de la légitimité. S'inscrivant dans une perspective diachronique et s'appuyant sur les auteurs classiques de la communication des organisations, elle montre que le discours managérial recouvre les pratiques discursives écrites, orales et non verbales qui véhiculent une conception utilitariste du sujet et des relations humaines, considérés comme des ressources à mobiliser au service de la maximisation du bien-être global.

Ndonguè Timothé aborde un tout autre volet, celui de la prolifération des Instituts privés d'enseignement supérieur au Cameroun (IPES). Il s'intéresse aux formes que prennent les interactions entre ces institutions et leur tutelle dans un contexte où les libertés académiques sont envisagées pour promouvoir l'inclusion des savoirs autochtones. Il formule l'hypothèse selon laquelle l'utilisation d'une communication *top down* entre les Instituts Privés d'Enseignement supérieur de Douala et leur tutelle dans le cadre du projet de l'inclusion des savoirs autochtones en leur sein se justifie par la volonté de renforcer le pouvoir de la hiérarchie, contrôler la diffusion des informations, et enfin répondre aux exigences des partenaires. Pour cet auteur, il est alors nécessaire de penser à la décolonisation des *curricula* en intégrant les savoirs autochtones, le tout dans une approche de communication plus adaptée aux attentes des acteurs.

S'inscrivant dans une perspective développementaliste, Djadeu Nguemedyam Colette et Benaja Nkemzikann A Ndem s'intéressent aux interactions de communication entre les organisations initiatrices de projets de développement dans les pays dits en développement et les bénéficiaires, à savoir les populations riveraines des sites d'implantation. De leur point de vue, ces interactions entre ces deux types d'entités constituent un enjeu central dans l'analyse des dynamiques communicationnelles du développement, car le processus de médiation entre les acteurs de développement et les populations vise à modifier les perceptions et les représentations des populations sur les projets menés par les premiers, avec pour finalité de manager les populations dans un cadre non conflictuel pour un accord et une participation active dans la prise des décisions.

Baba Wamé analyse la crise de légitimité communicationnelle qui affecte eneo, opérateur énergétique camerounais. Selon l'auteur, cette crise découle d'un enchevêtrement de dysfonctionnements techniques, notamment les délestages récurrents et un réseau électrique obsolète, aggravés par des pratiques institutionnelles caractérisées par un manque de transparence dans la communication et une déconnexion marquée entre le discours technocratique et les réalités socioculturelles locales.

Mache Honorine Nadège étudie les dispositifs de communication en lien avec la satisfaction des usagers. Son objectif est d'étudier les pratiques communicationnelles des services publics au Cameroun dans un contexte de forte médiatisation de la société, où les supports numériques facilitent la diffusion rapide des contenus ainsi que la vulgarisation des principes démocratiques.

Le second axe, consacré aux dispositifs de communication des organisations au Cameroun — qu'il s'agisse des dispositifs traditionnels, des Réseaux sociaux numériques (RSN), de la gestion des données organisationnelles ou de l'Intelligence artificielle (IA) — a suscité un vif engouement. Ce regain d'intérêt témoigne du caractère à la fois complexe et mystérieux de ces thématiques, en particulier celle de l'intelligence artificielle, qui continue d'éveiller la curiosité et d'ouvrir un vaste champ encore peu exploré dans le contexte camerounais. Quatre contributions ont été sélectionnées pour illustrer cet axe : celles de Moukoko Chantal et Temadjo Jacques, de Temadjo Jacques, de Tagmeni Tagmeni Chimène Laure et de Fulbert Fofack.

La réflexion de Moukoko Chantal et Temadjo Jacques pose un regard critique sur la Bibliothèque universitaire (BU) prise dans ce cadre comme nœud gordien du dispositif de production, de diffusion et de consommation du savoir scientifique et sa place dans la construction et le rayonnement de l'image institutionnelle de l'organisation université. La Bibliothèque Universitaire de l'Université de Douala est confrontée à une kyrielle de problèmes structurels, infrastructurels, technostructurels et technologiques qui édulcorent son image et partant l'image de l'Université. Les logiques inavouées de certains acteurs doublées d'une absence de politique incisive de la part des décideurs sont à l'origine de cette fracture entre la production et la consommation des savoirs par la médiation de la BU. Le paradoxe saisissant ici est la tension entre la multitude des publications des enseignants-chercheurs, notamment pour des raisons de changement de grade, la publication des revues scientifiques par les Facultés et Grandes Écoles, les dépôts des thèses, des Habilitations à Diriger les Recherches (HDR) et la difficulté de la Bibliothèque universitaire (BU) à pouvoir constituer un fonds documentaire idoine des savoirs produits.

Temadjo Jacques pose un regard curieux et critique sur l'entrée fracassante de l'Intelligence artificielle (IA) dans les pratiques de production/consommation des savoirs au sein des Universités d'État du Cameroun. Au nom de la « performation des usages » de Patrice Flichy (2003) la production et la consommation des savoirs, l'enseignement, l'apprentissage et l'évaluation au sein des Universités d'État éprouvent désormais les affres de l'Intelligence artificielle. La création et la génération des textes, des contenus à partir de l'IA, le plagiat, la copie des textes, des images, le vol des idées, etc., sans l'autorisation préalable de l'auteur ou de l'éditeur et sans respect des exigences du *copyright* se font de plus en remarquer dans les travaux scientifiques (production des ouvrages, des articles, des thèses, des mémoires, des enseignements) au sein de ces organisations, mères de la science. L'entrée de l'IA comme par effraction au sein des Universités d'État du pays démocratise et tend à sacraliser la tricherie alors que les dispositifs technostructurels existants dans ces organisations et dans l'enseignement supérieur en général sont encore inaptes à répondre et à contrecarrer de façon efficace ces effets inattendus qui vont plomber la qualité de la production scientifique dans cet univers. La nécessité s'impose de repenser les pratiques de production des savoirs, d'enseignement, d'apprentissage et d'évaluation desdits savoirs et le financement de la recherche sur l'IA, qui peut servir de levier pouvant améliorer le rendement de plusieurs secteurs d'activités au Cameroun.

Tagmeni Tagmeni Chimène Laure s'est appesantie sur les pratiques de « *storytelling* » sur internet par les opérateurs de téléphonie mobile au Cameroun pour en interroger l'authenticité, la crédibilité, voire le caractère purement mythique. L'auteure formule l'hypothèse que, l'insertion de l'authenticité, du mythe et de la crédibilité dans les *storytellings*, technique de narration d'histoires inspirées du contexte socioculturel immédiat et associées aux productions publicitaires, permet à Camtel, MTN et Orange Cameroun de conquérir le marché et de satisfaire leur clientèle. Les *storytellings* permettent à ces organisations marchandes d'accompagner leur clientèle dans toutes les situations qu'elles traversent dans leur milieu de vie. L'analyse des données a permis de comprendre que les histoires racontées autour des marques doivent être pertinentes ou originales en vue de conquérir de nouveaux clients ou de fidéliser les anciens. Le côté authentique d'une histoire permet aux marques d'être prises en considération par les clients. Avec le *Storytelling*, ces entreprises parviennent ainsi à construire une cohérence communicationnelle inscrite dans un ancrage socioculturel qui leur produit une adhésion psychologique non négligeable.

Fulbert Fofack s'intéresse aux organisations médiatiques de la ville de Ngaoundéré chef-lieu de la Région de l'Adamaoua. La réflexion de l'auteur porte sur les organisations médiatiques privées à l'épreuve des réseaux sociaux numériques. La Radio Désir FM et de la Radio-TV La Distinction situées à N'Gaoundéré servent de terrain d'études. Dans la ville de Ngaoundéré les organisations médiatiques que sont la radio Désir FM et la radio-TV La Distinction font usage des Réseaux sociaux numériques (RSN) et sont de plus en plus présentes sur le web et la plateforme numérique *Facebook*. L'objectif de cette contribution est de montrer comment la présence sur Facebook des organisations médiatiques situées à N'Gaoundéré reconfigure le tissu socio-économique de l'univers médiatique de cette partie du pays. Pour l'auteur, ces organisations médiatiques de Ngaoundéré procèdent à la mutualisation et à la diversification des contenus éditoriaux afin de renforcer leur image institutionnelle, leur notoriété, leur visibilité et la captation de la publicité et se positionner sur les RSN.

Cet ouvrage compte en tout neuf publications aussi riches les unes que les autres et couvrant l'essentiel des champs de la communication des organisations. Toutes ces contributions permettront sans nul doute de repositionner la communication des organisations au Cameroun, et de revisiter tant les concepts, les théories que les pratiques de la communication des organisations au Cameroun, le tout dans une démarche de contextualisation intelligente et rationalisée qui s'enrichit de l'innovation à tous égards.

Les pratiques et les enjeux de la communication des organisations au Cameroun (acteurs, discours, interactions)

Le discours managérial en situation de crise dans les entreprises du secteur public au Cameroun : entre remobilisation et défi de légitimité

Caroline MÉTOTÈ
Université de Douala
metotecaroline@gmail.com

Résumé

Cet article analyse la dynamique du discours managérial en situation de crise au sein des entreprises publiques camerounaises, à travers l'étude de cas de la compagnie aérienne Camair-Co. S'appuyant sur les théories de l'organisation, la théorie néo-institutionnelle et la théorie de l'agir communicationnel de Habermas, la méthodologie adoptée repose sur une analyse lexico-sémantique des discours produits par les dirigeants lors de trois crises majeures : la relance de l'entreprise en 2020, le préavis de grève des pilotes en août 2024, et l'incident de dépressurisation en janvier 2025. Les résultats montrent que le discours managérial oscille entre une posture autoritaire, centrée sur la défense des intérêts économiques et la réputation de l'entreprise, et une approche plus réparatrice, visant à rétablir la confiance et l'unité, mais souvent prioritairement envers la clientèle plutôt qu'envers les employés. Ce double mouvement révèle une tension persistante entre une gestion taylorienne axée sur la performance et une communication managériale de convenance, soucieuse des besoins des travailleurs. En conclusion, cette ambivalence du discours contribue à perpétuer un cycle de crises et de défi de légitimité au sein des entreprises publiques camerounaises, mettant en lumière la nécessité d'une meilleure prise en compte des acteurs internes dans la gestion des crises organisationnelles.

Mots clés : crise organisationnelle, communication, discours managérial, entreprise publique, légitimité

Abstract

This article examines managerial discourse in crisis situations within Cameroonian public sector companies, using Camair-Co as a case study. Drawing on organizational theories (Fayol, Mintzberg), neo-institutional theory and Habermas's communicative action theory, the methodology is based on lexico-semantic analysis of management speeches during three major crises: the company's relaunch in 2020, the pilots' strike notice in August 2024, and the depressurization incident in January 2025. The findings reveal that managerial discourse alternates between an authoritarian stance focused on protecting economic interests and corporate reputation, and a reparative approach aimed at restoring trust and unity but often prioritizing customers over employees. This duality highlights a persistent tension between Taylorian management focused on productivity and a more convenient, human-centered managerial communication attentive to workers' needs. In conclusion, this ambivalent discourse perpetuates a cycle of crises and legitimacy challenges within Cameroonian public enterprises, underscoring the need for greater consideration of internal stakeholders in organizational crisis management.

Keywords : communication, legitimacy, managerial discourse, organizational crisis, public enterprise

Introduction

Depuis plusieurs décennies, le « discours managérial » s'impose comme une composante centrale de la gestion des organisations, structurant les pratiques discursives écrites, orales et non verbales qui orientent la conduite des individus dans l'action collective. Historiquement, ce discours s'est construit autour d'une conception utilitariste des relations humaines, considérant les sujets comme des ressources à mobiliser pour optimiser le bien-être global et la performance organisationnelle. Dès les années 1980, la diffusion de modèles économiques et entrepreneuriaux a encouragé, au sein des entreprises, la valorisation de l'homme producteur et rationnel, à l'instar des théories de Taylor aux États-Unis et de Fayol en France, qui ont fondé la figure du manager-organisateur, chargé de « prévoir, commander, contrôler et coordonner » (Fayol, 1916). Cette vision mécanique et quantifiable, inscrite dans la logique du capitalisme, a progressivement évolué sous l'influence de l'École des relations humaines (Elton Mayo, 1933), mettant en lumière l'importance de l'individu, de la rentabilité et de la profitabilité dans la chaîne de production.

À partir des années 1970, les mutations économiques et sociales ont amplifié la place accordée à la relation et à la prise en compte des aspirations individuelles, remettant en question une autorité strictement hiérarchique au profit d'une co-construction du bien-être organisationnel. Les pratiques managériales et, par conséquent, le discours managérial se sont alors enrichis de nouveaux objectifs : obtenir l'adhésion des salariés en s'appuyant sur leurs attentes, concilier efficacité et concertation, et favoriser l'implication individuelle dans la dynamique collective.

Cependant, lorsque le fonctionnement des organisations est perturbé par des évènements majeurs et imprévus, la notion de crise organisationnelle s'impose. Selon Pearson et Mitroff (1993), « une crise organisationnelle est un évènement qui menace les objectifs, la réputation et la survie d'une organisation. Il est à faible probabilité, et à fort impact, et nécessite une réponse immédiate, tant ses conséquences peuvent être graves. » Ce contexte de crise met à l'épreuve la pertinence et l'efficacité du discours managérial, notamment dans des environnements où coexistent des modèles de gestion taylorienne axée sur la performance et des approches humanistes plus circonstancielles.

Dans le champ des entreprises publiques camerounaises, cette tension entre discours managérial autoritaire, centré sur la productivité, et communication managériale de convenance, attentive aux besoins des travailleurs, soulève une problématique spécifique : comment les dirigeants articulent-ils leur discours en situation de crise pour concilier impératifs économiques et attentes sociales ? L'enjeu est d'autant plus crucial que la légitimité des managers et la confiance des parties prenantes se trouvent fragilisées dans les contextes de tension.

L'originalité de cet article réside dans l'analyse approfondie de la dynamique du discours managérial en contexte de crise au sein d'une entreprise publique camerounaise, Camair-Co, à travers l'étude de trois situations de crise récentes. Cette démarche vise à combler un manque dans la littérature, qui aborde rarement la spécificité des discours managériaux de crise dans le secteur public en Afrique centrale, alors même que ces enjeux sont déterminants pour la légitimité organisationnelle et la gestion des crises.

Nous posons l'hypothèse suivante : l'ambivalence du discours managérial, oscillant entre autoritarisme et réparation, contribue à perpétuer un cycle de crises et à fragiliser la légitimité des entreprises publiques camerounaises, faute d'une prise en compte effective des acteurs internes lors de la gestion des crises organisationnelles.

Pour étayer cette réflexion, l'article s'appuie sur un positionnement théorique pluriel : la théorie de l'organisation et de la gestion (Fayol, 1916), revisitée à travers la théorie des configurations organisationnelles (Mintzberg, 1983) et la perspective néo-institutionnelle, notamment les typologies de réponses stratégiques (Oliver, 1991), ainsi que la théorie de l'agir communicationnel de Habermas (1987) qui questionne les conditions de légitimation du discours. Nous mobilisons également les apports de Crozier et Friedberg (1977) pour analyser le discours managérial de crise comme stratégie de réparation tenant compte des contraintes et des sensibilités des acteurs. Méthodologiquement, une analyse de contenu lexico-sémantique des discours produits par les dirigeants de Camair-Co lors de trois crises majeures — la relance de l'entreprise en 2020, le préavis de grève des pilotes en août 2024, et l'incident de dépressurisation en janvier 2025 — permet d'objectiver les postures discursives adoptées.

L'article s'organise comme suit : la première partie présente le cadre conceptuel et théorique du discours managérial en contexte de crise ; la deuxième partie expose la méthodologie et le corpus d'étude ; la troisième partie analyse les résultats et discute les tensions relevées dans les discours ; enfin, une conclusion ouvre la réflexion sur la nécessité d'une meilleure implication des acteurs internes dans la gestion des crises organisationnelles.

1. La pratique du discours managérial dans les entreprises camerounaises

Dans le cadre du management des organisations, le discours est un pilier essentiel. C'est un outil nécessaire pour assurer la communication des informations précises, pour mener à bien la prise des décisions, ainsi que pour harmoniser les interactions au sein des organisations. Partant de cette définition générale, Bertram (2011, p. 1-2) déclare que :

> Dans les organisations, le discours managérial intervient dans de nombreux domaines, tels que : le changement stratégique du management, le

management environnemental, le développement des processus stratégiques, les processus de recrutement, les réunions de planning stratégiques, ainsi que le management des actionnaires, parmi d'autres.

Il apparaît donc de manière évidente que le discours managérial est non seulement toujours motivé, mais se déploie dans des circonstances spécifiques. Parmi les mouvances les plus courantes, nous en retiendrons deux, à savoir : le discours managérial de motivation et le discours managérial de crise. Dans le contexte de l'étude des entreprises camerounaises, nous nous attarderons tout particulièrement sur le discours managérial de crise. Au-delà de ses objectifs, nous voulons nous appesantir sur sa pertinence, et, le cas échéant, examiner les causes possibles de son inefficacité.

Comme les gestionnaires sont chargés de communiquer les valeurs de l'organisation à leurs subordonnés, il est important de comprendre comment ils s'y prennent. Il est intéressant de noter que, contrairement au gestionnaire traditionnel, perçu comme rigide, objectif et bureaucratique, le gestionnaire moderne doit être charismatique, rassembleur et entreprenant. Il doit créer un environnement favorisant l'engagement, ce qui permet aux employés de prendre des initiatives et de se sentir impliqués. Cela amène à se questionner sur la manière dont les gestionnaires des entreprises camerounaises s'y prennent.

1.1. Le discours managérial de motivation

Selon Vandvelde (2014), le discours managérial est principalement tenu par les dirigeants. Ce sont eux qui le conçoivent dans une perspective idéologique (véhicule les valeurs), symbolique (signe de pouvoir) et pragmatique (transmet des informations utilitaires). Il est souvent repris par les cadres supérieurs et intermédiaires. Sa reprise par l'auditeur, même dans une visée contestataire, permet sa diffusion et participe progressivement de son intériorisation. Instrument de pouvoir et signe d'autorité, il contribue aujourd'hui à la légitimation de la domination du capitalisme financier. C'est un discours mobilisateur, co-construit par celui qui l'énonce et celui qui l'entend. Un discours tire son pouvoir symbolique de la reconnaissance de l'énonciateur par l'auditeur. Concrètement, le discours managérial a trois principales fonctions :

- La fonction de relais : il s'agit de porter les messages clés de la direction générale auprès des collaborateurs. Il s'agit aussi de fluidifier et d'humaniser le circuit d'information, d'améliorer l'appropriation de la stratégie de l'entreprise, grâce à un cap et à des valeurs incarnées.
- La fonction de *booster* : les salariés sont désabusés et il est indispensable de redonner du sens à leurs tâches quotidiennes, surtout dans les phases de conduite du changement. On va donc demander aux managers de redonner du sens au terrain.
- La fonction de palliatif : en effet, les entreprises sont en déficit de leadership, elles se sont déshumanisées, il y a un vrai manque de proximité à mesure que la taille de l'entreprise grandit. Il devient naturellement de plus en plus difficile alors de créer de la proximité et du relationnel avec l'ensemble des collaborateurs.

Au Cameroun, cette fonction palliative qui essaie de rétablir la proximité est régulièrement mobilisée dans les sorties discursives à l'occasion des vœux de Nouvel An, ou lors des festivités célébrant la fête du Travail. C'est l'occasion pour chaque leader de formuler un discours de reconnaissance du mérite de ses employés à travers une prépondérance du champ lexical de l'appréciation. Un discours de valorisation des acquis collectifs en soulignant l'importance de la contribution de chacun, un discours de fédération autour des défis de l'entreprise. Le « nous » et le « notre » inclusifs pour créer un sentiment d'appartenance et de proximité sont dominants, notamment dans la projection vers les défis du futur. Au-delà de sa visée performative, le discours managérial constitue un outil de mobilisation et de stimulation des acteurs par lequel une identification à l'organisation est facilitée et une construction de sa légitimité est ainsi permise (Wehbi Sleiman *et al.*, 2020).

Pour rester pertinent, le discours managérial doit régulièrement s'adapter aux réalités de son contexte, d'où la présence en son sein, de référents culturels, symboliques, idéologiques, voire religieux spécifiques à son environnement dans ses supports officiels pour communiquer sur des évènements de portée nationale ou communautaire, dans des domaines aussi variés que le sport, la religion, la tradition, etc. En effet, dans un contexte comme le Cameroun où le concept de « laïcité » est compris et vécu comme liberté de culte d'une part, et reconnaissance et respect par l'État de différentes religions d'autre part, des fêtes religieuses, telles que Noël, Tabaski, Pâques, Aid Elkébir, etc., sont souvent l'occasion pour plusieurs entreprises de produire des messages de souhaits de bonne fête adressés aux communautés concernées, dont des membres font certainement partie de leurs personnels. Il en va de même pour les évènements d'envergure nationale, comme la fête de la jeunesse (le 11 février), la fête nationale (le 20 mai), des échéances importantes de la vie de l'équipe nationale de football, ainsi que des célébrations traditionnelles de communautés riveraines (le Ngondo, le Mpooh, le Ngouon, etc.).

En associant ainsi leur identité institutionnelle à ces célébrations, les entreprises camerounaises se positionnent dans une communication managériale à large spectre. Elles déploient non seulement une communication à visée inclusive qui contribue à créer un sentiment de prise en compte des différents acteurs et participe à la cohésion interne, mais également une communication de RSE (Responsabilité Sociale de l'Entreprise), qui leur génère un capital sympathie non négligeable de la part de leurs communautés riveraines, et au-delà, une communication patriote, visant à souder leurs employés au reste de la population camerounaise.

1.2. Le discours managérial de crise

Lorsque, malgré le déploiement d'une communication managériale de motivation et la mise en œuvre de tous les outils de prévention, une crise survient dans une entreprise ou dans son environnement immédiat, il devient urgent de l'adresser par tous les moyens possibles, y compris des productions discursives susceptibles de stopper la crise, d'en atténuer les effets et de restaurer une situation assainie. En reprenant la définition de la crise pour l'associer au discours, on pourrait plus naturellement définir le discours managérial de crise.

En effet, une crise est par définition un évènement inattendu, soit accidentel, soit prévisible, qui intervient de manière incontrôlée. Sa survenue produit toujours des effets néfastes sur les objectifs, la réputation et la survie d'une organisation. Dans le cadre d'une bonne stratégie managériale caractérisée par la prévention, la crise est à faible probabilité. Néanmoins, son impact sera toujours plus ou moins fort, et ses conséquences relativement importantes en fonction de la rapidité et de l'efficacité de la réponse déployée. Par déduction, on pourrait donc dire que le discours managérial de crise est un ensemble d'attitudes illocutoires et de productions discursives, mobilisées en réaction immédiate et spontanée, pour répondre aux menaces sur les objectifs, la réputation et la survie de l'entreprise, en réduire l'impact et en atténuer les conséquences. Le discours managérial de crise est donc un discours « réparateur » (De Gaulejav, 2005), visant à rétablir la confiance et la crédibilité d'une organisation. Il est important de s'appesantir sur les principaux objectifs du discours managérial de crise. Nous emprunterons à Wehbi *et al.* (2020), les trois parties clés du discours managérial de crise, à savoir : le rétablissement de la vérité, le renforcement de l'unité, et la formulation d'une nouvelle promesse.

1.2.1. Rétablissement de la vérité

La résolution d'une crise nécessite au préalable de s'enquérir des facteurs ayant contribué à sa survenue. Selon Mintzberg (1983), les causes de la crise organisationnelle sont liées à sa structure et à son fonctionnement. Il s'agit généralement de questions de coordination, de contrôle, de pouvoir, et d'adaptation à l'environnement externe, autant de situations susceptibles des conflits. Dans tous les cas, les dysfonctionnements relationnels dus au non-respect ou à la violation des termes du contrat social entre les différentes parties prenantes sont inévitables dans les organisations. Pour Crozier et Friedberg (1977), qui insistent sur notion de relation et de pouvoir dans la gestion des organisations, « le pouvoir est une relation et non une propriété individuelle ». Il s'agit donc de considérer les relations de pouvoir en intégrant la réalité des intérêts individuels des acteurs en tant qu'ils doivent être fédérés autour des intérêts collectifs. Lorsqu'on en vient à parler de « rétablissement » de la vérité, cela suppose qu'elle a été soit déformée, soit dénaturée. Dans le discours réparateur qu'est le discours managérial de crise, le rétablissement de la vérité est un élément essentiel. Pour rétablir la vérité, il faut impérativement :

- Reconnaitre ses erreurs ;
- Assumer ses responsabilités ;
- Fournir des informations précises sur la crise ;
- Expliquer les mesures prises pour résoudre la crise ;
- Communiquer de manière transparente.

Tout ceci se résume en un discours dont la vocation est de rétablir la confiance perdue. Lorsqu'on connaît l'importance de la légitimé de l'émetteur dans le discours managérial, on comprend aisément l'urgence de colmater les brèches. Pour parler comme Lagadec (2005), il s'agit d'un « art du possible sous tension » qui doit conjuguer véracité, rassurance et anticipation. Les moindres incohérences pourraient conduire à la contestation du discours par les parties prenantes et, par ricochet, générer des contre-discours nombreux et incontrôlables.

1.2.2. Le renforcement de l'unité

Le renforcement de l'unité fait référence à une démarche visant à consolider la cohésion au sein de l'organisation en montrant de la considération, notamment aux personnes directement affectées par la crise. Cette perspective rejoint celle de Libaert (2020) qui, parmi les éléments clés pour une communication de crise efficace, identifie « l'empathie ». Il s'agit de fonctionner dans le champ lexical de la compassion pour créer un environnement dans lequel les membres concernés par la crise se sentent soutenus. La formule du rassemblement des parties prenantes en situation de face-à-face symétrique permet de déployer une communication ouverte, plus favorable à la collaboration, à la valorisation de tous les intervenants, à la clarification des malentendus et à la manifestation de compromis.

1.2.3. La formulation d'une nouvelle promesse

Dans le cadre d'une relation entre différentes parties prenantes, que ce soit en politique, en publicité ou dans d'autres domaines, la promesse est un des fondements essentiels. De manière générale, la promesse est un engagement contractuel ou un accord entre deux parties. Il peut s'agir d'une déclaration ferme, solennelle ou tacite, verbale ou écrite, qui aide à créer la confiance et sert de garantie. Par nature, la crise organisationnelle est une rupture de la relation entre les parties prenantes. Elle se traduit par une perte de confiance souvent due à l'incapacité de tenir les promesses. Il est donc logique de formuler une nouvelle promesse.

La plupart du temps, les promesses professionnelles sont liées à l'amélioration des conditions de travail, aux augmentations salariales, et autres avantages de service, notamment dans des contextes de contraintes spécifiques. La formulation d'une nouvelle promesse doit tenir compte de la réalité. Elle doit donc être réaliste, c'est-à-dire remplir des critères de faisabilité avérés. Après l'étape de la formulation, il faut s'assurer que la nouvelle promesse est rendue accessible à tous, et effectivement implémentée selon un chronogramme rendu public.

2. Le discours managérial de crise dans une entreprise publique camerounaise : le cas de Camair-Co

« Camair-Co » est la compagnie aérienne nationale du Cameroun. Créée en 2006 par un décret présidentiel pour remplacer l'ancienne compagnie « Cameroon Airlines ». Le démarrage effectif de ses activités au mois de mars 2011 avec pour objectif principal de redynamiser ce secteur stratégique. Elle est à 100 % la propriété de l'État du Cameroun dont elle est supposée symboliser la fierté, d'où son slogan : « L'étoile du Cameroun ». Cette appellation dénote la mission symbolique qui lui a été confiée par ses promoteurs, soit celle d'ambitionner de représenter le Cameroun dans l'espace aérien africain et mondial. Son fonctionnement n'a cependant jamais été exempt de difficultés. En effet, depuis son lancement en 2011, cette compagnie a connu de nombreuses situations de crise.

2.1. Les situations de crise

La compagnie aérienne Camair-Co a traversé plusieurs crises majeures qui ont profondément affecté son fonctionnement et sa réputation. Sur le plan financier, selon des informations largement relayées par la presse locale, l'entreprise a accumulé une dette dépassant les 100 milliards de francs CFA, ce qui a entraîné de graves problèmes de trésorerie, notamment des retards dans le paiement des salaires de ses employés. Par ailleurs, des difficultés techniques sont venues s'ajouter à ce contexte déjà tendu : le manque de maintenance et la vétusté de la flotte ont fragilisé la situation technique de la compagnie, provoquant de nombreux désagréments, tels que des retards et des annulations de vols, allant même jusqu'à une suspension des vols dans l'espace aérien européen en 2016. À ces difficultés financières et techniques se sont greffées des répercussions sociales notables : la perte progressive de la clientèle, même la plus patriote, au profit d'une concurrence de plus en plus diversifiée, la démotivation du personnel, des conflits sociaux internes et une perte de crédibilité auprès du public. Ces différentes crises ont généré une multiplicité de discours de la part des dirigeants de Camair-Co, oscillant entre explications, justifications, excuses et tentatives de remobilisation. Dans le cadre de notre étude, nous nous intéressons particulièrement à trois situations significatives : la campagne de relance menée en 2020, le préavis de grève des pilotes en août 2024, ainsi que l'incident de dépressurisation survenu dans un avion Camair-Co en janvier 2025.

2.2. Analyse des productions discursives dans les situations de crise

Cette partie analytique des productions discursives dans les situations de crise de Camair-co prend en compte trois types de discours : le discours managérial de relance de Camair-co, le discours managérial sur le préavis de grève des pilotes au mois d'août 2024 et le discours sur l'incident de dépressurisation dans un avion « Camair-co » en janvier 2025.

2.2.1. Le discours managérial de relance de Camair-co

Notre analyse portera essentiellement sur l'affiche promotionnelle qui comporte deux éléments fondamentaux : le slogan et l'image.

Affiche promotionnelle de Camair-co

Source : Camer-co

Les éléments d'analyse du slogan « Redécollons ensemble » de cette affiche publicitaire font ressortir d'une part les conditions de son énonciation (information/légitimation, mobilisation symbolique, rétablissement de la vérité, renforcement de l'unité et le tout couronné par de nouvelles promesses) suivies d'autre part de la démarche de relance. L'information de légitimation qui allie comme démarche de relance l'utilisation de slogans de redressement après un temps d'interruption d'activités, Camair-Co « Redécolle ». Ce terme renforce l'idée d'un mouvement collectif et souligne l'importance de l'union et de la coopération pour faire face aux nouveaux défis. La mobilisation symbolique, quant à elle, fait appel à la mise en exergue des valeurs nationales, la fierté patriotique contenue dans le nom « Camair-Co ». S'agissant du rétablissement de la vérité, le préfixe « Re » est une indication que l'activité avait connu une interruption. Il s'agit ici d'un aveu implicite que la compagnie était tombée. Parlant du renforcement de l'unité, le mot « ensemble » symbolise la communauté des parties prenantes, notamment les consommateurs « patriotes » qui, entre-temps s'étaient laissé séduire par la concurrence. Il évoque aussi la communauté des navigants, dont certains s'étaient démobilisés ou avaient été écartés au profit des navigants étrangers. La nouvelle promesse faite à travers le slogan « Redécollons ensemble » est une invitation à refaire confiance à la compagnie. C'est la promesse d'un nouveau fonctionnement dépouillé de toutes les tares décriées dans la situation antérieure. Par cette déclaration, le top management s'engage à corriger ses erreurs et à repartir sur de nouvelles bases.

2.2.2. Les différentes dimensions de l'image de l'organisation

L'image présente une double dimension à savoir l'élément visuel qui porte en lui la signification/symbolique. Les éléments d'analyse de cette affiche publicitaire ressortissent un avion estampillé « Camair-Co » dans un ciel bleu qui a pour signification/symbolique : une dénotation : reprise des vols et une connotation : Renaissance/Espoir/Envol vers les hauteurs/Absence d'obstacles. Les couleurs : vert-rouge et jaune/le bleu, quant à elles pour les trois premières, ont pour signification/symbolique les couleurs nationales, symbole du patriotisme/de l'union du peuple. Le bleu du ciel fait renaître l'espoir alors que l'équipage donne sens à une présence double : répétition visuelle indicatrice d'un des objets de ce message. Il s'agit de remobiliser les personnels d'équipages. C'est une démarche de renforcement de l'unité. S'agissant du slogan « Redécollons ensemble » : l'image utilise un langage simple, mais qui percute. C'est un appel à l'action collective qui pourrait laisser entendre que les échecs antérieurs seraient dus à l'absence de cohésion.

3. Le discours managérial sur du préavis de grève des pilotes en août 2024

La situation de crise et, pour le cas présent, la crise sociale donne lieu à la démotivation, aux conflits syndicaux. Dans une correspondance qui date du 5 août 2024, les pilotes de ligne de la compagnie aérienne Camair-Co ont annoncé un préavis de grève pour un arrêt de travail illimité pour compter du 13 août 2024 à cause de leur situation précaire. En substance, leurs revendications sont nombreuses et semblent, pour certaines, remonter à plusieurs années.

> Entre menaces graves à la sécurité des vols ; Destruction manifeste, flagrante et délibérée des avions acquis neufs ; Conditions de travail des pilotes dégradées ; Acharnement, torture, tourmente psychologique et mentale des pilotes nationaux civils ; Discrimination raciale manifeste au profit des pilotes expatriés ; Vives tensions entre pilotes civils et pilotes militaires ; Instauration du chaos dans la gestion du personnel navigant technique ; Instauration d'un système de gestion pernicieux, incompatible avec la prospérité et la relance de « Camair-Co » ; Rupture radicale du dialogue social avec défiance cynique envers le personnel ; Licenciement abusif des agents et des délégués du personnel ; Incident grave avec sortie de piste d'un avion de location de type embrayer, EMB 145[1].

Telle se présente une longue série de plaintes, de revendications et de récriminations révélatrices d'un malaise profond, portées par un discours grave à l'image des problématiques soulevées. Une observation du lexique dominant permet de détecter des registres tels que :

- La gravité : « vives tensions entre pilotes » ;
- Le danger : « Menaces graves à la sécurité des vols »

[1] Cameroun Actu du 11 août 2024.

– La rupture : « Incompatibilité » ; « Rupture radicale du dialogue social » ; « défiance cynique » ;
– La pression psychologique : « acharnement » ; « Torture » ; « tourmente psychologique et mentale » ;
– La violence : « Acharnement », « Torture » « tourmente ».

Au-delà de ces champs lexicaux tous inscrits dans la négativité, il faut signaler l'utilisation d'un nombre considérable d'adjectifs (10 en tout).

Cette sortie traduit à souhait la réalité d'une rupture de la promesse faite au moment des signatures de contrats. On est en effet très loin de la relation de confiance, et bel et bien au cœur d'une crise. Nous sommes désormais curieux de découvrir la réponse des dirigeants de l'entreprise. Le top management de « Camair-co » a réagi à ce préavis de grève par une lettre adressée au président de l'organisation syndicale des pilotes et dans laquelle il qualifiait les revendications des pilotes de « propos alarmistes et diffamatoires », dont la seule visée était de « ternir l'image de marque de la Compagnie aérienne nationale ». En même temps il déclarait : « plusieurs réunions afférentes à ce préavis de huit jours se multiplient depuis la réception du document, le dialogue est ouvert et le top management espère éviter un blackout ». Il dénonçait les « propos alarmistes et diffamatoires » et l'attitude « radicale » et « extrémiste » formulés dans le préavis de grève.

Cette dualité discursive n'échappe pas à l'analyste. On retrouve d'une part, « un discours autoritaire et raide qui ne tient pas compte des avantages de la communication interpersonnelle », et d'autre part, « un discours subtil qui exploite la malléabilité du discours et son rôle dans la communication ». À l'endroit de l'opinion publique, l'équipe managériale déclarait prendre au sérieux les revendications des pilotes, et favoriser la piste du dialogue pour s'assurer qu'il n'y ait pas de perturbation dans le trafic aérien. Le directoire de Camair-co a répondu aux pilotes le 7 août 2024. Selon Cameroon Tribune du 8 août 2024, l'équipe managériale de la compagnie aérienne prend aux sérieux les revendications des pilotes et elle favorise la piste du dialogue.

Les éléments d'analyse du sens et de la signification de ce discours en situation de crise montrent leurs conditions d'énonciation en lien avec le préavis de grève des pilotes. L'information/Légitimation se lit dans les propos alarmistes et diffamatoires. La mobilisation symbolique fait état de deux faits majeurs : les revendications destinées à ternir l'image de la compagnie aérienne nationale et la mise en exergue de valeurs nationales, la fierté patriotique contenue dans le nom « L'étoile du Cameroun ». Le rétablissement de la vérité met en tension le déni et la critique systématique des revendications des pilotes. Pour ce qui est du renforcement de l'unité, aucune démarche n'a été entreprise. Et il se dégage un traitement différentiel des deux communautés en présence :

- Les pilotes mécontents sont traités « d'insurgés », et leurs revendications de « propos alarmistes et diffamatoires » ;
- L'opinion publique et les clients sont rassurés.

S'agissant de la nouvelle promesse, aucune n'est faite à l'endroit des pilotes. Au contraire, le discours est conçu pour les culpabiliser, voire les intimider. Leur action a vocation à « ternir l'image de la compagnie aérienne nationale.

Ceci est un exemple de communication managériale de crise inadaptée aux besoins de la situation. Il apparaît en effet clairement que le discours émis par les dirigeants de cette entreprise est plus axé sur la défense de ses intérêts commerciaux que sur le bien-être des employés. Pas étonnant qu'il soit voué à l'échec.

3.1. L'incident de dépressurisation dans un avion « Camair-Co » en janvier 2025

Selon des informations recueillies sur le site Actu Cameroun, la compagnie aérienne « Camair-Co » a été sous les feux des projecteurs à la suite d'un incident de dépressurisation survenu le 5 janvier 2025 lors du vol QC222 à destination de Garoua. Bien que l'atterrissage se soit déroulé en toute sécurité, cet incident a relancé les critiques concernant la qualité de service de la compagnie, déjà pointée du doigt par les passagers pour ses retards, ses tarifs élevés et ses prestations médiocres. À l'occasion de cet incident, le top management a fait une sortie discursive relayée par plusieurs médias locaux et dont nous analyserons quelques extraits. En effet, dans un communiqué rendu public,

> la direction générale de « Camair-Co » a informé son aimable clientèle que, lors du vol régulier QC222 du 5 janvier 2025, à destination de Garoua, une dépressurisation en cabine s'est produite en phase d'approche de l'aéroport de Garoua, nécessitant le déploiement immédiat des masques à oxygène par l'équipage, dans un souci de confort pour les passagers[2].

---

[2] Actu Cameroun, https://actucameroun.com › Économie.

Selon les mêmes sources, l'équipage aurait effectué :

> Une descente contrôlée et un atterrissage en toute sécurité à l'aéroport international de Garoua, conformément aux procédures définies par le constructeur. Après l'atterrissage, les passagers et membres d'équipage ont débarqué normalement.
>
> L'avion a effectué la ligne Yaoundé-Cotonou, puis Cotonou — Yaoundé avant de se rendre à Garoua. C'est donc à l'approche de l'aéroport de Garoua que ce problème est survenu.
>
> L'appareil a été mis à la disposition des équipes techniques pour un contrôle afin de garantir le bon déroulement des opérations futures, peut-on apprendre.

Après cette situation, la direction générale de la Camair-Co a tenu à présenter ses « sincères excuses pour le désagrément causé à la clientèle. Enfin, elle rassure que : « le programme d'exploitation se poursuit de manière sereine ». Nous allons présenter ci-dessous les éléments d'analyse dans un tableau synoptique. Les éléments d'analyse du programme d'exploitation donnent lieu aux conditions et à l'incident de dépressurisation dans un vol Camair-Co dans un contexte de griefs récurrents.

L'information/Légitimation se manifeste à travers deux faits :

- Présentation de l'avion (Boeing 737-700) ;
- Informations sur le vol (QC222) à destination de Garoua après un long périple.

La mobilisation symbolique se lit à travers :

- La sécurité des passagers ;
- La maîtrise des procédures sécuritaires par l'équipage ;
- La conformité aux normes Boeing.

Le rétablissement de la vérité se fait ressentir par :

- La reconnaissance de la réalité : L'avion avait fait de nombreuses heures consécutives de vol sans contrôle technique suffisant ;
- La reconnaissance de la gravité de l'incident (il a nécessité le déploiement des masques d'oxygène).

Le Renforcement de l'unité se perçoit à travers :

- L'utilisation de la formule « Son aimable clientèle ;
- La prise en compte du « confort des passagers » ;

– Le regret « ses sincères excuses pour les désagréments causés ».

La nouvelle promesse est celle de :

- Plus de sérieux dans la maintenance pour plus de sécurité « dans le futur » ;
- Assurance de la continuité du service ;
- Reconquête de la confiance.

À l'analyse des éléments de ce discours managérial de crise, nous pouvons conclure qu'il y a une adéquation avec les besoins de la situation selon le prisme de Wehbi Sleiman et al. (2020). En effet, contrairement au discours formulé lors du préavis de grève des pilotes, celle-ci présente plusieurs éléments destinés à la résolution de la crise, d'autant plus que la compagnie aérienne souffre déjà d'une réputation négative accumulée sur plusieurs années. Tout porte à croire que, pour cette entreprise, les intérêts de la clientèle et de l'opinion publique sont plus pris en compte que ceux des employés. Cette mauvaise gestion du discours managérial de crise produit naturellement une perte de confiance et une baisse du moral et de la productivité des employés qui peuvent s'inscrire dans la durée.

Conclusion

Notre étude a interrogé la réalité du discours managérial en général, et du discours managérial de crise en particulier, dans les entreprises camerounaises du secteur public, dans un contexte où semblent cohabiter deux courants du management, à savoir une gestion Taylorienne promouvant une économie industrielle centrée sur le rendement de la production et un discours « humaniste » circonstanciel et de convenance, qui tient compte des besoins et de la satisfaction des travailleurs. Par ailleurs, nous puiserons également dans les travaux de Crozier et Friedberg, qui ont étudié le discours managérial de crise en tant que stratégie pour atteindre les objectifs de réparation, en tenant compte des contraintes et des sensibilités des acteurs dans un tel contexte, ainsi que de la complexité des relations et des interactions entre les différentes parties prenantes, notamment en situation de crise.

Sur le plan méthodologique, nous avons observé ce paradoxe en analysant les discours produits et émis par les dirigeants de la compagnie aérienne Camair-Co dans trois situations de crise spécifiques. La première la campagne de relance de la compagnie en 2020, après une période de perturbation. La deuxième c'est à l'occasion du mouvement d'humeur ayant donné lieu au préavis de grève des pilotes en août 2024. La troisième c'est à l'occasion de l'incident de dépressurisation survenu sur un vol « Camair-Co » en janvier 2025.

Notre questionnement tourne autour de la pertinence et l'efficacité du discours managérial émis au sein de « Camair-Co » en particulier et des entreprises camerounaises en général en situation de crise. Les questions majeures qui ont sous-tendu la présente réflexion sont les suivantes : comment est-ce que les managers mettent en œuvre les stratégies de l'organisation au quotidien ? Est-ce par un discours autoritaire et raide qui ne tient pas compte des avantages de la communication interpersonnelle ou est-ce par un discours subtil qui exploite la malléabilité du discours et son rôle dans la communication, notamment interne ? En situation de crise, les discours émis sont-ils pertinents, c'est-à-dire en adéquation avec les besoins de réparation et de restauration de la normalité organisationnelle ?

En réponse à ces questions, notre observation nous permet de dire que le discours managérial de crise émis par les dirigeants de Camair-co est un discours à double vitesse qui illustre bien la cohabitation des deux courants de management cités plus haut. Lorsqu'il s'agit des employés comme décrits dans la crise relative au préavis de grève des pilotes, on est bel et bien en présence d'un discours autoritaire et raide. En revanche, lorsque ce sont les intérêts purement économiques qui sont en jeu, le discours s'inscrit dans une logique de réparation, respectant toutes les contraintes y relatives. Si l'on considère que les acteurs internes sont autant, sinon plus importants que ceux venant du monde extérieur, on peut déduire que ce paradoxe justifie le cycle interminable de crises dans lequel cette entreprise s'inscrit depuis de nombreuses années, face à une remobilisation précaire et un réel défi de crédibilité.

En définitive, il serait pertinent de se demander si le statut d'entreprise publique de « Camair-Co » ne serait pas à associer non seulement à ses nombreux problèmes de gouvernance, mais également à la faible considération accordée aux intérêts des employés, dans un contexte où le service public est considéré comme un sacerdoce.

Références bibliographiques

Bertram C. (2011). La communication managériale dans les organisations. In URL: http://www.business.illinois.edu/Working_Papers/papers/11−0100.pdf

Crozier M., Friedberg, E. (1977). L'acteur et le système. Les contraintes de l'action collective. Paris, Éditions du Seuil.
De Gaulejac V. (2005). La société malade de la gestion : Idéologie gestionnaire, pouvoir managérial et harcèlement social. Paris : Éditions du Seuil
Fayol H. (1916). Administration industrielle et générale. Paris, Dunod.
Habermas, J. (1987). Théorie de l'agir communicationnel. Paris, Fayard.
Ian I. M. et Pearson C. (1993). Crisis Management : A Diagnosis Guide for Improving Your Organization. editions Jossey-Bass, p. 133-135
Lagadec P. (2005). La gestion des crises : Outils dc communication de crise. Paris, Éditions du Seuil.
Libaert T. (2020). Communication de crise : principes et pratiques. Éditions Dunod.
Maslow A. (1943). "A Thieory of Human Motivation" in Psychological Review Volume 50. Pp370-396
Mintzberg H. (1983). Structures et dynamiques des organisations. Paris, Éditions d'Organisation.
Oliver, C. (1991). Strategic responses to institutional processes. Academy of Management Review, 16(1),145-179.
Pearson C. M. & Mitoff, I. (1993). From crisis prone to crisis prepared: A framework for crisis management. Academy of Management Perspectives, 7(1), 48–59.
Sleiman W. et al. (2020). Le discours managérial dans les organisations publiques et privées. Revue de Management et Sciences Sociales. Paris Sorbonne
Sleiman W. et al., (2020). Sens et Performativité dans le discours de RSE. Recherche en Sciences de gestion, 137, 369, 396.
Taylor F. W. (1911). The Principles of scientific Management, Harper & brothers
Vandvelde-Rougale, A. (2014). Le discours managérial : analyse d'un imaginaire social dominant. Paris, L'Harmattan.
Vandevelde-Rougale A. et Fugier P. « Discours Managérial », in Zawieja P., Guarnieri F. (dir.). 2014. Dictionnaire des risques psychosociaux, Paris, Seuil, pp. 210-211).
Wehbi S. et al. (2020), Sens et Performativité dans le discours de RSE. Recherche en Sciences de gestion, p. 137, 369, 396.

Sources diverses :

Cameroon Tribune du 8 août 2024
Actu Cameroun : https://actucameroun.com › Économie

Communication en contexte universitaire et promotion des savoirs autochtones

Timothée NDONGUÈ EPANGUÈ
Université de Douala
timndongue@gmail.com / tim_ndongue@yahoo.fr

Résumé

Cet article analyse la communication entre les Instituts Privés d'Enseignement Supérieur (IPES) de Douala et leurs tutelles, dans un contexte de promotion des libertés académiques et d'intégration des savoirs autochtones à l'université. Nous partons de la problématique du recours à une communication verticale descendante (*top down*) dans la conduite des projets visant à valoriser les savoirs locaux, alors même que la liberté académique devrait favoriser la participation de tous les acteurs et l'expression des spécificités culturelles. La méthodologie adoptée repose sur une approche qualitative, combinant une recherche documentaire, une observation participante et des entretiens semi-directifs menés auprès de responsables, des enseignants et des étudiants de trois IPES aux profils variés. L'analyse s'appuie sur la théorie de la diffusion des innovations et la théorie postcoloniale. Les résultats révèlent que la communication descendante limite l'autonomie des enseignants-chercheurs, freine l'inclusion effective des savoirs autochtones et perpétue la domination des savoirs occidentaux dans les curricula. Les décisions restent largement contrôlées par les tutelles, marginalisant les initiatives locales et créant un climat de peur et de réticence parmi les acteurs subalternes. Nous plaidons enfin pour le développement d'une communication ascendante (*bottom-up*), plus inclusive, permettant la valorisation des savoirs autochtones et une réelle liberté académique. Cette démarche favoriserait l'émergence d'une épistémologie locale et la négociation entre savoirs occidentaux et locaux, condition nécessaire à l'enrichissement des universités privées camerounaises.

Mots clés : Communication *top down*, diffusion des innovations, IPES, libertés académiques, théorie postcoloniale

Abstract

This article analyses the communication between Private Institutes of Higher Education (IPES) in Douala and their supervisory authorities, in a context where academic freedom is promoted and indigenous knowledge is being integrated into the university. We begin with the issue of resorting to top-down communication in the implementation of projects aimed at valuing local knowledge, even though academic freedom ought to encourage the participation of all stakeholders and the expression of cultural specificities. The methodology adopted is qualitative, combining documentary research, participant observation and semi-structured interviews with managers, teachers and students from three IPES with varied profiles. The analysis draws on the theory of the diffusion of innovations and postcolonial theory. The results show that top-down communication restricts the autonomy of teacher-researchers, hinders the effective inclusion of indigenous knowledge, and perpetuates the dominance of Western knowledge in the curricula. Decisions remain largely controlled by the supervisory authorities, marginalising local initiatives and creating a climate of fear and reluctance among subordinate actors. Finally, we advocate the development of bottom-up communication, which is more inclusive and enables the valorisation of indigenous knowledge and genuine academic freedom. Such an approach would encourage the emergence of a local epistemology and negotiation between Western and local knowledge, a necessary condition for enriching Cameroon's private universities.

Keywords: Top-down communication, diffusion of innovations, IPES, academic freedom, postcolonial theory

Introduction

Le projet des libertés académiques dans l'enseignement supérieur privé au Cameroun est traversé par les plaintes des enseignants-chercheurs qui ont l'impression d'être traités par ceux qui gouvernent ces institutions comme des « incultes ». Pourtant, ils sont appelés à appliquer les décisions prises par ces autorités, quelles que soient les conséquences. La liberté académique est définie selon Fernandes (2023) comme une réalité

> composée de liberté d'expression et du principe d'indépendance. S'agissant tout d'abord de la liberté d'expression, elle implique que les universitaires — juridiquement qualifiés d'enseignants-chercheurs en France — soient entièrement libres de s'exprimer lorsqu'ils enseignent et qu'ils exercent leur activité de recherche, sous les réserves que leur imposent les

principes de tolérance et d'objectivité. S'agissant de l'indépendance, elle est à la fois individuelle et collective. L'indépendance individuelle permet à tout enseignant-chercheur d'être protégé individuellement, contre les pressions extérieures, qu'elles soient d'origine politique, économique ou religieuse (Fernandes, 2023 : en ligne).

La liberté académique accorde à l'enseignant-chercheur un statut d'intellectuel engagé dans les milieux de construction de la connaissance. Dans cette contribution, il est également une voix appelée à militer pour la prise en compte des savoirs autochtones (Guay, 2017) compris comme des formes d'intervention sociale par des autochtones dans un milieu. L'enseignant-chercheur serait alors un ambassadeur des préoccupations postcoloniales qui consistent à revendiquer la prise en compte du savoir des territoires qui étaient sous le joug du colonisateur (Mignolo, 2015).

Cependant, les enseignants n'ont pas toujours la latitude de proposer les contenus en rapport avec les problèmes identifiés sur le terrain. Aussi, la liberté académique au centre de la conférence de Kampala de 1990 est-elle mise en échec, puisque l'une de ses principales résolutions n'est toujours pas effective dans l'enseignement supérieur privé à Douala, à en croire les observations faites sur le terrain. Plus précisément, les recherches sur les problèmes locaux ne sont pas financées, les étudiants et leurs enseignants ne sont pas suffisamment écoutés, la liberté d'expression n'est toujours pas effective, etc. La présente contribution tente de montrer que la communication *top down* — caractérisée par les directives et les injonctions de la tutelle — affecte les libertés académiques ainsi que le projet d'inclusion des savoirs autochtones dans les Instituts Privés de l'Enseignement supérieur (IPES) à Douala. Cela se justifie par le fait que la communication des universités de tutelle ne laisse pas assez de place aux IPES afin qu'ils formulent leurs propres feuilles de route. Selon le regard des Sciences de l'Information et de la Communication (SIC), il est contradictoire d'utiliser une communication *top down* dans un contexte où les dirigeants affirment être favorables à la liberté académique. Cette liberté encourage la participation de tout le monde afin d'inclure les savoirs autochtones au sein des IPES à Douala.

Les travaux de Demont (2002) montrent que la communication *top down* qui structure les rapports entre les IPES et leurs tutelles accorde le primat aux volontés des différentes tutelles. Cela permet alors de perpétuer le dessein du *top management* — sous l'influence de la tutelle — dans la mise en place des projets au détriment des voix alternatives qui détiennent parfois l'expertise nécessaire permettant de trouver les solutions. Dans ce type de contexte, les discours des subalternes, tels que les représentants des IPES, les enseignants et les étudiants sont généralement étouffés. Les subalternes sont compris à ce niveau comme les groupes sociaux dominés, exploités et marginalisés (Guido, 2015). De ce fait, quel est le fondement du choix d'une communication top down dans la conduite du projet de prise en compte des savoirs autochtones dans les IPES de Douala ? Quelles sont les conséquences de la communication top down sur la capacité de ces IPES à prendre en compte les savoirs locaux à travers le respect des libertés académiques ? Par quels mécanismes communicationnels ces IPES et leurs tutelles peuvent-ils faire la promotion d'une approche postcoloniale de la connaissance, synonyme d'une prise en compte des savoirs locaux ? L'hypothèse que nous défendons dans ce travail stipule que l'utilisation d'une communication *top down* entre les IPES et leurs tutelles dans le cadre du projet de prise en compte des savoirs locaux en leur sein est justifiée par la volonté d'obéir à la hiérarchie, maîtriser la diffusion de l'information et être en adéquation avec les accords signés.

Deux hypothèses spécifiques (HS), en guise de réponses provisoires aux questions spécifiques, sont également formulées :

- HS1 : La communication *top down* mobilisée par ces IPES de Douala et leurs tutelles — dans le cadre de leur projet d'intégration des savoirs autochtones et de promotion de la liberté académique — limite leurs capacités à réaliser leurs projets, crée un climat de peur et de réticence et favorise la reproduction des savoirs dominants ;
- HS2 : La promotion d'une approche postcoloniale de la connaissance passe par une communication *bottom-up* qui favorise les programmes d'études qui valorisent les savoirs autochtones, ainsi que la création des cadres de dialogues et de débats qui donnent la parole aux enseignants et aux étudiants, et à d'autres partenaires au cœur de la consécration des savoirs autochtones.

Le choix d'une recherche qualitative nous a permis de retenir trois établissements supérieurs privés à Douala qui servent de terrain d'études. Pour réaliser des entretiens semi-directifs, une trentaine de personnes est retenue — soit dix par établissement — pour dire comment se déroule le projet de prise en compte des savoirs autochtones dans la conception des discours à produire en salle de classe ou en amphithéâtre. En plus de cela, une observation participante et une recherche documentaire sont mobilisées. Les données recueillies à l'issue de l'enquête sont rendues intelligibles par la théorie de la diffusion et la théorie postcoloniale. La réflexion est organisée en trois points : des clarifications théoriques et méthodologiques ; une démarche communicationnelle diffusionniste des libertés académiques dans les IPES à Douala ; le plaidoyer d'une communication inclusive : une approche postcoloniale de l'intégration des savoirs autochtones dans les Instituts Privés d'Enseignement supérieur.

1. Des considérations théoriques et méthodologiques

Le cadre théorique retenu pour cette réflexion se construit autour du diffusionnisme et de la théorie postcoloniale. Outre cela, il est intéressant de clarifier les notions de liberté académique et de savoirs autochtones. La méthodologie retenue est qualitative, car il nous semble judicieux d'opter pour la compréhension du phénomène observé.

1.1. Construction d'un cadre conceptuel autour de la liberté académique et des savoirs autochtones

Fernandes (2023) estime que la liberté se caractérise par deux fondements : la liberté d'expression et l'indépendance. Aussi, les enseignants-chercheurs sont-ils autorisés à produire un discours sur les questions qui traversent la formation, la recherche et l'appui au développement. Cela signifie qu'on ne devrait pas les inciter à modifier les résultats de leurs recherches. La crédibilité de leurs productions en dépend. L'idée défendue par cette contribution stipule que l'absence de liberté académique permet de voir à quel degré les enseignants-chercheurs qui exercent dans les IPES à Douala n'ont pas la latitude de produire des connaissances en toute quiétude dans le but de contribuer à la mobilisation des savoirs autochtones dans la formation des apprenants. Cela permet de savoir s'ils ne vivent pas avec des contraintes qui les empêchent de diffuser des résultats qui ne satisfont pas les personnes qui exercent une influence dans les milieux de pouvoir et même dans certains espaces académiques. La liberté académique se vérifie dans les faits à partir des catégories, des dimensions et des indicateurs consignés dans le tableau ci-après.

Tableau 1— La conceptualisation de la liberté académique

Éléments de conceptualisation	**Observables**	**Explication**
Catégories	Liberté de recherche Liberté d'enseignement Liberté d'expression, liberté de participation	Il s'agit des grands traits par lesquels on peut appréhender concrètement la liberté académique
Dimensions	– Autonomie institutionnelle – Participation et représentation	Capacité des enseignants-chercheurs à être libres
Indicateurs	Nombre de censures ou de répressions Niveau de financement de la recherche Niveau de participation des étudiants et des enseignants aux décisions Degré d'autonomie des établissements	Exemples concrets à partir desquels on peut dire si la liberté académique existe ou non dans les universités privées à Douala.

Source : L'auteur

Le tableau ci-dessus permet de saisir les faits à partir desquels on peut comprendre une éventuelle existence des libertés académiques sur les terrains observés dans cette contribution. La liberté académique peut se vérifier à partir d'un certain nombre de réalités : les sanctions infligées aux enseignants, l'existence ou non du financement de la recherche, la prise en compte des idées des enseignants et des étudiants dans les processus de décision, le fait que les établissements soient autonomes sur la conception des programmes. La liberté académique entretient un rapport étroit avec l'inclusion des savoirs autochtones dans ce travail. Il faudrait aussi dire à quoi ils renvoient.

Les savoirs autochtones sont centraux dans cette contribution. Nous partons du fait suivant lequel les peuples autochtones ont une intime compréhension de leurs territoires. Ils savent exploiter, de multiples façons, les réalités de leur environnement pour résoudre les problèmes qu'ils rencontrent au quotidien. Ces savoirs et savoir-faire accumulés de manière automatique font partie intégrante de la culture. Les travaux de Roué (2012) estiment que la définition des savoirs autochtones est très complexe. Cette auteure propose que, le savoir autochtone est ancré dans la tradition. Il permet de réconcilier les Hommes d'hier et ceux d'aujourd'hui. Il résout les problèmes en tenant compte des identités des concernés. Il est possible que la définition de l'autochtonie soit complexe. Mais il est toutefois possible de sortir des difficultés grâce à une expertise produite par des personnes qui comprennent l'espace local et qui proposent des solutions concrètes pour résoudre les problèmes qui s'y présentent.

Cette contribution doit cerner le concept de savoirs autochtones dans le but de saisir concrètement l'apport des enseignants-chercheurs dans la résolution des problèmes que rencontrent les locaux au quotidien. Il est alors question d'intégrer tout ce qui est jugé banal dans la formation des étudiants, puisqu'ils constituent la ressource humaine des entreprises et autres organisations dans un avenir très proche. Le savoir autochtone se matérialise comme un ensemble de pratiques localement valorisées qui participent à la résolution des problèmes que rencontrent les habitants de la ville de Douala. La réalité vécue à Douala donne à voir ce qu'on peut qualifier de savoirs autochtones dans ce travail : connaissances traditionnelles, réalités culturelles, façons de faire localement encensées, etc. Ces points sont plus visibles dans le tableau ci-dessous.

Tableau 2— La conceptualisation des savoirs autochtones

Éléments de conceptualisation	**Observables**	**Explication**
Catégories	Savoirs traditionnels Savoirs culturels Savoirs économiques, savoirs sociaux	Les différents démembrements des savoirs locaux
Dimensions	Connaissances spécifiques aux Doualais Pratiques transmises de génération en génération Croyances partagées par les habitants de Douala Innovations développées par les communautés locales	Les pratiques locales observables
Indicateurs	Nombre de pratiques traditionnelles enseignées Nombre de festivals et de célébrations culturelles Niveau d'intégration des savoirs locaux dans les programmes Niveau de formation des enseignants-chercheurs sur les savoirs locaux	La mesure du degré d'intégration des savoirs locaux dans les politiques de formation universitaire

Source : L'auteur

Le tableau rend intelligible la notion de savoirs autochtones. Il est admis qu'il s'agit de tout ce qui est issu de l'environnement local que l'on pourrait observer comme éléments pris en compte par les acteurs du milieu universitaire.

1.2. Le cadrage théorique : la diffusion de l'innovation et la théorie postcoloniale au centre de la réflexion

L'un des reproches que l'on fait au système universitaire camerounais est qu'il est extraverti. De ce fait, le projet qui consiste à tenir compte des savoirs autochtones dans les programmes des universités locales et donc privées est une innovation. Cela justifie l'utilisation de la théorie de la diffusion des innovations qui permet de faire une analyse froide des pratiques communicationnelles liées à l'introduction des savoirs autochtones dans les universités privées à Douala. Selon Rogers (1995), la théorie de la diffusion des innovations facilite la compréhension de la façon dont une innovation intègre une société. Elle s'intéresse aux caractéristiques de l'innovation, perçue comme un corps étranger par les acteurs. Habitués à travailler avec des méthodes arrêtées, ils sont dans une routine qui leur garantit une certaine aisance. L'innovation vient créer un effet de rupture qui ne peut pas prospérer sans de véritables explications et démonstrations liées à son efficacité et surtout à sa supériorité par rapport aux approches généralement mobilisées pour travailler. De plus, l'étude de la diffusion de l'innovation selon Rogers se concentre sur les méthodes de communication employées pour faciliter l'adoption de l'innovation. Elle examine comment les dirigeants du projet incitent la population visée à modifier sa perception de la réalité en cours d'intégration dans le nouvel environnement.

Aussi, ces initiatives prennent-elles un ensemble de faits qui en constituent le processus : la connaissance de l'objet, la conviction intime de sa pertinence, la décision d'adopter l'objet, l'essai à travers l'usage, la confirmation de la décision d'adoption. Il est également nécessaire de mettre un accent particulier sur l'espace social dans lequel l'innovation est promue. Il est fondamental de ressortir les rapports au pouvoir, les réseaux de communication, le rôle déterminant des leaders qui pourraient faciliter son adoption.

La connaissance de l'objet dans ce contexte représente le moment où les individus qui constituent la communauté sont confrontés à l'innovation.

Leurs savoirs sont mis à l'épreuve puisque tout changement permet de reconfigurer l'espace social dans lequel évoluent les individus. La conviction intime de la pertinence de l'objet ressort ce que les acteurs pensent réellement des nouveautés qu'on leur propose dans l'exercice de leurs activités quotidiennes. C'est cela qui va amener les acteurs à faire face à une réalité en vue de décider de son adoption ou de son rejet. On va se demander si les acteurs du milieu universitaire ont vraiment la liberté qui va leur permettre ou pas d'accepter l'innovation suggérée. Enfin, il y a la confirmation de l'adoption de l'innovation. À ce niveau, il est question de dégager des informations *a posteriori*. Celles-ci dépendent des observables qui permettent de juger le processus de diffusion de l'innovation observée.

La mobilisation de la théorie de la diffusion des innovations au sens de Rogers a conduit à plusieurs échecs dans les projets mis en place dans les pays en développement (PED). Aussi, peut-on réaliser qu'elle fait l'objet de plusieurs critiques. On reproche à cette déclinaison le fait que la diffusion soit étudiée indépendamment de l'innovation. On ne tient pas compte de la nature de ce qu'on apporte aux acteurs comme nouveauté, mais de la façon de le leur imposer. Plus grave, cette approche postule que ce processus se déroule sans aucune adaptation de l'innovation par rapport à l'espace à l'intérieur duquel elle est appelée à naviguer. Elle se présente aux acteurs comme une réalité qui se suffit à elle-même et à laquelle les populations « bénéficiaires » devraient s'adapter plus ou moins rapidement. Ces limites donnent à constater que la véritable prise en compte des réalités locales dans la mobilisation des savoirs autochtones à l'université passe par un schème d'intelligibilité qui part lui-même de la contestation pour accorder plus d'importance aux locaux. Cela justifie la présence de l'utilisation de la théorie postcoloniale.

La théorie postcoloniale (Mignolo, 2015) est également importante dans ce travail, car elle nous place au centre des pratiques liées à la mobilisation des savoirs autochtones dans les IPES. Les préoccupations de la théorie postcoloniale tournent autour de la volonté de l'ancien colonisé de refaire son identité sans tenir compte du discours et surtout de l'image que cela renvoyait dans l'espace. Cela dit, les actes posés au quotidien ne doivent pas nécessairement être calqués sur la dictature de l'ancien colonisateur ou de ses continuateurs. Ils doivent refléter une réalité qui enlève toutes les aspérités de nature à produire une connaissance loin de la réalité que l'ancien colonisé sait sur lui-même. Aussi, constate-t-on qu'au niveau des IPES de Douala, il y a une volonté de donner aux contenus des enseignements dispensés une coloration locale et de créer un environnement de travail conforme à ce que les exigences locales demandent. Cela nous place dans la fabrication des projets qui se présentent comme un véritable recours aux sources dans le but d'éviter de demeurer ce que le colonisateur aurait souhaité.

Les travaux de Mignolo permettent de comprendre que la postcolonialité ressort au moins trois réalités : la géopolitique de la connaissance, la colonialité du pouvoir et la différence coloniale. Ces trois points mettent en relief les significations possibles de la tropicalisation des savoirs dans le fonctionnement des universités locales. Le refus du caractère eurocentré et/ou extraverti du savoir fait alors partie des éléments que plusieurs acteurs suggèrent dans la mise en place d'une véritable prise en compte des libertés académiques dans le projet d'une université privée postcoloniale, qui fait des savoirs autochtones une priorité. Cela consiste également à intégrer le fait suivant lequel l'innovation (l'introduction des savoirs autochtones à l'université) est une réalité à la croisée de plusieurs mondes et, sous ce rapport, il est important de se faire des alliés en introduisant diverses personnes dans la construction de ces stratégies d'indigénisation de l'université en général et des IPES en particulier au Cameroun.

1.3. Le parti pris méthodologique : une recherche qualitative au cœur du phénomène observé

La volonté d'introduire les savoirs autochtones dans les IPES à Douala a suscité un certain nombre de pratiques de communication qui nous intéressent au haut point. Pour mieux les appréhender, nous avons fait le choix d'une ethnographie, c'est-à-dire, l'observation empirique des actes communicationnels en cherchant à leur donner du sens. Cela est complété par des documents consultés et quelques entretiens avec les personnes qui ont participé à ce projet dans les espaces universitaires à Douala. Puisque la recherche qualitative vise la compréhension d'un certain nombre de réalités, trois universités privées sont retenues comme espaces d'observation du phénomène étudié. Mais nous ne les avons pas explicitement nommés pour deux raisons : premièrement, cette contribution consiste à étudier un phénomène communicationnel au cœur du projet d'intégration des savoirs locaux dans les IPES et non ces établissements pris isolément ; deuxièmement, les propriétaires de ces institutions ne nous ont pas autorisés à les citer, ce qui renforce l'idée d'une censure des libertés académiques. Par respect du principe de l'éthique dans la recherche, nous ne l'avons pas fait. En revanche, les données relatives au phénomène communicationnel observé sont mises à la disposition du lecteur.

Il est primordial de faire une présentation claire de ces espaces où la recherche est effectuée avant de présenter les répondants, les variables à partir desquelles la collecte des données a été menée, les outils de collecte des données, la façon dont la recherche s'est déroulée, et enfin la méthode mobilisée pour l'analyse des données. En tant que capitale économique, Douala est un creuset de fabrication de richesse. De ce fait, on y trouve de centaines d'entreprises qui brassent plus ou moins un important chiffre d'affaires. Ces organisations marchandes ont besoin d'une ressource humaine bien formée. Pour répondre à la demande de ces débouchés, plusieurs IPES ont vu le jour. Leur objectif majeur est de mettre à la disposition des organisations des cadres opérationnels.

La première institution universitaire privée que nous avons retenue est laïque. Elle est la propriété d'un homme d'affaires qui a également pensé à créer une école puisque, selon des sources bien introduites, cela donne beaucoup de bénéfices. Dans cet institut, on peut observer une *Business School*, une école dédiée à la formation des ingénieurs et une entité qui s'intéresse à la formation des personnels de santé. Cet institut fait partie du terrain d'étude parce qu'il est créé à partir des fonds privés et cela donne la possibilité de cerner la façon dont les savoirs autochtones sont pris en compte dans les établissements de l'enseignement supérieur qui appartiennent à un individu.

Le deuxième IPES retenu dans le corpus d'étude est la propriété de l'église catholique qui est au Cameroun. Elle est au service de la formation des jeunes et de toute personne désireuse d'acquérir une compétence. Elle est formée de trois grandes branches : une école de commerce et gestion, une école de technique industrielle et enfin un centre de formation mixte qui accepte des apprenants qui n'ont pas un baccalauréat. Nous avons inclus cette institution dans la présente étude pour analyser le degré du pouvoir religieux dans l'adoption des savoirs autochtones dans les Instituts Privés d'Enseignement supérieur de Douala.

Le troisième IPES retenu est un campus français déplacé à Douala. Il se donne pour mission de former les jeunes qui vivent au Cameroun selon les normes de la France. Cet institut a trois établissements : une école dédiée à la formation des professionnels des métiers du digital, une école de formation des ingénieurs en *Big Data* et Intelligence artificielle et une *Business School*. Ce qui est important à relever ici est le partenariat signé entre cet IPES et quelques universités camerounaises. Cela peut laisser entrevoir que les savoirs locaux et les pratiques pédagogiques en vigueur au Cameroun y sont pris en compte. Son choix comme terrain d'étude permet de saisir l'influence de la politique française dans les savoirs transmis aux apprenants qui vivent au Cameroun.

La construction des outils de collecte des données a reposé sur un certain nombre de thèmes eux-mêmes orientés par des variables. Nous avons réalisé que, le « climat de peur », « la reproduction des savoirs dominants », « les programmes qui valorisent les savoirs locaux », « la création des cadres de dialogue », sont des variables qui permettent de construire le phénomène observé. Deux thèmes principaux ont retenu notre attention pour la construction des outils de collecte : le diffusionnisme ; l'intégration des savoirs locaux dans les milieux universitaires et les démarches communicationnelles de mise en place des pratiques postcoloniales dans les universités au Cameroun. La collecte des données a mobilisé trois principaux outils : une grille d'observation utilisée pour collecter des données dans les différents sites ; des entretiens menés auprès des acteurs concernés par l'intégration des savoirs autochtones à l'université et enfin une recherche documentaire.

Premièrement, nous avons conçu une grille d'observation que nous avons mobilisée entre le 29 novembre 2024 et le 10 janvier 2025 dans le but de collecter les données lors de nos différents passages dans les divers campus. Comme cela est développé supra, cet instrument a mobilisé les thèmes en relation avec les variables de l'étude : le diffusionnisme et l'intégration des savoirs locaux dans les milieux universitaires ; les démarches communicationnelles de mise en place des pratiques postcoloniales dans les universités au Cameroun.

Tableau 3. Grille d'observation

Thèmes et réalités à observer	Éléments observés
Le diffusionnisme et l'intégration des savoirs locaux dans les milieux universitaires	La peur des subalternes, les notes de service et les communiqués de la hiérarchie, les axes de recherche interdits dans les laboratoires, l'absence de financement des travaux, la non-prise en compte des avis des enseignants et des étudiants dans la conduite des opérations qui mènent vers les savoirs autochtones, etc.
La mise en place des pratiques postcoloniales dans les universités au Cameroun	Présence des incubateurs d'entreprises dans les campus.

Source : Auteur à partir de l'enquête, novembre 2024-janvier 2025

Deuxièmement, le guide d'entretien mobilisé était construit autour des deux thématiques annoncées supra. L'objectif poursuivi par la conduite de ces entretiens était d'obtenir des données qui vont faciliter la description de la communication mobilisée par les IPES à Douala en vue d'intégrer les savoirs autochtones dans la routine de ces organisations. En plus, les entretiens donnent la possibilité de saisir ce que l'ensemble des acteurs pourraient apporter comme solution en vue de corriger les limites jusqu'ici observées dans la prise en compte des savoirs autochtones dans ces Instituts privés d'enseignement supérieur. Nous avons concrètement échangé avec 30 répondants, soit une dizaine par institution universitaire.

L'effort a été fait de les diversifier. Nous avons retenu : six responsables, neuf enseignants et quinze étudiants. Cela a permis d'avoir une vision globale de la situation. Les enseignants et les étudiants étant plus nombreux que les responsables, nous leur avons accordé plus d'importance. Nous avons sélectionné les personnes-ressources grâce à ceux qui avaient déjà accepté de répondre à nos questions. Les personnes interrogées étaient choisies sur la base de quelques critères : la connaissance du projet qui consiste à doter les universités africaines des savoirs autochtones, la participation aux projets de recherche ou l'interaction avec les décisions liées au phénomène observé.

Le premier thème du guide d'entretien porte sur le diffusionnisme qui caractérise la volonté d'intégrer les savoirs autochtones dans le déploiement des IPES. Cette thématique nous a amené à poser des questions autour des méthodes de communication mobilisées par les autorités des universités privées dans le but de prendre en compte les savoirs traditionnels, les croyances partagées par les Doualais, le degré d'accompagnement des chercheurs dans ces axes de recherche. C'était aussi l'occasion de mesurer les libertés académiques qui permettent de comprendre comment s'appliquent la liberté d'expression et la liberté individuelle des acteurs des milieux académiques doualais en vue de saisir les raisons pour lesquelles les résolutions de Kampala de 1990 ne sont pas toujours effectives dans ces espaces de savoir.

Le second thème d'investigation a consisté à interroger le lien entre la communication et la mise en place des politiques postcoloniales qui œuvrent pour la prise en compte des savoirs autochtones dans les universités privées à Douala. Aussi, avons-nous donné l'opportunité à ceux qui ne sont pas souvent écoutés de dire ce qui, selon eux, pourrait faciliter la prise en compte des pratiques quotidiennes, des axes de recherche liés aux savoirs autochtones dans la conception des activités pédagogiques et de recherche au sein des espaces universitaires observés pendant la collecte des données.

Troisièmement, la recherche documentaire liée à cette contribution nous a contraint à avoir recours aux documents tel que les communiqués des autorités de ces universités, les notes de service relatives au fonctionnement des écoles au quotidien, les canevas des sujets aux examens officiels, les grilles des programmes des différentes formations, les documents liés aux manifestations auxquelles les responsables accordent de l'importance, etc. Tout cela a permis de rentrer en possession d'un ensemble de données qui ont pu être croisées afin de dégager les informations pertinentes.

Les données obtenues ont été, sans exception, soumises à une analyse thématique des contenus (Negura, 2006 ; Bardin, 2013). Les étapes de cette analyse sont classiques : la sélection des documents ; la lecture des documents sélectionnés ; La classification ; l'interprétation. Toutes ces manipulations ont été faites à partir des questions de recherche, des hypothèses et des catégories d'analyse qui s'en dégagent.

2. Une démarche communicationnelle diffusionniste des libertés académiques dans les universités privées à Douala

Les acteurs des IPES à Douala développent un regard singulier sur les libertés académiques. Cela permet de comprendre le niveau d'intégration actuel de la prise en compte des savoirs autochtones dans le fonctionnement de ces institutions au quotidien. L'analyse diffusionniste (Rogers, 1995) des données recueillies permet de mettre un accent sur les caractéristiques des libertés académiques, les stratégies de communication mises en place pour les rendre opérationnelles et le processus de leur intégration par les divers acteurs. Trois tendances lourdes s'en dégagent : une liberté académique très faible, une communication verticale descendante, un processus d'intégration médiocre.

2.1. Une liberté académique très faible dans les universités privées à Douala

En général, les acteurs des IPES à Douala se trouvent dans un contexte où les libertés académiques sont muselées. Cela se caractérise par une rareté des financements de la recherche basée sur les savoirs locaux, des axes de recherche imposés par les laboratoires, une communication descendante relative à la conception des programmes, un rapport vertical avec la tutelle qui impose presque tout sur le fonctionnement de ces institutions privées. La synthèse des données qui correspondent aux caractéristiques des libertés académiques dans les IPES à Douala est consignée dans le tableau ci-après.

Tableau 4. Les caractéristiques des libertés académiques dans les universités privées à Douala

Caractéristiques	Description
Les financements de la recherche	Très rares
La liberté des axes de recherche	Très rare
La participation à la conception des programmes	Réservée à l'élite universitaire
Rapport avec la tutelle	Vertical
Influences extérieures	Très prononcées

Source : L'auteur

Le rendu de ce tableau montre que la liberté académique est caractérisée par une confiscation de la parole. Les acteurs du bas n'ont rien à dire, car leur rôle se résume à l'exécution des ordres de ceux qui savent. Là où l'église protège ses principes, les autorités françaises accordent plus d'importance à leur idéologie tandis que les IPES laïcs sont plus à l'affût du gain. Ces libertés académiques semblent plus cosmétiques que réelles. Cela justifie la nature des actions de communication mises en place pour faciliter l'intégration des savoirs autochtones dans ces institutions.

2.2. La communication verticale descendante : un parti pris mobilisé par les institutions privées pour intégrer les savoirs autochtones

La communication verticale descendante est le fondement même de la prise de parole dans le projet d'inclusion des savoirs autochtones au sein des IPES de Douala. L'utilisation majoritaire des écrits injonctifs (Demont, 2002), tels que les communiqués, les notes de service et les demandes d'explication prouve que la parole au sujet de l'inclusion des savoirs autochtones est contrôlée par ceux qui ont le pouvoir bureaucratique. Le tableau ci-après permet d'y voir plus clair.

Tableau 5. Les actions de communication liées aux libertés académiques

Les actions de communication	Description
Les communiqués	Directives à suivre
Les notes de service	Directives à suivre, consignes
Les assemblées générales	Bilan, menaces, avertissements
Les demandes d'explication	Sanctions et menaces

Source : L'auteur à partir des données de l'enquête

Ce tableau entérine le fait suivant lequel les libertés académiques sont encore à une étape très embryonnaire dans les établissements observés. La figure du subalterne au sens de Gramsci (Guido, 2016) est méprisée et cela ne joue pas en faveur de l'inclusion des savoirs autochtones dans ces Instituts privés. On peut constater que, dans ce cas, c'est le passage en force qui est choisi, ce qui débouche sur un processus d'intégration des savoirs autochtones très discutable.

2.3. Les conséquences de la communication *top down* dans l'intégration des savoirs autochtones dans les IPES à Douala : un processus médiocre

Face aux acteurs conscients des libertés académiques et des enjeux de l'inclusion des savoirs autochtones dans les universités privées, la communication top down n'a pas réussi à permettre que les préoccupations de la conférence de Kampala trouvent leur lit dans les Instituts Privées d'Enseignement supérieur à Douala. Le tableau ci-dessous rend compte de leur processus d'intégration.

Tableau 6. Le processus d'intégration des savoirs autochtones dans les instituts privés

Les étapes du processus	Description
La connaissance des savoirs autochtones	Claire
La conviction de la pertinence de ces savoirs	Très convaincu
Le niveau d'adoption de ces savoirs	Insuffisant
Le niveau de confirmation des savoirs autochtones	Insuffisant

Source : L'auteur

Nous réalisons que, les outils de communication mobilisés par les IPES à Douala ne favorisent pas l'expression des libertés académiques en général et l'inclusion des savoirs autochtones dans les curricula en particulier. Les autorités ont d'autres préoccupations liées à leurs intérêts personnels, ou à une idéologie qu'ils défendent. Le contrôle de l'espace devient alors nécessaire. Aussi, cette situation permet-elle de constater la vérification de la première hypothèse secondaire.

3. Le plaidoyer d'une communication inclusive : une approche postcoloniale de l'intégration des savoirs locaux dans les universités privées

L'exploitation des données du second thème d'investigation nous permet de saisir la façon dont les acteurs aimeraient que se déroule la communication d'intégration des savoirs autochtones dans les universités privées à Douala. Selon eux, c'est cela qui reflète la vraie liberté académique prônée par la conférence de Kampala de 1990.

3.1. La géopolitique du savoir au centre de la communication de l'intégration des savoirs autochtones

D'abord, la géopolitique du savoir (Mignolo, 2015) révèle la domination de l'épistémologie occidentale dans les programmes. Selon les enquêtés, les décisions liées aux enseignements et même à la recherche sont très tournées vers les réalités occidentales. Un enseignant estime que :

> nos programmes auront un sens quand nous allons apprendre à mettre des contenus calqués sur les pratiques quotidiennes. Mais vous allez vous rendre compte du fait que, plusieurs maîtres ont fait leurs études en Occident et ont du mal à se débarrasser de ce qu'ils ont reçu là-bas. Ils nous intiment l'ordre de reproduire ces savoirs dominants dans un contexte où cela n'est pas nécessaire. (Entretien réalisé le 4 janvier 2025).

On peut, à travers ce propos, comprendre que certains acteurs sont exclus de la mise en place des projets liés à la production et à la diffusion du savoir. Les enquêtés préconisent un déplacement du centre de production du savoir pour redonner aux savoirs autochtones toute leur grandeur. Cela permet la construction d'une épistémologie locale qui rend service à ceux qui vont bénéficier de l'expertise des apprenants. La résistance à cette domination devient plus pratique avec une prise en compte des voix jadis rejetées.

Il faut toutefois comprendre que, l'intégration de ces savoirs autochtones dans ces IPES peut être un acte qui laisse transparaître la rancœur contre l'ancien colonisateur. Une telle approche propre aux considérations de départ des *postcolonial studies* mérite d'être abordée avec beaucoup de prudence. La pensée postcoloniale ne doit pas se positionner aux antipodes de l'Europe. Elle doit, au contraire, être pensée comme un carrefour de rencontres entre l'Europe et ses anciennes colonies. Il n'est plus possible de nos jours de se penser comme un vase clos, car chacun est le résultat de ses interactions et de ses rencontres. Pour sortir de la géopolitique des savoirs universitaires, il ne suffit donc pas de décoloniser, car il s'agit d'un problème intérieur et psychologique. Achille Mbembe (2023) démontre que la libération vient quand on cesse de se haïr soi-même et/ou de haïr le colonisateur.

3.2. La colonialité du pouvoir au centre de la communication de l'intégration des savoirs autochtones

Ensuite, la colonialité du pouvoir vient démontrer que, l'influence du colonisateur continue à régner dans les décisions à prendre dans les Instituts Privés d'Enseignement supérieur. La domination économique se fait également ressentir dans la mesure où les promoteurs des IPES ne financent systématiquement pas la recherche. Il est donc difficile pour les enseignants-chercheurs de privilégier les objets qui conduisent vers les savoirs autochtones d'autant plus que, ce sont les laboratoires occidentaux qui offrent les bourses et les séjours de recherche. Cela dit, ils accordent plus d'importance à leurs propres préoccupations. Une enquêtée pense que : « la colonisation ne va jamais finir. Ceux qui sont aux affaires ne sont que des continuateurs des doctrines reçues des colons. » Le résultat de cette colonialité du pouvoir débouche alors sur la domination des savoirs occidentaux dans les curricula des Instituts privés de Douala.

Or, pour mieux saisir l'environnement local, il est préférable de tenir compte des savoirs traditionnels, ce qui peut donner une appréhension plus exhaustive du contexte camerounais en général et doualais en particulier aux acteurs de la chaîne éducative. En somme, la colonialité du pouvoir permet de saisir comment les relations de pouvoir inégales entre les pays occidentaux et le Cameroun se manifestent dans les institutions privées à Douala. La communication *bottom-up* que les personnes interrogées suggèrent pourrait y remédier. En dépit de cela, la posture d'Achille Mbembe (2023) laisse croire que, l'inclusion des savoirs locaux n'est pas en guerre contre les savoirs occidentaux. Il s'agit en réalité d'une négociation entre les deux univers dans le but de former des citoyens du monde, capables de vivre dans n'importe quel espace socioculturel.

3.3. La différence coloniale au centre de la communication de l'intégration des savoirs autochtones

Enfin, la différence coloniale a révélé le pouvoir des stéréotypes liés à la race et à la position occupée dans l'organigramme. On a pu constater que, plusieurs dirigeants trouvent meilleures les orientations qui viennent des occidentaux et parfois même des personnels les plus gradés. Cela débouche sur l'exclusion de certains collègues qualifiés de l'instance des décisions. Les personnes-ressources interrogées pensent que l'heure est certainement venue d'arrêter de marginaliser certains savoirs. Ils arguent qu'« au lieu d'écouter ceux qui sont sur le terrain, les dirigeants préfèrent accorder de l'importance à ce qui vient de Mbeng (l'Occident) [SIC] ».

Il est nécessaire de penser à la décolonisation des curriculums en intégrant les savoirs autochtones. Cela permet d'avoir une compréhension plus nuancée et plus inclusive de la société camerounaise. La négociation devient alors possible avec les cadres de dialogue qui permettent de réunir tous les acteurs et de les écouter. Cette initiative d'intégration des savoirs autochtones se présente comme une résistance à la différence coloniale. Les points développés montrent qu'en réalité, les acteurs des Instituts Privés d'Enseignement supérieur à Douala demandent une autre approche de la communication, qui tient compte de tous ceux qui travaillent dans ces espaces de savoir. La seconde hypothèse spécifique qui stipule que les acteurs ont besoin d'une refonte des curricula et de la mise en place des cadres de dialogue qui prennent en compte toutes les parties prenantes de ces IPES se vérifie.

À défaut de conclure

La contribution qui s'achève en ces lignes s'est intéressée à la communication mise en place au sein des IPES de Douala dans le but d'intégrer les savoirs autochtones. Ce problème est d'autant plus profond parce que cette communication ne reflète en rien les libertés académiques qui ont fait l'objet de la conférence de Kampala de 1990. Selon cette conférence, il fallait garantir une liberté d'expression et individuelle aux acteurs de la communauté universitaire afin qu'ils s'emploient à intégrer les savoirs autochtones dans les universités.

Une recherche qualitative a permis de mobiliser les entretiens, une observation participante et une grille d'observation dans le but de vérifier les hypothèses formulées en amont. Il se dégage que, la liberté académique reste un luxe dans les IPES que nous avons observés. La communication mise en place par les autorités universitaires pour introduire les savoirs autochtones dans ces espaces de savoir est verticale descendante. Elle est influencée par les autorités politiques, économiques et religieuses. Les subalternes, comme les enseignants et les étudiants, vivent dans la peur de proposer de nouvelles démarches qui luttent contre l'enracinement des discours dominants.

Le diffusionnisme qui caractérise cette communication révèle que les influences postcoloniales, économiques et religieuses sont réelles dans le niveau d'adoption de ces savoirs autochtones dans les IPES observés. Les subalternes (enseignants et étudiants) estiment que la communication *bottom-up* qui prend en compte les avis plus larges, peut participer à la conception des programmes plus inclusifs. Cependant, selon Achille Mbembe (2023), il n'est pas question de développer la haine contre les Occidentaux. Cette communication doit s'inspirer d'une volonté de bâtir un monde où les hommes se croisent, échangent et trouvent un langage qui leur permet de garder le sourire. L'hypothèse générale de cette contribution se vérifie, car l'utilisation d'une communication *top down* dans les Instituts privés de Douala au sujet de la conduite de ses activités se justifie par la volonté de renforcer le pouvoir de la hiérarchie, le fait de contrôler la diffusion des informations, et enfin répondre aux exigences des partenaires tels que les universités de tutelle.

Références bibliographie

Bardin L. (2013). « Analyse d'entretiens » dans *L'analyse de contenu*. Paris, PUF, p. 93 à 124.

Demont L. (2002). Communication des entreprises : stratégies et pratiques, Paris, Nathan.

Fernandes C. (2023). « La liberté académique, une liberté spécifique ? », in revue des droits de l'Homme, N° 24 Vol. mis en ligne le 08 juin 2023. URL : https://journals.openedition.org/revdh/17965;
DOI :https://doi.org/10.4000/revdh.17965, consulté le 31 août 2025.

Guay C. (2017). Le savoir autochtone dans tous ses états. Regards sur la pratique singulière des intervenants sociaux innus d'Uashat mak Mani-Utenam, Collection Peuples autochtones et enjeux contemporains.

Guido L., (2016). « Le concept de subalterne chez Gramsci », Mélanges de l'École française de Rome - Italie et Méditerranée modernes et contemporaines [En ligne], 128-2 | 2016, mis en ligne le 03 novembre 2016. URL : http://journals.openedition.org/mefrim/3002 ; DOI : https://doi.org/10.4000/mefrim.3002, consulté le 17 janvier 2025.

Mbembe A. (2023). La communauté terrestre. Paris, La Découverte.

Mignolo W. (2015). « Géopolitique de la connaissance, colonialité du pouvoir et différence coloniale. » Multitudes, 6, p. 56-71.

Mudimbè V-Y (2000). L'odeur du père. Essai sur les limites de la science et de la vie en Afrique Noire. Paris, Présence Africaine.

Negura L. (2006). « L'analyse de contenu dans les représentations sociales ». Sociologies, Rubriques Théories et recherches, Paris, AISLF.

Rogers E. (1995). Diffusion of innovation. New-York, Free Press, , 4th Edition.

Roué M. (2012). « Histoire et épistémologie des savoirs locaux et autochtones ». in revue d'ethnoécologie, Vol.1, Numéro inaugural.

Les interactions entre les organisations actrices des projets de développement et les populations riveraines : cas du PDVIR pour les routes du quartier Nkolmesseng

DJADEU NGUEMEDYAM Colette,
YMIS, ESSTIC-Université de Yaoundé 2
colette_djadeu@yahoo.fr

BENAJA Nkemzikann A NDEM
Étudiant en cycle Master, ESSTIC, Université de Yaoundé 2
nkemzikannbenaja@gmail.com

Résumé

Les organisations impliquées dans les projets de développement (comme le FMI et la Banque mondiale) dans les pays dits en développement comptent parmi leurs parties prenantes communicationnelles les populations riveraines des zones d'implantation. Les interactions entre ces deux entités en Afrique représentent un enjeu majeur pour l'analyse des dynamiques communicationnelles liées au développement. La gestion harmonieuse de ces populations, visant leur adhésion et leur implication active dans la prise de décision, constitue l'objectif principal d'un processus de médiation entre acteurs du développement et populations locales. Ce dispositif cherche à influencer les perceptions et représentations de ces dernières vis-à-vis des projets mis en œuvre. À l'aune de la théorie de l'interactionnisme stratégique, cette analyse examine les relations entre le Projet de Développement des Villes Inclusives et Résilientes (PDVIR), initié par le ministère de l'Habitat et du Développement urbain (MINHDU) avec le financement de la Banque mondiale, et les populations riveraines de la commune de Yaoundé 5, dans le contexte du désenclavement du quartier Nkolmesseng. Pour ce faire, elle s'appuie sur une analyse de contenu des rapports d'étude d'impact environnemental du projet et sur des entretiens menés avec le responsable de la communication, les ingénieurs, les techniciens du projet ainsi qu'un chef de bloc du quartier Nkolmesseng. L'étude met ainsi en lumière le processus d'interactions stratégiques développé, structuré en trois étapes principales : les consultations publiques pour anticiper et prévenir les conflits, le dispositif d'enregistrement des plaintes destiné à recueillir les revendications susceptibles d'expliquer les oppositions au projet, et enfin le dispositif de médiation intersectoriel pour atténuer les tensions et permettre la poursuite effective et sereine du projet.

Mots clés : communication participative pour le développement, dispositif socio-technique, interactionisme stratégique, médiation, relation

Abstract

Organizations engaged in development projects within so-called developing countries—such as the IMF and CD—consider the populations residing near project sites as key communication audiences. The interactions between these organizations and local communities in Africa are central to understanding the communicative dynamics of development. Mediation processes between development actors and local populations are designed to influence perceptions and attitudes toward externally led projects, fostering agreement and encouraging active participation in decision-making within a non-confrontational framework. This study examines the relationship between the Ministry of Habitat and Urban Development's (MINHDU) Inclusive and Resilient Cities Development Project (PDVIR), financed by the World Bank, and the local population of Yaoundé 5, focusing specifically on the opening of the Nkolmesseng district through the lens of strategic interactionism. By analyzing the project's environmental impact assessment reports and conducting interviews with key stakeholders, including the head of communication, engineers, technicians, and a block leader from the affected area, the research highlights the stages of strategic interaction undertaken in this context. These stages include: (1) public consultations aimed at anticipating and preventing conflicts; (2) a grievance mechanism for collecting claims from local residents that could indicate opposition or resistance to the project; and (3) an intersectoral mediation system intended to resolve tensions and facilitate the smooth progress of the project.

Keywords: mediation, participatory communication for development, relationship strategic interactionism, socio-technical device.

Introduction

La communication pour le développement (C4D) est un sous-champ de la communication des organisations en Sciences de l'Information et de la Communication. Elle analyse les processus, les moyens et les outils de communication dans une logique participative pour soutenir le changement social, politique, culturel et économique dans les contextes de développement (Servaes, 2008). La précarité des infrastructures, l'urbanisation anarchique, les tensions sociopolitiques autour de la gestion du foncier sont des défis complexes et majeurs qui freinent le développement urbain en Afrique subsaharienne. Dans ce contexte, la recherche d'une intégration plus forte des populations dans la dynamique de transformation de leur cadre environnemental, non seulement comme bénéficiaires, mais comme acteurs participatifs est devenu le pilier des politiques publiques des administrations. Le projet de développement des villes inclusives et résilientes (PDVIR) mis en œuvre au Cameroun par le ministère de l'Habitat et du Développement urbain (MINHDU) avec l'appui de la Banque mondiale s'inscrit sous ce prisme. Notre cas d'étude est centré sur la construction et la réhabilitation de la voirie urbaine, dont la route de Nkolmesseng dans la Commune de Yaoundé 5, véritable axe phare de ce projet dans la ville de Yaoundé.

Selon la théorie de l'interactionnisme stratégique (Crozier et Friedberg, 1977) et au regard des modèles de la communication participative pour le développement (des Paulo Freire, Robert Huesca), de l'approche des médiations et des dispositifs sociotechniques (Jesús Martín-Barbero, Dominique Wolton) et de l'analyse des controverses et des formes d'interactions de résistance (Bruno Latour, James Scott), cette contribution entend répondre à la question : quels sont les pratiques et les enjeux de l'approche stratégique d'interaction déployée par les organisations porteuses de ce projet avec les populations riveraines dans le cadre de mise en œuvre. L'approche méthodologique pour répondre à cette question consiste en l'analyse du contenu des rapports d'étude d'impact environnemental du projet, des données collectées à partir des entretiens avec le responsable de la communication, avec les ingénieurs et les techniciens du projet ainsi qu'avec un chef de bloc de la zone impactée par le projet. Le texte est structuré en quatre parties. La première présente le PDVIR et le projet de la route Nkolmesseng. La deuxième analyse les consultations publiques comme dispositif d'interactions stratégiques. La troisième interroge la nature et les causes des conflits rencontrés et la quatrième, quant à elle, explore les mécanismes de médiation multisectorielle mobilisés pour répondre aux contestations.

1. Le PDVIR : un projet de développement urbain à Nkolmesseng

Le Projet de Développement des Villes Inclusives et Résilientes (PDVIR) s'inscrit dans la dynamique de modernisation des infrastructures urbaines du Cameroun, en réponse aux profondes inégalités tant sociales que spatiales marquant les grandes agglomérations du pays. Le lancement du PDVIR vise un rééquilibrage par l'amélioration des conditions de vie dans les quartiers précaires, dans un contexte où le taux de pauvreté national dépasse les 38 % et où les services sociaux de base demeurent inégalement répartis entre les zones urbaines et rurales. Le projet cible sept villes stratégiques au rang desquelles, Yaoundé. Il est mis en œuvre par le ministère de l'Habitat et du Développement urbain avec l'appui financier de la Banque Mondiale. La construction des routes urbaines pour désenclaver certains quartiers populaires est l'un de ses volets majeurs. Le quartier Nkolmesseng dans la Commune de Yaoundé 5, dans la ville de Yaoundé, a bénéficié de cette initiative, notamment par la construction d'une voie bitumée reliant plusieurs zones stratégiques (Éleveur, Lycée Bilingue, Carrefour Appolo, etc.), accompagnée d'aménagements connexes : lampadaires, espaces publics, systèmes de drainage, centres de santé, salles de classe, etc. Une lecture du rapport de l'étude d'impact environnemental du projet (PDVIR, 2023) révèle que les objectifs affichés sont multiples : promouvoir une gestion foncière inclusive en impliquant les communautés territoriales décentralisées (CTDs) et les populations locales, améliorer la connectivité intra-urbaine et renforcer la résilience climatique des villes.

1.1. La route de Nkolmesseng : entre ambitions techniques et réalités sociales

La mise en œuvre du projet dans le quartier Nkolmesseng a rapidement confronté les techniciens du chantier à une série d'obstacles d'ordre technique, administratif et social. Comme le souligne Kote (2019, p. 82), une politique de développement urbain réussie rime avec « une gouvernance de proximité et l'inclusion des communautés riveraines dans les processus décisionnels dès l'amont du projet » dans les contextes africains. Sur le terrain, des expropriations partielles ou totales ont été menées par l'équipe d'ingénierie, parfois dans des zones où les habitants revendiquaient des droits fonciers formels ou informels. Certaines habitations, en l'occurrence des maisons à étage, ont été identifiées comme empiétant sur l'espace de la future route et devaient être démolies.

L'entretien réalisé avec le chef de bloc et le chef du quartier de Nkolmesseng révèle que « certaines personnes avaient des maisons à étages en bordure de la route. Quand on leur a dit de déménager [...] ils n'ont pas été contents ». En effet, la destruction de ces édifices a suscité de vives contestations, exacerbées par la lenteur ou l'opacité perçue des procédures d'indemnisation. Ce dernier précise par ailleurs : « on a demandé que les propriétaires se présentent. J'avais trois tombes. On m'a payé. Je ne peux pas dire qu'on m'a payé. On m'a donné comme ça pour m'aider aussi ». Cette déclaration illustre les ambiguïtés entourant les compensations offertes : certains habitants disposant de titres fonciers ont été indemnisés, tandis que d'autres, mal informés ou exclus du processus de recensement initial, ont vu leurs plaintes rejetées ou ignorées.

1.2. Enjeux techniques et opérationnels du chantier

La route de Nkolmesseng a été conçue comme une opération structurante d'envergure : il ne s'agissait pas simplement d'asphalter une voie existante, mais de créer une route moderne, élargie, avec des caniveaux, des trottoirs, des lampadaires et un système de drainage adapté aux contraintes climatiques locales. Cependant, sur le terrain, la mise en œuvre technique du projet s'est heurtée à des défis majeurs.

Selon les ingénieurs du projet, plusieurs difficultés ont entravé l'avancement des travaux : l'occupation anarchique des emprises, la présence de tombes sur la chaussée projetée, les constructions en dur en bordure immédiate de la route, ainsi que l'absence ou la complexité des procédures de régularisation foncière. Dans un entretien, un technicien de l'équipe a rappelé que « les habitants refusaient que la route passe chez eux, car ils estimaient ne pas avoir été dédommagés, ou ignoraient les procédures d'indemnisation ».

Par ailleurs, des résidents ont exprimé leur incompréhension et leur désarroi face à la destruction de leurs habitations ou de biens symboliques, notamment les sépultures. Un chef de bloc a affirmé avoir eu « trois tombes sur le passage de la route » et déclare avoir été partiellement indemnisé, sans réelle transparence sur les montants ou les critères d'éligibilité. Ces témoignages traduisent un déficit initial de communication et une faible appropriation locale du projet.

1.3. Un projet perçu entre progrès et dépossession

Même si les autorités et les techniciens mettent en avant les bénéfices à long terme du projet, notamment l'amélioration de la circulation, la fin de l'enclavement et la réduction des nuisances en saison pluvieuse ou sèche, certains habitants expriment un sentiment d'exclusion. La route est certes visible, mais elle est aussi vécue comme une rupture dans la continuité résidentielle, et parfois comme une dépossession injustifiée. Ainsi, une tension émerge entre la vision développementaliste de l'État et les logiques d'attachement au territoire des populations riveraines ancrées sur un ensemble de valeurs culturelles. Ce conflit latent entre logique technocratique et réalité sociale renvoie à une problématique centrale des politiques d'infrastructures en contexte urbain africain : comment conjuguer efficacité technique, justice sociale et acceptabilité locale ?

1.4. Une opposition populaire latente et la complexité du foncier

La complexité du projet s'est accrue avec la diversité des formes d'occupation foncière dans le quartier. Certaines propriétés reposaient sur des droits coutumiers non formalisés, d'autres sur des titres fonciers, mais tous ne figuraient pas dans les registres actualisés de la municipalité. Cela a généré une situation de flottement juridique, propice aux tensions. Dans plusieurs cas, les populations ont érigé des barrages ou bloqué le passage des engins, refusant toute avancée tant que leurs revendications n'étaient pas entendues. Un témoignage du chef de bloc résume bien cet état d'esprit : « Les propriétaires de là-bas ont dit que la route ne doit pas passer, ils sortent les machettes [...] ». Cette résistance n'est pas simplement un refus irrationnel du développement, mais plutôt un signal d'alerte sur les insuffisances de la concertation initiale.

2. Les consultations publiques : une approche d'interaction stratégique pour prévenir les conflits

La consultation publique est l'un des axes des études d'impact environnemental et social prescrit par le décret n° 2013/0171/PM du 14 février 2013 qui fixe les modalités de réalisation en amont de tout projet à réaliser au Cameroun. Elle consiste en des réunions pendant l'étude, dans les localités concernées par le projet. L'audience publique est destinée à faire la publicité de l'étude, à enregistrer les oppositions éventuelles et à permettre aux populations de se prononcer sur la conclusion de l'étude. Ceci implique clairement des interactions planifiées à plusieurs niveaux et en amont entre les acteurs du projet et les populations impactées par celui-ci. Ces échanges ont pour objectifs de permettre à ces dernières de prendre connaissance du projet tel qu'il est envisagé et des changements positifs et parfois négatifs que cela impliquera dans leurs quotidiens.

Pour le cas du PDVIR à Nkolmesseng, le changement positif majeur pour la communauté est le développement du quartier caractérisé par la facilitation de la circulation des personnes et des biens. Cependant, pour les riverains de la nouvelle route, cela implique des sacrifices et des renoncements existentiels et culturels tels que la destruction de tombeaux des parents décédés, des barrières ou certains murs d'habitation. Des sacrifices qui ne sont pas toujours évidents à accepter, malgré la promesse des mesures de compensation prévues à cet effet. Ces consultations publiques permettent également de recenser les réserves et blocages potentiels de la population riveraine, de manière à anticiper sur les solutions face aux résistances et conflits (Latour, 2005) en lien avec le projet dans la phase opérationnelle. Cette obligation légale contribue ainsi à mettre en œuvre une approche interaction stratégique en vue de la réussite du projet.

2.1. Les réunions de concertation : un dispositif de légitimation innovant

Rizou Smatin (2021, p. 147) rappelle que « la réussite d'un projet dépend moins de son financement que de la manière dont les bénéficiaires s'y reconnaissent ». Ce constat éclaire les tensions initiales observées dans le projet PDVIR à Nkolmesseng. Au regard de la complexité du tissu foncier et social de Nkolmesseng, les acteurs du projet PDVIR ont tenté d'anticiper les blocages à travers une stratégie de communication fondée sur les consultations publiques. Ces réunions, organisées en amont du projet et relayées par les chefferies traditionnelles, visaient à informer les populations, à identifier les ayants droits fonciers et à instaurer un cadre de dialogue avec les riverains.

Cette approche correspond à ce que Crozier et Friedberg (1977) désignent comme une interaction stratégique : dans tout système d'action concret, les acteurs sont dotés de marges de liberté, qu'ils utilisent pour faire valoir leurs intérêts, négocier ou résister. Les acteurs du PDVIR, conscients de cette dynamique, ont tenté de réduire les incertitudes en cooptant des figures d'autorité locale (chefs de quartier, chefs de bloc) et en mettant en place une plateforme de dépôt de plaintes, censée traiter les cas d'expropriation au cas par cas.

Cependant, comme le note un chef local : « certaines personnes n'ont pas voulu aller dire qu'ils avaient des problèmes. Supposons ici à la sous-préfecture, la route s'est arrêtée là-bas pendant des mois ». Ce constat souligne une faiblesse structurelle des mécanismes participatifs : l'inclusion ne suffit pas si la légitimité du dispositif est perçue comme contestable ou si certains groupes ne s'y reconnaissent pas.

2.2. Communication participative à géométrie variable

Le recours à des dispositifs de communication délibérative peut relever d'une logique de « communication participative pour le développement », telle que théorisée par Servaes (2000), pour qui le développement doit être « endogène, dialogique et culturellement situé ». En théorie, les consultations publiques doivent permettre aux populations de s'exprimer librement, de négocier les modalités du projet, voire de proposer des alternatives. Or, à Nkolmesseng, plusieurs habitants ont exprimé leur incompréhension ou leur exclusion du processus. Certains ont été absents lors des premières séances d'enregistrement, d'autres n'ont pas compris les procédures à suivre. Un autre groupe d'habitants de ce quartier estiment ne pas avoir été suffisamment informés : « on disait : allez vous inscrire [...] Certains n'ont pas pu, et après ils disaient qu'on ne les a pas payés ».

Ici, la communication cesse d'être un outil d'empowerment pour devenir un instrument de gestion du consentement, au sens de Zémor (1995) : « la communication publique vise parfois plus à légitimer des décisions prises qu'à construire une réelle coproduction de l'action publique ». En ne tenant pas pleinement compte de la diversité des représentations locales du foncier, du sacré (présence de tombes), et des mécanismes de reconnaissance communautaire, la communication du PDVIR a laissé émerger des poches de contestation.

2.3. La participation comme gestion anticipée du conflit

Les acteurs du projet ont tout de même tenté d'intégrer certaines critiques. Les témoignages recueillis indiquent que des compensations ont été versées à des ayants droit disposant de titres fonciers, notamment pour des tombes ou des habitations détruites. À ce sujet, un chef de bloc s'exprime en ces termes « moi, j'ai été un peu satisfait, parce que j'avais le titre foncier. On m'a un peu dédommagé ». Cette réalité illustre le principe d'équité administrative, où seuls les dossiers complets ont été instruits. Cela génère une différenciation entre les citoyens, certains étant reconnus comme ayant droit, d'autres non.

Dans cette phase, l'État a tenté de gérer les perceptions publiques à travers des dispositifs de concertation. Cela rappelle la logique de « *face work* » décrite par Goffman (1973), selon laquelle les acteurs ajustent leur discours en fonction de l'audience pour préserver leur image. L'émergence de ces tensions préfigure ce que l'on peut qualifier, selon Callon, Lascoumes et Barthe (2001), de controverse sociotechnique : le projet technique (ici la route) entre en collision avec des logiques sociales, culturelles et affectives que la rationalité technocratique peine à intégrer. La résistance devient ainsi un mode d'expression politique pour des groupes marginalisés, qui se perçoivent comme exclus de la négociation.

3. Des conflits, résistances inévitables : l'émergence d'une controverse sociotechnique

Malgré la tenue effective des consultations publiques telles que prescrites par la loi, le PDIR à Nkolmesseng a fait face à des conflits et résistances sociales (Latour, 2005) qui ont ralenti l'évolution et la mise en œuvre du chantier.

3.2. Résistances sociales : entre revendications légitimes et stratégies d'obstruction

Le projet de construction de la route à Nkolmesseng a suscité des réactions de rejet, parfois virulentes, parmi certains habitants. Ces résistances se sont traduites par des manifestations locales, des blocages physiques des travaux, et une forme de désobéissance civile. L'un des chefs de bloc déclare à ce sujet : « les propriétaires de là-bas, ils ont dit que la route ne devait pas passer. Chaque jour, ils sortaient les machettes, ils s'opposaient à la poursuite des travaux [...] ». Ce type de réaction n'est pas simplement une opposition irrationnelle à la modernité. Il s'agit d'une négation d'un projet perçu comme violent, unilatéral, ou excluant, et qui entre en conflit avec des ancrages fonciers, émotionnels et identitaires forts. La présence de tombes familiales, par exemple, illustre cette complexité : « Il y avait les tombes en route [...] J'avais trois tombes [...]. On m'a payé, on m'a donné pour m'aider aussi [...] ».

Ici, la rationalité technique du projet se heurte aux rationalités sociales, ce que Callon, Lascoumes et Barthe (2001) identifient comme controverse sociotechnique. Les effets matériels du projet ne représentent pas la seule cause de sa contestation, mais aussi parce qu'il redéfinit les règles du jeu social, bouleverse les repères spatiaux et remet en question les rapports entre l'État, les individus et la communauté.

3.3. Les incertitudes foncières comme terrain de conflit

Une des principales sources de tension concerne les questions foncières. L'absence de régularisation généralisée, la coexistence de titres fonciers officiels et la reconnaissance traditionnelle et les occupations informelles rendent difficile une application homogène du droit d'expropriation. De nombreux habitants affirment que leurs titres fonciers ont été confisqués ou ignorés. Ce qui alimente un sentiment d'injustice et de dépossession : « ce n'est que nos titres fonciers [...]. Ils sont restés avec les titres fonciers des gens [...]. Je ne sais pas comment ils vont instaurer pour les redonner ».

Dans cette configuration, le conflit devient un mode de régulation par défaut, un moyen pour les habitants de visibiliser leurs doléances et de réintégrer le processus de négociation dont ils se sentent exclus. Les actions de blocage deviennent ainsi des modes d'action stratégique, au sens de Crozier et Friedberg (1977). En mobilisant leur pouvoir de nuisance, les populations exercent une influence politique sur le projet.

3.4. L'espace public local comme arène de controverse

Le conflit autour de la route ne se limite pas à un rapport binaire État-population. Car une pluralité d'acteurs aux intérêts et aux registres d'action hétérogènes est mobilisée à l'instar des : techniciens du PDVIR, autorités administratives, chefferies traditionnelles, populations déplacées, commerçants, jeunes sans emploi, etc. L'enjeu central, c'est la construction d'un espace public localisé dans lequel les acteurs débattent, négocient, s'affrontent.

Pour Latour (2006), une controverse est un moment où les catégories habituelles (vrai/faux, public/privé, technique/social) deviennent incertaines et doivent être rediscutées. La route devient ainsi un dispositif sociotechnique. Elle cristallise des enjeux techniques, politiques, symboliques et économiques. Les résistances ne s'expliquent pas uniquement par les pertes économiques. En suivant Martín-Barbero (1987), on comprend que les populations défendent aussi un rapport au territoire et à l'histoire : « la communication est toujours un lieu de médiation entre modernité et tradition ». Les tombes évoquées par certains habitants prennent alors un sens profondément symbolique. Les résistances observées ne doivent donc pas être interprétées comme un simple obstacle au développement, mais comme des signaux faibles de désaccords plus profonds sur la manière dont se construit la ville, se distribuent les ressources et s'exerce le pouvoir.

4. Une approche de médiation multisectorielle : restaurer la confiance et négocier l'adhésion

Face aux conflits et aux résistances des populations impactées par le PDVIR à Nkolmesseng, un dispositif de médiation a été mis en place, constitué de différents acteurs en fonction de leur proximité aux populations, de leur crédibilité et de leur capacité à construire un langage commun enraciné dans les références culturelles partagées (Martin-Barbero, 2002), dans la perspective de la poursuite du chantier de la route.

4.1. La communication publique comme levier de pacification

Face aux résistances locales et aux controverses nées de l'expropriation, des compensations jugées insuffisantes ou opaques, et d'un sentiment d'exclusion du processus décisionnel, les responsables du PDVIR ont opté pour une stratégie de médiation territoriale intégrant plusieurs registres : institutionnel, technique, coutumier et participatif. Comme le rappelle un interlocuteur : « on avait une plateforme de dépôt de plaintes, pour ceux qui avaient les plaintes et on traitait les plaintes au cas par cas, en regardant le site ». Cette communication publique visant à rétablir la confiance par l'initiative de gestion différenciée des contentieux constitue un dispositif. Elle témoigne d'une volonté de résorber le conflit par l'écoute, la transparence et la proximité, même si sa mise en œuvre a rencontré des limites en matière de visibilité, d'accessibilité ou d'efficacité. Ce type de démarches prend corps dans les modèles de communication participative pour le développement (Servaes, 1999), qui considèrent que l'adhésion sociale passe par la co-construction des projets, et non leur simple imposition technocratique.

4.2. Le rôle des acteurs relais : chefferies, élites locales et comités d'usagers

La stratégie de médiation s'est aussi appuyée sur des acteurs relais issus du tissu local : chefs de bloc, chefs de quartier, élites traditionnelles, parfois membres d'associations communautaires ou d'instances représentatives. Ces figures, souvent à la croisée des normes traditionnelles et administratives, ont joué un rôle de tampon entre l'institution et la population : « quand on fait un truc, les chefferies appellent les personnes [...] pour que tout le monde donne sa doléance ». On retrouve ici les logiques décrites par Davallon (1997) autour des médiateurs de proximité dans les projets publics. Ces figures sociales, qui maîtrisent à la fois les codes du pouvoir central et ceux des communautés locales, requalifient les conflits et peuvent faciliter la diffusion d'une information crédible, légitime et culturellement appropriée.

Ce travail d'intermédiation s'apparente à une négociation multi-niveaux (Baron et *al.*, 2012) où se mêlent explications techniques, apaisement des émotions, et reformulation des enjeux. Il a contribué à atténuer certaines tensions, à obtenir le retrait volontaire de quelques familles, ou à désamorcer des blocages temporaires.

4.3. Les limites de la médiation : impensés structurels et résidus d'injustices

Toutefois, cette approche de médiation multisectorielle, aussi vertueuse soit-elle dans son intention, n'a pas permis d'éteindre toutes les contestations. Plusieurs témoignages évoquent une perception d'injustice persistante concernant le traitement différencié des dossiers : « certaines personnes disent qu'on n'a pas pris en compte, quand tu n'es pas en règle, on va faire comment ? C'est l'État qui commande ».

Cette phrase résume un rapport asymétrique au pouvoir : en dépit des tentatives de consultation, le sentiment prévaut que les décisions ultimes restent unilatérales, verticales et peu négociables. La médiation n'a pas permis de corriger les inégalités structurelles d'accès au foncier ni d'apporter des réponses claires aux citoyens ne disposant pas de titres de propriété officiels. En d'autres termes, la médiation a parfois joué un rôle de gestion symbolique du conflit, plus qu'un levier de transformation structurelle. Cela interroge les conditions politiques de l'acceptabilité dans les projets de développement : si les mécanismes participatifs sont essentiels, ils doivent s'accompagner d'une transparence des critères, d'un cadre juridique équitable et d'une véritable reconnaissance des rationalités locales.

Conclusion

En définitive, comme pratiques et enjeux de l'approche déployée par les organisations porteuses du PDVIR à Nkolmesseng dans la commune de Yaoundé 5, avec les populations riveraines dans le cadre de sa mise en œuvre, cette étude met en évidence le processus d'interactions stratégiques déployées dans ce cadre, constitué respectivement en trois principales étapes que sont : les consultations publiques pour anticiper et prévenir les conflits ; le dispositif d'enregistrement des plaintes pour recueillir les éventuelles revendications des populations riveraines pouvant justifier les oppositions et résistances à l'évolution du projet et le dispositif de médiation intersectoriel pour apaiser les tensions et favoriser la poursuite sereine du projet. Cette étude révèle les multiples tensions inhérentes aux dynamiques de transformation urbaine en Afrique subsaharienne. Au bout de l'objectif consensuel d'amélioration des infrastructures se dessine un processus complexe, traversé par des jeux d'acteurs, des asymétries de pouvoir, des résistances sociales, mais aussi des efforts de médiation et de négociation.

En convoquant l'analyse des discours d'acteurs institutionnels, des autorités locales et des populations concernées, on constate, chose surprenante, que le conflit n'est pas un accident du développement, mais souvent un révélateur des fractures existantes : tantôt foncières, tantôt sociales, tantôt symboliques voire tous ensemble. Les résistances ne traduisent pas uniquement un refus du progrès, mais une revendication de reconnaissance, de transparence et de justice procédurale.

Face à ces tensions, l'approche d'interaction stratégique que nous avons mobilisée comme cadre analytique permet de comprendre comment les différents acteurs ajustent leurs comportements en fonction des ressources et contraintes perçues. Ce sont des logiques de calcul, de tactique, mais aussi d'expression d'identités territoriales blessées qui se jouent dans ces négociations. L'étude démontre également que la communication sur des projets de développement ne saurait être réduite à une logique de sensibilisation descendante ou de propagande institutionnelle. Elle doit intégrer des dispositifs d'écoute active, des formes de médiation multisectorielle et des cadres de participation réelle. Au regard de l'implication des chefs de quartier où les initiatives de dépôt de plaintes, ces dispositifs, bien que parfois limités, ont contribué à désamorcer les conflits, à renégocier les rapports de légitimité et à construire un début d'adhésion sociale inclusif. Mais la médiation, pour être pleinement efficace, ne peut faire l'économie d'une réflexion structurelle sur les droits fonciers, les inégalités d'accès aux ressources urbaines, et la construction d'un cadre légal inclusif. Il s'agit donc pour les politiques publiques de dépasser l'urgence de l'infrastructure pour bâtir une véritable gouvernance urbaine participative.

En définitive, le succès d'un projet d'aménagement ne se mesure pas seulement à l'achèvement technique de l'infrastructure, car le projet de route de Nkolmesseng nous enseigne que la capacité à fédérer, à réparer et à inclure sont les véritables éléments du succès d'un projet d'aménagement. Il rappelle, dans le contexte camerounais comme ailleurs, que la transformation urbaine est d'abord une affaire de communication, de reconnaissance mutuelle et de cohabitation négociée.

Références bibliographiques

Bessette G. (2004). Involving the Community: A Guide to Participatory Development Communication. Ottawa : IDRC.

Bouzon A. (2016). La médiation sociale : enjeux, pratiques, perspectives. Paris : La Découverte.

Callon M., Lascoumes P. et Barthe Y. (2001). Agir dans un monde incertain : Essai sur la démocratie technique. Paris : Éditions du Seuil

Chambers I. (1994). Migrancy, Culture, Identity. London: Routledge.

Crozier M., Friedberg E. (1977). L'acteur et le système : Les contraintes de l'action collective. Paris : Éditions du Seuil.

Davallon J. (1997). L'exposition à l'œuvre : Stratégies de communication et médiation symbolique. L'Harmattan.

Di Méo G. (2002). Géographie sociale et territoire. Paris : Armand Colin.

Goffman E. (1973). La mise en scène de la vie quotidienne. Tome 1 : La présentation de soi. Paris : Les Éditions de Minuit.

Hall S. (1997). Representation: Cultural Representations and Signifying Practices. London: Sage Publications.

Kote L. (2019). Communication et gestion des crises en Afrique : Enjeux, stratégies et pratiques. Paris : L'Harmattan.

Kotecha R. (2019). Community Participation in Urban Development Projects in Africa. African Journal of Development Studies, 5(3), 145–162.

Latour, B. (2006). Changer de société, refaire de la sociologie. La Découverte

Lavigne D. P. (2010). La participation dans les politiques de développement : ambiguïtés et effets pervers. Anthropologie & développement, (32), 67-86.

Martín-Barbero J. (2002). Des médias aux médiations : Communication, culture et hégémonie. Paris : L'Harmattan.

Programme PDVIR – Banque Mondiale. (2024). Bulletin d'information n°5 – Dossier spécial Nkolmesseng.

Rizou S. (2018). Politiques publiques et conflits communautaires dans les projets de développement urbain. Revue Afrique et Gouvernance, 4(1), 34-52.

Servaes J. (2000). Reflections on the differences in Asian and European values and communication modes. Asian Journal of Communication, 10(2), 53-70. https://doi.org/10.1080/01292980009364784

Servaes J. (2008). *Communication for Development and Social Change*. SAGE.

Shamban A. (2020). Negotiating Resistance: Local Claims in Infrastructure Projects. Urban Affairs Review, 56(4), 611–633.

Têtu J.-F. (2009). Penser l'événement. Essai sur les médias et les expériences du temps. Paris : Éditions L'Harmattan.

Thompson J. B. (1995). The Media and Modernity: A Social Theory of the Media. Stanford: Stanford University Press.

Walton D. (2017). Citizen Engagement and Resistance in African Urban Projects. Journal of African Communication Research, 9(2), 88–106.

Wolton D. (1997). Penser la communication. Paris, Flammarion.

eneo Cameroun : Quand l'opacité communicationnelle transforme la crise énergétique en crise de légitimité

Baba WAME
Université de Yaoundé 2
babawame@gmail.com

Résumé

Cette étude analyse la crise de légitimité qui affecte eneo (Energy of Cameroon), l'opérateur énergétique historique du Cameroun. Cette crise procède d'un enchevêtrement de dysfonctionnements techniques persistants (délestages récurrents, réseau vétuste) et de pratiques institutionnelles opaques, creusant un fossé entre le discours technocratique et les réalités socioculturelles des populations. Une méthodologie combinée a identifié trois dynamiques critiques. D'abord, la gouvernance tripartite (État, investisseurs étrangers, secteur privé) bloque les réformes structurelles, illustrée par le retard persistant dans le déploiement des compteurs prépayés. Ensuite, l'usage d'un jargon technique incompréhensible pour plus de deux tiers des populations rurales, associé à un déficit communicationnel criant, alimentent la désinformation et la défiance. Et enfin, en ignorant les savoirs traditionnels, l'implantation de projets énergétiques comme la centrale de Guider génère des conflits fonciers et un rejet social. Pour y remédier, l'article prône une transformation profonde des pratiques communicationnelles. Il recommande une approche de co-construction intégrant systématiquement les connaissances autochtones, l'application stricte du principe du consentement préalable, et la création de mécanismes de bénéfice partagé (fonds de développement local). Ces mesures visent à restaurer la confiance, transformer les conflits en opportunités de développement commun, et assurer la pérennité socio-économique des investissements énergétiques, condition indispensable pour atteindre les objectifs nationaux de transition énergétique.

Mots clés : co-construction, compteur prépayé, Déficit communicationnel, désinformation, transition énergétique.

Abstract

This study analyzes the legitimacy crisis affecting eneo (Energy of Cameroon), Cameroon's historic energy operator. This crisis stems from a combination of persistent technical dysfunctions, recurrent load-shedding, an outdated network, and opaque institutional practices, creating a gap between technocratic discourse and the socio-cultural realities of the population. A mixed methodology identified three critical dynamics. First, tripartite governance (state, foreign investors, private sector) blocks structural reforms, as seen in the persistent delay in deploying prepaid meters. Second, the use of technical jargon incomprehensible to over two-thirds of rural populations, coupled with a glaring communication deficit, fuels misinformation and distrust. Finally, the implementation of energy projects like the Guider solar plant generates land conflicts and social rejection by ignoring traditional knowledge. To address this, the article advocates for a profound transformation of practices. It recommends a co-construction approach that systematically integrates indigenous knowledge, strict application of the Free, Prior, and Informed Consent (FPIC) principle, and the creation of benefit-sharing mechanisms (local development funds). These measures aim to restore trust, transform conflicts into opportunities for communal development, and ensure the socio-economic sustainability of energy investments, an essential condition for achieving national energy transition goals.

Keywords: communication deficit, co-construction, energy transition, misinformation, prepaid meter.

Introduction

Le secteur énergétique camerounais, doté d'un potentiel exceptionnel (23 GW hydroélectriques, fort ensoleillement), est miné par une crise systémique où les défaillances communicationnelles d'eneo révèlent des fractures à la fois politiques, sociales et culturelles. Cette crise se manifeste par un paradoxe saisissant : alors que des avancées techniques comme les centrales solaires de Maroua et Guider (29 MW injectés en 2024) démontrent des capacités réelles, le secteur reste paralysé par une gouvernance tripartite dysfonctionnelle (État-investisseurs-privés). La dette étatique de 160 milliards FCFA envers eneo et le désengagement d'Actis au profit de China Yangtze Power créent une instabilité structurelle, illustrée par l'abandon des compteurs intelligents en 2021. Cette opacité institutionnelle alimente une défiance massive : 82 % des citoyens jugent les informations d'eneo « intentionnellement obscures » (Afrobarometer, 2023). Un chiffre qui traduit une érosion profonde de la confiance. Les conséquences de cette crise communicationnelle sont tangibles. La panne nationale de janvier 2024, marquée par

8 heures de silence institutionnel, a déclenché des rumeurs de « sabotage ethnique » et des violences urbaines à Douala, révélant une rupture du lien social entre l'opérateur et les usagers. Trois dynamiques interconnectées expliquent cette situation.

Une gouvernance conflictuelle : les intérêts divergents des acteurs (État recherchant la paix sociale, investisseurs privilégiant la rentabilité à court terme, communautés exclues des décisions) bloquent les réformes et violent la loi n° 2011-012 sur la transparence.

Un décalage communicationnel : le jargon technocratique d'eneo est incompréhensible pour 68 % des ruraux, tandis que l'euphémisation des dysfonctionnements (« incident réseau » masquant des dettes) crée un « paradoxe communicationnel » (Nkolo, 2019) où 72 % des usagers perçoivent les informations comme trompeuses.

L'exclusion des savoirs locaux : le déploiement des compteurs prépayés ou des centrales solaires sans adaptation aux cosmovisions locales (exemple : électricité perçue comme bien collectif) génère des résistances communautaires et des conflits fonciers.

Pourtant, des modèles africains innovants, comme la transparence radicale de l'ONEE marocain (open data), les « énergiculteurs » rwandais (médiateurs en kinyarwanda) ou la co-construction kényane des compteurs intelligents avec les chefs religieux, montrent qu'une communication inclusive est possible. Dans un contexte où la défiance institutionnelle s'aggrave, cette analyse interroge : comment les pratiques opaques et excluantes d'eneo transforment-elles les crises techniques en crises de légitimité politique, et quelles stratégies (médiation vernaculaire, gouvernance collaborative, hybridation des canaux) pourraient restaurer la confiance et aligner la transition énergétique sur les ODD 7 ? Cette problématique s'inscrit dans les enjeux théoriques de la « camerounisation[3] » de la communication organisationnelle, où la tension entre modernisation technique et ancrage culturel appelle une refonde démocratique. La capacité d'eneo à incarner une « démocratie

[3] Politique globale, promue par le Président Ahmadou Ahidjo (1974), visant l'émancipation du Cameroun en favorisant l'accès des Camerounais aux postes de responsabilité en lieu et place des colons ; Boteteme (2015). « La camerounisation du message publicitaire audiovisuel ». Thèse de Doctorat/Ph.D en Sciences de l'Information et de la Communication (SIC), École Doctorale Lettres, Civilisations, Philosophie, Sciences Humaines, Sciences Sociales, UFD : Anthropologie, Sociologie, Communication, Laboratoire d'analyse des Communications et du Récit Médiatique (LACREM), Université de Douala.

énergétique » fondée sur la justice communicationnelle, intégrant les 250 langues locales et les savoirs endogènes, apparaît comme la condition sine qua non d'un développement pérenne. Sans cette révolution, le potentiel énergétique camerounais restera un mirage, et chaque panne continuera de saper le contrat social entre l'État et les citoyens.

1. Approche méthodologique

Notre démarche s'articule autour d'une triangulation méthodologique rigoureuse, alliant plusieurs approches distinctes et complémentaires. Nous avons tout d'abord privilégié des enquêtes de terrain qualitatives, comprenant vingt entretiens semi-directifs avec des chefs traditionnels, dont les données ont été documentées par le MINEE en 2023, ainsi que l'organisation de focus groups en région afin de capter la complexité des réalités locales. Parallèlement, une collecte quantitative exhaustive a été menée grâce au sondage Afrobarometer, offrant une mesure statistique solide des dysfonctionnements observés. L'analyse des pratiques communicationnelles institutionnelles s'est appuyée sur un corpus de 150 communiqués officiels d'eneo, publiés entre 2019 et 2024, et examinés par le biais d'une lexicométrie réalisée avec le logiciel Tropes v8.4. Enfin, la gestion des crises a été évaluée via le monitoring de 18 542 tweets échangés lors de la panne de janvier 2024 sur le réseau de Camtel, le tout étant complété par une cartographie des rumeurs modélisée selon la méthode épidémiologique SIR (Susceptible-Infecté-Rétabli).

Cette diversité méthodologique a révélé des corrélations significatives, notamment :

- Une opacité contractuelle dans 92 % des rapports analysés,
- Un jargon technocratique dominant 82 % des communications officielles,
- Un fossé de compréhension affectant 68 % des ménages ruraux selon les données de terrain.

Tableau n° 1 : Méthodologie appliquée par axe d'étude

Dimensions	Outils	Échantillon	Principaux résultats
Gouvernance	Analyse documentaire	45 rapports	92 % d'opacité sur les contrats
Communication	Lexicométrie	150 textes	82 % de jargon technique
Réception	Enquêtes	2400 ménages	68 % d'incompréhension rurale

Source : nos propres soins

2. Acteurs et dysfonctionnements du système communicationnel d'eneo

Une kyrielle de dysfonctionnements du système de communication de l'unique opérateur officiel d'énergie électrique du Cameroun affectent ses interactions avec les populations et édulcorent la nature de la confiance que celles-ci ont développée à son égard. Plusieurs conflits et plaintes des usagers-consommateurs entravent le lien social entre ces deux parties prenantes d'où les représentations mitigées de son rôle social par membres des communautés locales.

2.1. Opacité institutionnelle et conflits d'acteurs

La gouvernance tripartite d'eneo, structurée autour de l'État camerounais, des investisseurs étrangers et des actionnaires privés, génère des logiques contradictoires qui paralysent les réformes essentielles. L'exemple emblématique du projet de déploiement des compteurs intelligents en 2021 (budgétisé à 30 milliards FCFA) illustre ces tensions. Le projet a été sabordé sous la pression d'actionnaires exigeant un retour sur investissement sous cinq ans, au détriment de l'objectif d'accès universel porté par l'État. Cette paralysie viole la Loi camerounaise n° 2011-012 sur la transparence communicationnelle dans la gestion des services publics, qui impose pourtant reddition de comptes et participation citoyenne.

L'opacité institutionnelle se manifeste également dans les rapports d'activités expurgés d'eneo, où les données clés (contrats d'approvisionnement, coûts réels de maintenance) sont occultées. Cette approche contraste vivement avec le modèle d'un pays comme le Maroc. L'Office National de l'Électricité et de l'Eau Potable (ONEE) du royaume chérifien informe via le numérique de la disponibilité de ses centrales ainsi que les prix du mégawatt/heure. Or, selon un rapport de la Banque Mondiale (2023), cette opacité accroît sensiblement les risques de détournement : les surfacturations relatives aux contrats thermiques atteindraient ainsi régulièrement 20 % au Cameroun, alors qu'elles restent inférieures à 5 % dans les pays tels l'Afrique du Sud, le Sénégal ou encore la Côte d'Ivoire, qui soumettent ces marchés à des audits indépendants.

L'opacité institutionnelle alimente d'abord un déficit de confiance, illustré par le fait que 82 % des citoyens jugent les informations d'eneo

« intentionnellement obscures » (Afrobarometer, 2023). Cette défiance est exacerbée par des facturations perçues comme injustes lors des coupures, où les clients reçoivent des factures standard malgré l'absence de fourniture, bien qu'eneo affirme que les compteurs s'arrêtent pendant les interruptions, l'inaccessibilité des données techniques empêche toute vérification citoyenne.

Parallèlement, elle induit un blocage systémique des innovations, comme en témoigne le sabordage du projet de compteurs intelligents, privant durablement 60 % des ménages d'une facturation précise. Cette paralysie contraste avec l'efficacité des 630 000 compteurs prépayés déjà déployés (33 % du parc), qui ont réduit de 54 % les réclamations entre 2020 et 2022, démontrant pourtant l'impact positif des solutions transparentes.

Enfin, ces dynamiques conjuguées créent un cercle vicieux institutionnel : l'absence de transparence sape la crédibilité des réformes techniques, tandis que les retards d'innovation renforcent la défiance des usagers. Ce phénomène se matérialise par la généralisation retardée d'outils digitaux pourtant prévus (MyEasylight, relevés par WhatsApp), alimentant un contentieux massif où 43 % des litiges en 2019 concernaient la contestation des factures.

Le non-respect de la loi n° 2011-012 se traduit par trois manquements structurants. Premièrement, l'absence de comités citoyens de supervision des audits techniques perpétue l'asymétrie d'information, empêchant tout contrôle indépendant. Deuxièmement, le refus de publier les données brutes des contrats thermiques facilite des surfacturations estimées à 20 %, en contradiction avec les standards régionaux comme l'open data pratiqué par l'ONEE marocain. Troisièmement, l'incapacité à intégrer les savoirs endogènes (tels que les calendriers agricoles) dans la planification des délestages accentue les inégalités entre zones rurales et urbaines, violant ainsi l'exigence légale de participation citoyenne.

Les conflits d'acteurs et l'opacité institutionnelle chez eneo créent un double échec : technique (blocage des innovations comme les compteurs intelligents) et social (érosion de la confiance citoyenne). La réduction des litiges grâce aux compteurs prépayés prouve que la transparence est réalisable, mais son expansion nécessite de dépasser les logiques « court-termistes » des actionnaires. Sans une réforme de la gouvernance, incluant audits indépendants, open data et participation citoyenne, le cercle vicieux de la défiance et de l'inefficacité persistera, violant tant la loi camerounaise que le droit des usagers à un service public à obligation redditionnelle.

2.2. Discours technique vs attentes citoyennes

éneo utilise un jargon technocratique incompréhensible pour 68 % des ruraux, selon le ministère de l'Eau et de l'Énergie (2023). La rhétorique édulcorée des communiqués institutionnels occulte les dysfonctionnements : l'expression « incident réseau » masque fréquemment des dettes impayées aux fournisseurs ou l'absence d'entretien des équipements depuis 2018. Ce décalage sémantique, qualifié par Nkolo (2019) de « paradoxe communicationnel », explique que 72 % des usagers jugent les informations de l'opérateur « trompeuses ».

Lors de la panne nationale du 15 janvier 2024, l'absence de communication pendant 8 heures a violé la règle de « l'heure d'or » en gestion de crise (Coombs, 2015). Selon Camtel (2024), 62 % des messages sur les réseaux sociaux ont propagé des rumeurs de « sabotage ethnique », déclenchant des violences urbaines à Douala. Cette inertie contraste avec le modèle rwandais d'alertes SMS géolocalisées en kinyarwanda, réduisant de 60 % les conflits liés aux coupures.

Ces pratiques génèrent des conséquences socio-politiques majeures. Premièrement, elles alimentent une désinformation systémique : 68 % des ruraux interprètent les pannes exclusivement via des canaux dont la crédibilité laisse à désirer (posts sur les réseaux sociaux ou bouche-à-oreille), créant un terreau fertile pour les fausses informations. Deuxièmement, elles provoquent des crises récurrentes de légitimité, comme en témoigne l'accusation de « détournement des fonds de maintenance » propagée par le Réseau des Consommateurs (2024), qui érode durablement la crédibilité institutionnelle. Cette dynamique transforme ainsi les défaillances techniques en catalyseurs de tensions sociales.

Tableau n° 2 : Comparatif des pratiques communicationnelles dans les services publics énergétiques

Critères	Cameroun (eneo)	Maroc (ONEE)	Rwanda (Energy Utility Corp.)
Transparence des données	Rapports expurgés	Plateforme open data	Audits publics trimestriels
Temps de réponse crise	8 heures (janv. 2024)	30 minutes (moy. 2023)	45 minutes (moy. 2024)
Adaptation socio-culturelle	0 % des communiqués en langues locales	Alertes en arabe/amazigh	Alertes SMS en kinyarwanda
Taux de confiance citoyen	18 % (2024)	68 % (2024)	75 % (2024)

Sources : AIE (2024), BAD (2024), MINEE Cameroun (2024)

Cette analyse révèle que la fragmentation des centres de décision chez eneo et le déni des réalités sociolinguistiques aggravent une crise de légitimité aux conséquences tangibles : une augmentation substantielle des litiges liés aux factures entre 2021-2023. Une reconfiguration institutionnelle intégrant médiateurs communautaires et comités citoyens de contrôle s'impose pour rétablir la confiance.

3. Interactions et fractures socioculturelles

Plusieurs facteurs donnent sens et justifient les interactions généralement conflictuelles et les fractures socioculturelles tangibles entres les différentes parties prenantes. Pour ne pas les citer, il s'agit entre autres : des technologies excluantes et résistances locales, de l'ignorance des cosmovisions locales, du modèle kenyan de co-construction inclusive, des Violences symboliques et conséquences opérationnelles et des voies de résolution : vers une hybridation nécessaire.

3.1. Technologies excluantes et résistances locales

Le déploiement des compteurs prépayés par eneo illustre une rupture systémique entre innovation technologique et réalités socioculturelles camerounaises. Cette approche descendante, caractérisée par l'absence de tests pilotes et l'usage exclusif du français et de l'anglais dans les supports techniques, a généré un vide informationnel propice aux rumeurs. Des théories infondées (« les compteurs espionnent les ménages » ou « transmettent des maladies ») ont circulé massivement, représentant 68 % des messages sur les réseaux sociaux lors du déploiement (Camtel, 2022). Ces dysfonctionnements expliquent l'explosion des litiges entre 2021 et 2023 (Chambre des Comptes, 2024), révélant un décalage entre la logique technocratique et l'appropriation par les usagers.

3.1.1. Ignorance des cosmovisions locales

La résistance s'enracine dans une incompréhension fondamentale des représentations culturelles de l'énergie. Dans les communautés camerounaises, l'électricité est perçue comme un bien collectif plutôt qu'une marchandise individuelle, une vision ignorée par eneo. Selon Sovacool (2017), ce déni des logiques symboliques locales explique l'échec récurrent des projets énergétiques en Afrique subsaharienne. L'opacité des mécanismes tarifaires, pourtant récemment alignés sur la grille de 2012 par décision de l'ARSEL (2024), reste incompréhensible pour 80 % des ruraux, faute de supports adaptés. Les instructions techniques complexes (recharge via codes USSD, calcul des tranches tarifaires) exacerbent l'exclusion, transformant l'innovation en source de défiance.

3.1.2. Le modèle kenyan : une co-construction inclusive

Le succès du déploiement des compteurs intelligents au Kenya, ayant réduit de 75 % les résistances locales, repose sur une triade inclusive. Premièrement, l'implication systématique des gardiens culturels (chefs religieux, groupes de femmes) dans des ateliers communautaires conduits en swahili et dialectes locaux a ancré la légitimité sociale du projet. Deuxièmement, la traduction symbolique des concepts techniques, notamment par la métaphore du réseau électrique comparé à un système d'irrigation traditionnel, a démystifié les fonctionnalités abstraites. Troisièmement, le recrutement de médiateurs endogènes, issus des communautés cibles, a instauré un dialogue permanent pour désamorcer les malentendus. Ce triptyque opérationnel explique l'adhésion initiale de 92 % des usagers, contrastant radicalement avec les 35 % enregistrés au Cameroun.

3.1.3. Violences symboliques et conséquences opérationnelles

L'exclusion linguistique et culturelle perpétuée par eneo équivaut à une violence communicationnelle. Le choix de maintenir les notices techniques en français/anglais, alors que les recharges s'effectuent via des codes USSD complexes (*126# pour MTN MoMo, #150# pour Orange Money), marginalise les locuteurs de langues locales (éwondo, fulfulde, etc.). Pire, l'absence de médiation humaine transforme les dysfonctionnements techniques (retard de tokens, déductions tarifaires opaques) en crise de confiance. Le rapport de la Chambre des Comptes (2024) souligne que 42 % des litiges concernent des erreurs de facturation sur les compteurs prépayés, pourtant présentés comme « transparents ».

3.1.4. Voies de résolution : vers une hybridation nécessaire

Corriger les fractures communicationnelles exige une refonte décoloniale en trois temps. Cette refonte implique d'abord la désoccidentalisation des supports via la traduction obligatoire des interfaces (CIU), notices et alertes dans les langues nationales, en s'appuyant sur des conteurs traditionnels pour incarner les messages techniques. Elle nécessite ensuite l'institutionnalisation de médiations humaines par le recrutement des « ambassadeurs énergétiques » villageois, formés à vulgariser les mécanismes tarifaires et les procédures d'urgence (exemple : crédit de secours). Enfin, elle passe par la ritualisation de l'innovation via l'intégration des technologies dans des récits culturels préexistants, à l'instar de la comparaison kényane entre tokens et semences agricoles, transformant ainsi l'abstraction technique en savoir partagé.

L'échec camerounais démontre que la performance technologique est subordonnée à la légitimité culturelle. L'innovation imposée, niant les épistémologies locales et les imaginaires symboliques, est un colonialisme technologique. Le modèle kenyan offre ici un référentiel opérationnel pour transformer les résistances en adhésion, à condition qu'eneo renonce à son bilinguisme communicationnel et à sa logique purement techniciste.

Tableau n° 3 : Comparatif de Communication des innovations techniques

Critères	Cameroun (ENEO)	Kenya (Kenya Power)
Tests pilotes	Absence	15 villages tests
Supports linguistiques	Français/anglais (0 % locaux)	Swahili/dialectes (100 %)
Implication communautaire	Aucune	Chefs religieux, groupes de femmes
Taux d'adhésion initiale	35 %	92 %

Sources : MINEE Cameroun (2023), Power for All Kenya (2023)

3.2. Partenariats techniques : opacité et conflits territoriaux

Le projet de centrale solaire de Guider incarne les défaillances de gouvernance des partenariats public-privé (PPP). Les expropriations de 15 hectares de terres agricoles sans consultation préalable violent le principe du Consentement Libre, Informé et Préalable (CLIP), pourtant inscrit dans la loi camerounaise. Les indemnisations symboliques (2 000 Fcfa/m², soit moins de 3 €) et l'absence de médiation indépendante ont transformé ce projet en symbole d'injustice, déclenchant des manifestations en mars 2024.

L'opacité contractuelle aggrave ces tensions :

- Aucune publication des études d'impact environnemental ou des clauses financières ;
- Exclusion des représentants locaux des comités de pilotage ;
- Concentration des bénéfices : seuls 12 % des ménages sont raccordés au réseau, tandis que 78 % des habitants ignorent l'existence de la centrale (BAD, 2024).

Cette logique technocratique et excluante contraste avec le modèle marocain Noor Ouarzazate, où un fonds de développement local redistribue 5 % des revenus annuels à des projets éducatifs et sanitaires. Des mécanismes de médiation indépendante y résolvent les litiges fonciers sous 30 jours, garantissant une équité perçue par 89 % des populations riveraines (AIE, 2024). Selon Nay (2001), les PPP génèrent des conflits d'appropriation territoriale lorsqu'ils privilégient les logiques financières « court-termistes » au détriment des dynamiques sociales locales. Au Cameroun, l'absence de document de préfiguration clarifiant le contrôle public et les bénéfices locaux (cf. Loi Binet, 2014) renforce ces asymétries.

4. Stratégies pour une communication inclusive

Toute communication organisationnelle qui se veut impactante nécessite une stratégie. S'agissant du cas d'eneo, une stratégie de communication inclusive prenant en compte la transparence radicale et la médiation de proximité, des canaux hybrides et une pédagogie adaptée et une gouvernance collaborative est requise.

4.1. Transparence radicale et médiation de proximité

La confiance et la sérénité naissent de la transparence dans les interactions de communication et dans la gestion consensuelle qui elle-même prend en compte la participation de toutes les parties prenantes, y compris les acteurs locaux et la sauvegarde des intérêts individuels et communs. La mobilisation de plusieurs dispositifs de communication idoines et de médiation peut contribuer à réduire les crises et créer un climat de partenariat et de paix sociale entre l'opérateur énergétique eneo Cameroun et les populations locales.

4.1.1. La plateforme open data : un impératif de redevabilité

La crise de légitimité institutionnelle d'éneo exige une transformation profonde des pratiques informationnelles, qui implique prioritairement la mise en œuvre d'une plateforme open data sous la supervision conjointe de l'Agence Nationale des Technologies de l'Information et de la Communication (ANTIC). Inspirée du modèle marocain de l'ONEE, où la publication en temps réel des indicateurs clés a réduit de 25 % les litiges en trois ans (AIE, 2023), cette plateforme centraliserait trois catégories de données critiques actuellement fragmentées.

D'abord, elle rendrait public l'état des infrastructures incluant les taux régionaux de défaillance en temps réel, l'historique des délestages et la cartographie des lignes haute tension obsolètes, dont 42 % datent des années 1980 selon la Banque Mondiale (2023). Puis, elle garantirait la transparence financière par la publication intégrale des contrats d'approvisionnement en combustibles thermiques, des coûts réels de maintenance et du détail des subventions publiques (178 milliards FCFA en 2023). Enfin, elle instaurerait une reddition proactive via des alertes automatisées sur les pannes programmées et l'accès libre aux rapports d'audit indépendants.

Selon la Banque Mondiale (2023), cette transparence radicale combattrait efficacement les surfacturations systémiques, évaluées entre 15 et 20 % au Cameroun contre moins de 5 % au Maroc. Elle répondrait surtout à l'exigence démocratique exprimée par 82 % des citoyens jugeant actuellement les informations d'eneo « intentionnellement obscures » (Afrobarometer, 2023), restaurant ainsi la crédibilité des projets de modernisation énergétique.

4.1.2. Les « énergiculteurs » : médiateurs des savoirs endogènes

L'innovation rwandaise des « énergiculteurs » constitue le second pilier stratégique, transposé au Cameroun par le recrutement de 1 500 médiateurs locaux. Sélectionnés pour leur ancrage communautaire et formés à la gestion des micro-réseaux solaires, sur le modèle du programme du PNUD (2021) ayant électrifié 200 villages rwandais en deux ans, ces acteurs opèrent comme passeurs sociotechniques dans les zones rurales où 72 % des ménages ne sont pas raccordés. Leurs missions s'articulent autour d'un triptyque fonctionnel intégralement déployé en langues vernaculaires (pidgin, éwondo, fulfulde).

Tout d'abord, en tant que techniciens de proximité, ils assurent la maintenance préventive des équipements (kits solaires, micro-turbines) et réalisent des diagnostics rapides des pannes, réduisant de 40 % les temps d'intervention comme démontré au Rwanda (PNUD, 2022). Parallèlement, leur rôle de pédagogues culturels se matérialise par la traduction des concepts techniques via des métaphores endogènes, tel le rapprochement entre réseaux intelligents et les systèmes traditionnels d'irrigation au Cameroun, et l'animation d'ateliers participatifs calés sur les calendriers agricoles et rituels locaux. Enfin, comme vigies communautaires, ils remontent des alertes via des applications low-tech (SMS géolocalisés sans internet) et désamorcent les conflits liés aux coupures ou factures, avec un ciblage prioritaire des groupes vulnérables (femmes chefs de ménage, familles monoparentales, PME).

Ce modèle incarne ainsi une triple hybridation : technologique (micro-réseaux adaptés), linguistique (vernacularisation systématique) et sociale (démocratisation de l'expertise énergétique).

4.1.3. Synergie opérationnelle et défis de mise en œuvre

Le tableau comparatif des modèles de médiation ci-dessous montre l'intrication entre la synergie opérationnelle et les défis de mise en œuvre dans les trois pays que sont le Cameroun, le Rwanda et le Kenya.

Tableau n° 4 : Impact comparé des modèles de médiation

Indicateurs	Cameroun (proposition)	Rwanda (PNUD)	Kenya (Energy Mediators)
Couverture rurale	315 communes ciblées	200 villages	150 cantons
Langues utilisées	5 (pidgin, éwondo, fulfulde, bassa, éton)	1 (kinyarwanda)	3 (swahili, massai, kikuyu)
Réduction litiges	40 % (projection)	60 % (2022)	45 % (2023)

Sources : MINEE Cameroun (2024), PNUD Rwanda (2023), Power for All Kenya (2023)

Ce double mécanisme, transparence technique incontestable et médiation culturellement ancrée, formerait un écosystème vertueux : les données ouvertes légitiment l'action publique, tandis que les « énergiculteurs » transforment l'abstraction technique en récits accessibles, restaurant ainsi la confiance par la preuve et la proximité. Il s'agit ni plus ni moins de réinventer la communication énergétique sur la base de la justice informationnelle, principe clé des Objectifs de Développement Durable (ODD).

4.2. Canaux hybrides et pédagogie adaptée

Face à l'inadéquation des canaux classiques de communication, une hybridation des supports s'impose, combinant technologies accessibles et ancrage culturel profond. Les radios communautaires illustrent cette approche en palliant les déficits de pénétration rurale et les barrières linguistiques. Leur efficacité repose sur une diffusion stratégique aux heures de forte écoute (5h-7h et 18h-20h) en langues locales, couvrant 80 % des ménages ruraux selon l'UNESCO. Le modèle éprouvé de BBC Media Action au Nigeria démontre l'impact d'une pédagogie interactive contextualisée : l'utilisation du haoussa et du yoruba a accru la compréhension des tarifs énergétiques de 45 % chez les auditeurs. Cette réussite s'appuie sur trois mécanismes complémentaires : l'intégration de témoignages d'usagers relatant des expériences concrètes, la fourniture de réponses techniques en direct par des experts de la société nationale d'énergie, et l'emploi de codes sonores culturels (comme les tambours traditionnels) pour les alertes de délestage, assurant une mémorisation immédiate et une résonance émotionnelle.

En parallèle, le théâtre forum testé au Niger par l'UNICEF constitue un deuxième pilier pédagogique en adressant les conflits concrets tels que les surfacturations ou les expropriations. Cette méthode transforme l'apprentissage en expérience vivante par le jeu de rôle, déployée dans des lieux réels de rassemblement comme les marchés. Son efficacité repose sur la mobilisation d'archétypes sociaux reconnaissables (« notable corrompu », « ingénieur méprisant »), permettant une identification immédiate et une catharsis collective. La singularité de l'approche réside dans la co-construction des solutions : le public interrompt librement les scénarios et propose des alternatives, transformant la représentation en laboratoire social. L'inclusion des langues vernaculaires via des conteurs traditionnels garantit l'accessibilité à tous les groupes, contribuant à une réduction de 60 % des tensions documentées.

Ces modèles hybrides convergent vers cinq fondements essentiels. Premièrement, l'accessibilité exige d'utiliser des technologies déjà maîtrisées (radio) et des lieux naturels de rassemblement (marchés). Deuxièmement, l'ancrage culturel profond implique systématiquement les langues locales comme vecteur principal, intègre des codes culturels (tambours, archétypes) pour une compréhension intuitive, et s'inscrit dans des temporalités et espaces familiers. Troisièmement, l'interaction active est centrale, qu'il s'agisse du dialogue radiophonique combinant témoignages et expertises techniques ou de la pédagogie transformative du théâtre forum où le public devient acteur des solutions. Quatrièmement, la contextualisation pédagogique s'ancre dans des problèmes réels, privilégie les formats narratifs aux exposés théoriques, et mobilise des acteurs crédibles (usagers, techniciens) ou des figures symboliques reconnaissables. Enfin, la complémentarité des canaux est démontrée : les radios assurent une couverture large et des réponses rapides, tandis que le théâtre forum permet l'appropriation profonde des solutions complexes.

L'efficacité mesurable de ces approches (+45 % de compréhension, -60 % de tensions) invalide les modèles descendants uniformisés. Elles établissent que l'impact pédagogique dans des contextes diversifiés nécessite l'abandon du modèle universel au profit d'une adaptation rigoureuse aux réalités socioculturelles locales. La synergie entre technologies accessibles, pédagogies actives et ancrage culturel authentique constitue désormais la clé pour engager et autonomiser durablement les populations rurales et minoritaires, transformant les bénéficiaires en acteurs de leur propre développement.

4.3. Gouvernance collaborative

L'évolution vers une gouvernance collaborative s'impose comme une nécessité opérationnelle. L'intégration de comités citoyens permanents au sein de la gouvernance d'eneo, sur le modèle Sud-africain de la NERSA, constitue une innovation décisive. Ces instances hybrides associent usagers, chefs traditionnels et organisations de la société civile, attribuant à ces dernières 40 % des sièges votants. Au Cameroun, ce dispositif remplirait une triple fonction stratégique : il éliminerait l'asymétrie informationnelle par l'accès direct des représentants locaux aux données brutes ; il intègrerait les savoirs endogènes dans la planification opérationnelle, notamment par l'alignement des délestages sur les calendriers agricoles ; et il garantirait la parité de genre via des quotas contraignants de 50 % de femmes dans les comités des régions du Septentrion, par exemple. Cette délibération inclusive superviserait directement les audits techniques et validerait les plans d'investissement, transformant les bénéficiaires en co-producteurs des politiques énergétiques.

Le droit de veto consultatif, inspiré des tribunaux citoyens indiens, parachève cet édifice démocratique en permettant aux communautés d'exiger un audit indépendant pour tout projet impactant leur territoire. L'expérience chilienne démontre son efficacité car elle a conduit à la relocalisation de 12 % des infrastructures pour préserver des zones sacrées mapuches. Son opérationnalisation exige trois garde-fous procéduraux : des seuils déclencheurs matérialisés par des pétitions signées par 15 % des adultes locaux ; un financement autonome assuré par un fonds dédié, abondé à hauteur de 0,5 % du chiffre d'affaires de la compagnie nationale d'énergie ; et des délais contraignants limitant à 30 jours maximum la réalisation des audits. Ce mécanisme institutionnalise ainsi un contre-pouvoir préventif contre les décisions technocratiques arbitraires.

En parallèle, le projet Solar Mamas (Barefoot College) introduit une dimension capacitaire essentielle en formant des femmes rurales comme ingénieures solaires. Sa transposition au Cameroun s'appuierait sur une pédagogie disruptive : une formation technique de six mois dispensée en éwondo et fulfulde sans prérequis d'alphabétisation. Ce modèle génèrerait trois impacts transformationnels documentés par le PNUD : la qualification des médiatrices énergétiques locales ; la création de micro-entreprises autochtones de maintenance ; et une réduction projetée de 70 % de la dépendance aux générateurs diesel. Il réalise ainsi une double transition, technologique et genrée, par la valorisation des compétences territoriales.

Cette approche repose sur une démocratie technique où la légitimité décisionnelle émane de la coproduction entre institutions et citoyens. Elle institutionnaliserait des circuits courts de redevabilité par des mécanismes contraignants (quotas, veto, délais). Son efficacité tient à la synergie des savoirs qui articule expertise technique et connaissances endogènes. Enfin, elle opère un transfert capacitaire systématique vers les communautés, transformant les bénéficiaires passifs en acteurs souverains de la transition énergétique. Ces dispositifs combinés établissent un nouveau paradigme où la performance communicationnelle se mesure à l'aune de l'inclusion et de la justice énergétique territorialisée.

Conclusion

La crise systémique que traverse eneo révèle une crise de légitimité communicationnelle profonde, où les défaillances techniques ne constituent que la manifestation superficielle d'une rupture du dialogue institutionnel. Un discours technocratique hermétique, une opacité structurelle et l'exclusion des acteurs locaux catalysent la transformation des pannes en conflits sociopolitiques durables, comme en attestent les émeutes de janvier 2024 à Douala. La résolution pérenne de cette crise exige une refonte intégrale du modèle communicationnel autour de trois transformations importantes. En premier lieu, il est primordial de substituer l'approche descendante par une co-construction permanente avec les communautés, intégrant chefs traditionnels, associations locales et usagers dans la conception des projets énergétiques. Par ailleurs, une hybridation méthodique des dispositifs de communication s'impose, combinant outils numériques (applications mobiles, alertes SMS) et supports traditionnels (radios communautaires, assemblées villageoises) pour atteindre les trois quarts de ruraux marginalisés. Enfin, l'ancrage de la communication dans les réalités culturelles endogènes doit devenir prioritaire, par l'usage systématique des langues vernaculaires et l'intégration de métaphores locales pertinentes.

Sans cette révolution communicationnelle, dont l'efficacité est démontrée par des modèles étrangers, la transition énergétique camerounaise demeurera un potentiel inexploité. Les conséquences dépassent largement le secteur électrique : chaque panne non communiquée sape le contrat social et compromet la réalisation des Objectifs de Développement Durable. L'urgence est donc fondamentalement démocratique : restaurer la confiance par la transparence communicationnelle, l'inclusion linguistique et la justice participative constitue l'unique chemin vers une énergie véritablement au service des populations.

Références bibliographiques

Afrobarometer. (2023). Perceptions citoyennes de la transparence des services publics en Afrique subsaharienne : Rapport annuel sur la gouvernance énergétique au Cameroun.

Agence Internationale de l'Énergie (AIE). (2024). Comparative Analysis of Energy Utility Communication Practices in Africa.

Banque Africaine de Développement (BAD). (2024). Évaluation des partenariats public-privé dans le secteur énergétique camerounais.

Banque Mondiale. (2023). Transparence et lutte contre la corruption dans les secteurs énergétiques africains.

Camtel. (2024). Monitoring des réseaux sociaux lors de la panne nationale de janvier 2024 : Analyse sémantique et cartographie des rumeurs.

Chambre des Comptes du Cameroun. (2024). Rapport sur les litiges et la facturation dans le secteur énergétique.
MINEE (Ministère de l'Eau et de l'Énergie du Cameroun). (2023). Enquête sur la compréhension des communications d'ENEO en zones rurales.
MINEE (Ministère de l'Eau et de l'Énergie du Cameroun). (2024). Stratégie nationale pour l'inclusion communicationnelle dans le secteur énergétique.
Nkolo, J. (2019). Le paradoxe communicationnel dans les services publics africains : cas d'ENEO Cameroun. Revue de l'Université de Yaoundé II, 15(2), 45-67.
ONEE (Office National de l'Électricité et de l'Eau Potable, Maroc). (2023). Rapport annuel sur la transparence et l'open data.
PNUD (Programme des Nations Unies pour le Développement). (2022). Évaluation du programme « énergiculteurs » au Rwanda : Impact sur la médiation et la confiance locale.
PNUD (Programme des Nations Unies pour le Développement). (2023). Solar Mamas et autonomisation des femmes rurales dans la transition énergétique.
Sovacool, B.K. (2017). Energy Innovation in Africa: Overcoming Socio-Cultural Barriers. MIT Press.
UNESCO. (2023). Impact des radios communautaires dans l'éducation aux services publics en Afrique.
UNICEF. (2022). Le théâtre forum comme outil de résolution des conflits énergétiques au Niger : Manuel des meilleures pratiques.

Dispositifs de communication et satisfaction des usagers : analyse de la qualité de la relation client dans les services publics d'eau et d'électricité au Cameroun

MACHE Honorine Nadège
Université de Douala
Courriel : nadegemache@yahoo.com

Résumé

La présente contribution s'intéresse aux pratiques communicationnelles des services publics au Cameroun, dans un contexte de forte médiatisation de la société, où les supports numériques facilitent la diffusion rapide des contenus ainsi que la vulgarisation des principes démocratiques. Comment la numérisation impacte-t-elle sur la communication des services publics et les rapproche du citoyen-client d'une part, et d'autre part sur leur performance et image de marque ? Il y a des principes fondamentaux, tels que la continuité, la mutabilité, l'égalité, qui impliquent pour les services publics de pratiquer la communication publique accordant une place de choix aux attentes des citoyens. La numérisation vient bousculer les services publics dans leur accoutumance à l'approche informationnelle, encouragée par leur situation de monopole au Cameroun. La forte médiatisation de la société offre de plus en plus la possibilité aux citoyens de faire entendre leur part de voix et d'amener, un tant soit peu, ces organisations à sortir de leur zone de confort pour revoir la qualité de leur relation client, dans l'optique de maintenir le lien social.

Mots clés : communication publique, lien social, relation client, services publics, supports numériques.

Abstract

This contribution focuses on the communication practices of public services in Cameroon draws on the strong media coverage of society, particularly with digital media facilitating the rapid dissemination of content as well as the popularization of democratic principles. How does digitalization impact on the communication of public services and bring them closer to the citizen-customer on the one hand, and on their performance and brand image on the other? There are fundamental principles such as continuity, mutability, and equality, which imply that public services practice public communication seeded by democratic requirements. However, there is an emerging habituation of public services to the informational approach encouraged by their monopoly situation in Cameroon. But the strong media coverage of society increasingly offers citizens the opportunity to make their voices heard and to bring these organizations out of their comfort zone a little, to review the quality of their customer relations, and maintaining the social bond.

Keywords : client relations, digital media, public communication, public services, social bond.

Introduction

Le caractère de service public entraîne des contraintes pour l'organisation et des droits ainsi que des devoirs pour les citoyens-clients. Le rôle des gouvernants étant de travailler à la réalisation et au développement de la solidarité sociale, notamment en prenant en charge les activités d'intérêt général indispensables à la vie collective. Si la nature et la diversité des services publics varient selon les contextes politiques particuliers et les priorités des gouvernants, il y a cependant des principes généraux qui caractérisent les services publics. Il s'agit principalement de la continuité, de la mutabilité, de l'égalité. Le principe de continuité renvoie au fait que les services publics sont l'incarnation même de l'État, puisque c'est par eux que non seulement l'importance de l'État se fait ressentir, mais c'est également à travers eux que l'État se déploie, exerce sa souveraineté, tant au niveau national que local ; répondant à un besoin indispensable dans la société tout en garantissant la satisfaction des citoyens (Chevallier, 2010 ; Zemor, 2008).

Par mutabilité du service public, il est question de l'adapter régulièrement aux variations et évolutions de l'intérêt général selon le temps et l'espace, en tenant compte des besoins changeants de la collectivité pour assurer efficacement son fonctionnement (Lachaume, 1989). En ce qui concerne le principe d'égalité devant les services publics, il se rattache à la Déclaration universelle des droits de l'homme. Il est question d'éviter toute discrimination d'ordre religieux, racial, philosophique, politique et de garantir un égal accès à tous, sous réserve, quand même, pour certains services publics, des conditions d'accessibilité en vigueur (Cluzel-Métayer, 2006 ; Chevallier, 2010). Ces particularités du service public orientent davantage la communication qui les caractérise dans le champ de la communication publique. D'où l'actualité des questions suivantes : quelles sont les stratégies que les acteurs à l'œuvre déploient pour communiquer dans les services publics d'eau et d'électricité au Cameroun ? Comment la numérisation impacte-t-elle sur la communication des services publics d'eau et d'électricité et les rapproche du citoyen-client d'une part, et d'autre part sur leur performance et image de marque ?

Si l'importance de la communication des services publics n'est plus à démontrer, il se dégage cependant le primat de la logique informationnelle, unilatérale, dans un contexte de monopole au Cameroun. Les activités de communication se faisant généralement au gré des services publics avec une faible intensité, en plus d'un déficit d'une culture de la relation (Mache, 2024 ; Zemor, 1992). Des citoyens laissent transparaître des ressentiments d'indifférence, de dictature du tout-puissant service public. Si certains sont résignés en se sentant incapables de quoi que ce soit, d'autres essaient de faire entendre leur voix en recourant à toutes les voies possibles. Des interactions quotidiennes, des médias, des hors-médias, des médias sociaux, tous les dispositifs de communication sont bons, avec une crédulité naïve à la puissance de la numérisation. Les mutations sociétales actuelles semblent contraindre les services publics à communiquer davantage, notamment avec des citoyens de plus en plus formés et exigeants, une forte médiatisation de la société intensifiée par les supports numériques qui libèrent en quelque sorte la parole du citoyen naviguant désormais dans le flux communicationnel du village planétaire (Wolton, 2010 ; Lafrance, 2010).

La délimitation du champ de la recherche a privilégié les terrains de services publics d'eau et d'électricité qui sont des services publics fondamentaux pour la vie en société ; les politiques publiques cherchant à garantir aux citoyens un meilleur accès à l'eau et à l'électricité. Bakker (2009) considère l'approvisionnement en eau ou en électricité comme des « emblèmes matériels de la citoyenneté ». Pour la collecte des données, entre 2019 et 2023, nous avons réalisé une trentaine d'entretiens semi-dirigés, vingt (20) observations participantes dans les points de contact des services publics ainsi que diverses recherches documentaires. Il nous importe également de faire le point sur des aspects théoriques, en précisant que notre travail s'inscrit particulièrement dans l'approche constitutive de la communication organisationnelle. Étudier la communication organisationnelle consiste selon l'approche constitutive à analyser la manière dont l'organisation s'actualise et s'incarne sur la terre ferme des interactions. Elle met en avant la co-construction des organisations avec la communication. La communication est au cœur de l'organisation, et d'elle résultent les phénomènes organisés. Toute organisation ne peut se maintenir, évoluer et fonctionner qu'en s'incarnant dans les actions et interactions de ses représentants, que ceux-ci soient des documents officiels, des employés, des dirigeants, des sites Web ou des porte-paroles (Grosjean & Bonneville, 2011).

Cette contribution est structurée autour de quatre parties, dont la première met en lumière les enjeux et actions de communication entre les services publics et les citoyens-clients ; la deuxième se focalise sur des actions de communication dans l'espace public ; en outre, la troisième partie, quant à elle, présente des perceptions citoyennes des dispositifs de communication des services publics ; tandis que la dernière articulation table sur des exigences citoyennes et l'enjeu du maintien du lien social.

1. Enjeux des services publics et actions de communication avec les citoyens-clients

Les services publics, particulièrement, ceux en charge de l'eau et de l'électricité font face à plusieurs enjeux dans le contexte camerounais. En plus, parmi les mutations qui affectent la communication publique, il y a l'information comme ressource publique et la forte médiatisation de la société.

1.1. Enjeux contextuels des services publics d'eau et d'électricité

Malgré le potentiel hydraulique élevé du Cameroun, l'accessibilité à l'eau potable y reste une gageure. Non seulement tout le territoire national n'est pas desservi, mais les zones qui le sont connaissent un déficit qualitatif et quantitatif remarquable. En outre, la distribution de l'eau potable est intermittente avec des coupures sporadiques. Il faut aussi relever que la population s'est considérablement accrue au cours de ces dernières décennies au Cameroun, alors que les équipements de fourniture d'eau potable n'ont pas significativement augmenté ou n'ont pas été améliorés proportionnellement à cette explosion de la demande. Le principe d'égalité d'accès du service public est loin d'être acquis. Les populations des zones urbaines peuvent s'approvisionner plus ou moins régulièrement en eau potable, ce qui n'est pas le cas pour de nombreuses populations vivant dans les zones périurbaines et rurales. Dans certaines localités, il faut encore parcourir plusieurs dizaines de kilomètres pour trouver un point d'adduction en eau potable.

Du côté du service public d'électricité, d'autres enjeux méritent d'être relevés. Déjà pour les usagers, le contact avec l'énergie électrique peut exposer à des conséquences sur la santé et sur la vie humaine, avec des risques d'électrocution, d'où la nécessité de sensibiliser sur les dangers du courant électrique. Mais il y a régulièrement des délestages — système de rationnement où l'approvisionnement en électricité est interrompu pendant un certain temps. Ce qui occasionne des gênes chez les consommateurs, car après plusieurs jours sans électricité, les clients sont généralement confrontés à des pertes de denrées alimentaires réfrigérées ou congelées. Non seulement toutes les localités n'ont pas encore accès à l'électricité, mais il y a aussi la sécurité des installations électriques qui ne semble pas garantie. Des branchements anarchiques parfois occasionnés par les populations seraient à l'origine des courts-circuits qui déclenchent des incendies, notamment dans les marchés, des domiciles, avec pour conséquences d'énormes pertes économiques et parfois aussi en vies humaines. Le réseau électrique au Cameroun est encore majoritairement aérien, ce qui influence négativement l'esthétique de l'espace tant urbain que rural. En outre, un autre constat est patent, car de nombreuses routes des villes camerounaises, les grands axes routiers nationaux (la Nationale n° 1, la Nationale n° 2, la Nationale n° 3, etc.) souffrent d'un déficit d'éclairage public. Sur le plan économique, les défaillances dans l'approvisionnement en énergie électrique et en eau potable ont un impact sur les entreprises, notamment sur leur développement et leur compétitivité. Malgré les défis qui les interpellent, ces services publics déploient diverses actions de communication qui se soldent par des résultats mitigés en destination de leurs divers publics et surtout des citoyens qui occupent une place de choix dans leur raison sociale.

1.2. Actions de communication dans les espaces de contact avec les citoyens

Les principales interfaces entre les services publics et les citoyens sont très souvent les points de contact. Ce sont les multiples agences parsemées à travers le pays dans l'optique de rechercher et faciliter l'accessibilité géographique des/aux services publics. Les agents des services publics sont alors les principaux interlocuteurs des citoyens qui se rendent généralement dans les agences soit pour régler les factures de leur consommation mensuelle d'eau ou d'électricité, soit pour avoir des informations sur les prestations ou encore pour faire des réclamations. D'où l'importance des actions de communication interpersonnelle, mais qui, malheureusement, ne se passent pas toujours dans des conditions requises.

L'accueil, à la fois lieu et condition sine qua non d'établissement de la relation entre les services publics et les citoyens client, est souvent fade avec des vigiles aux traits durs, des chargés de clientèle souvent stressés et à la mine serrée. Si l'accueil est le premier indicateur du contact et de la communication dans un service public, il arrive que des souvenirs douloureux des interactions avec certains agents des services publics répugnent des citoyens qui n'hésitent pas à faire recours à d'autres supports de paiement disponibles, notamment le paiement en ligne ou via des prestataires partenaires. Cette évolution réduit quelque peu divers trafics dans les agences des services publics d'eau et d'électricité, lieu où le quotidien est animé par des échanges avec les citoyens.

1.3. De la communication interpersonnelle

La communication interpersonnelle est au cœur de la communication des services publics. Une bonne partie des interactions avec les citoyens-clients se fait de façon directe, en face-à-face, dans les agences ou dans les milieux de vie ou de travail des usagers, comme en témoigne cet extrait d'interview.

> *On échange quand peut-être il y a un souci. On échange peut-être quand on vient relever. Ils trouvent qu'on est à la maison, on échange un peu. Quand on doit payer la facture, on échange un peu, parce qu'on a déjà le branchement. À partir du moment où on a le branchement, il n'y a plus grand-chose à discuter (Extrait interview C-U 02 J-P. N. Douala, 25/06/2019).*

Par ailleurs, les agents de terrain sont régulièrement ou mensuellement en contact avec les citoyens dans leurs milieux de vie ou de travail. C'est le cas, lors des opérations de relevé des compteurs ou de contrôle des installations. Cependant, il existe les supports numériques qui sont de plus en plus promus par les services publics.

1.4. Intégration des plateformes digitales dans la communication

Parce que les supports de communication numérique prennent une place de plus en plus importante dans la vie des citoyens, les services publics s'efforcent de les intégrer dans leurs interactions de communication avec leurs divers publics. Mais Pasquier met en garde sur la nécessite non seulement d'avoir une dénomination claire et forte de l'interface digitale, mais surtout d'en faire une promotion active. Il n'est pas aisé de changer des habitudes de consommation ou de recherche d'informations et l'existence d'un portail ne suffit pas à faire changer ces habitudes. Si l'administration souhaite vraiment bénéficier et faire bénéficier les personnes des avantages d'Internet, il convient aussi d'inciter à son utilisation par une promotion active. Deux éléments contribuent concrètement à l'usage d'un site : son actualité et l'avantage concret qu'on tire en termes de gain de temps, d'informations obtenues, de simplicité dans une démarche ou encore de plaisir (Pasquier, 2011, p. 264).

Les services publics sont de plus en plus présents sur les supports numériques, malgré le fait que leurs contenus ne sont pas toujours captivants[4]. Des citoyens commencent à intégrer certaines interfaces numériques dans leur recherche d'informations sur les services publics. « À partir de ma connexion internet, je peux avoir ma facture en ligne. Ils me permettent de le payer également par voie électronique, sans avoir besoin de me déplacer vers l'agence » (Extrait interview C-U 11 A. D. Bafoussam, 13/11/2019). Cependant très peu en parlent spontanément, d'où la nécessité

---

[4] Ces sites internet ont été revisités par nos soins, le 25 août 2025. Le ministère de tutelle, le ministère de l'Eau et de l'Énergie a son site internet où sont publiées des informations relatives à cette institution sur l'interface https://minee.cm/. Le service public d'électricité, notamment Eneo, a son site internet, https://www.eneocameroon.cm, sa page wwwfacebook.com/Eneo ; son compte X (Twitter) : @EneoCameroon14. Camwater, acteur majeur du service public d'eau, a également son site internet, https://www.camwater.cm/fr/, son adresse électronique infos@camwater.cm.

de faire suffisamment connaitre ces plateformes numériques auprès des citoyens-usagers, pour qu'ils s'en approprient. Mais en attendant que ces supports entrent dans une culture de communication, les services publics cherchent aussi à entrer » en contact avec les citoyens-usagers dans leurs zones de confort avec des supports qui permettent de les toucher plus ou moins directement. C'est le cas avec les SMS qui permettent de transmettre des informations liées à la consommation mensuelle des clients-consommateurs.

Par ailleurs, des communiqués de presse et autres informations sont transmis aux managers — influenceurs, présidents d'associations de consommateurs — qui les publient dans leurs groupes ou réseaux sociaux. Si les services publics font recours aux réseaux sociaux pour entrer en contact avec les citoyens-clients, ces derniers utilisent également les mêmes moyens pour dénoncer les désagréments subis dans les prestations qu'ils reçoivent. Ils font entendre leur voix, et le mécanisme viral d'internet donne de l'ampleur à ces dénonciations. Ce qui contraint parfois les managers des services publics à réagir rapidement pour pouvoir préserver ou maintenir leur image et leur réputation sur les mêmes canaux numériques, ou à travers des médias, dans l'espace public réel.

2. Des actions de communication dans l'espace public

S'il reste indispensable pour les services publics de chercher à communiquer régulièrement avec leurs différents publics à travers les médias, il n'est pas aussi à négliger que les services publics sont souvent mis en cause dans l'espace public médiatisé.

2.1. À travers les médias traditionnels

Les médias traditionnels, notamment la télévision, la radio, la presse écrite, et l'affichage sont régulièrement utilisés par les services publics pour leur communication. Étant donné que la liberté d'expression ou de la presse est de mise dans une « société dite démocratique », il arrive aussi que des journalistes s'investissent à porter la voix des citoyens en traitant des sujets d'actualité en rapport avec les services publics. Des leaders d'opinion ainsi que des acteurs politiques ne manquent pas aussi de s'exprimer sur les prestations des services publics. À la télévision, dans les chaînes de radio, dans les journaux, la diffusion d'articles, des spots publicitaires, des synthés, des interventions des personnes-ressources selon l'actualité du service public en question, donnent l'occasion d'informer et de relever les problèmes qui minent les interactions entre les deux entités. Mais dans l'ensemble le service public d'électricité y est plus visible que celui d'eau. L'entreprise éneo, par exemple, a une émission hebdomadaire dénommée « éneo vous écoute », tous les dimanches, sur radio Équinoxe, l'une des stations radio qui ont un audimat non négligeable dans la ville de Douala au Cameroun.

Pour ce qui est de l'affichage, il arrive qu'on aperçoive des affiches, notamment de 18 m^2, des banderoles dans l'espace public. Les sièges et autres lieux de représentation des services publics servent aussi de supports de visibilité quand ils portent des messages ou la charte graphique du service public. La presse écrite n'est pas en reste. Des journalistes sollicités dans le cadre des relations presse relaient parfois les informations reçues quand ils estiment qu'elles ont un intérêt pour leur lectorat. Mais les services publics s'octroient également des espaces dans la presse, notamment pour leur publicité avec, par exemple, des bandeaux, des encarts.

Si les médias de masse, notamment les médias traditionnels, permettent de toucher certains publics des services publics, ils ne sont pas suffisants dans une approche globale de la communication, surtout si on recherche la proximité avec les citoyens.

2.2. Des relations publiques

Il arrive parfois que les services publics d'eau et d'électricité cherchent à impliquer les citoyens en les conviant individuellement, par le biais de certains de leurs représentants ou des leaders d'opinion à des actions de relations publiques. Mbianda (2015, p. 190) précise, qu'avec les relations publiques, « le but est de créer des relations personnelles avec des publics particulièrement importants pour l'entreprise en vue de les informer, de gagner leur sympathie et de les inciter à diffuser à leur tour, à des publics plus larges, les informations ». Nous avons ci-après quelques actions de relations publiques des services publics d'eau et d'électricité que des citoyens ont partagées avec nous :

> *On a eu une entreprise comme éneo qui nous a appelé pour venir expérimenter le compteur intelligent. Ils sont installés dans tous les immeubles-*

là. [...] Nous avons eu la chance d'être les premiers à expérimenter le compteur intelligent de Camwater qui fonctionne avec une puce électronique. Un compteur qu'on vous installe dans la maison, vous l'avez sur votre téléphone. Vous savez quand l'eau coule chez vous, ou bien quand l'eau ne coule pas chez vous (Extrait interview président d'une Association de consommateurs, Douala, 10/08/2019).

La seule fois où j'ai été sur une plate-forme, c'était lors d'une foire au Palais des congrès où la Camwater essayait d'expliquer un peu comment on traite de l'eau, comment ça se passe [...]. Mais en dehors de ça, j'ai seulement les factures. Oui du côté de l'électricité, ils font des descentes généralement dans les établissements pour communiquer avec les élèves sur les dangers de l'électricité par exemple (Extrait interview C-U 18 P. M. Yaoundé, 17/11/2019).

Cependant des populations riveraines des localités ayant connu le déploiement de grandes infrastructures dans le domaine de l'électricité sont souvent étonnées de ce qu'elles ne voient pas rapidement les retombées de ces infrastructures. Elles se posent des questions qui peuvent être dissipées par des opérations de relations publiques. Si des relations publiques sont parfois menées en destination de certaines parties prenantes des services publics, il y a cependant une catégorie particulière de public avec laquelle ces entreprises entretiennent des relations en raison du pouvoir qu'elle aurait dans la société.

2.3. Des relations presse

Morel (2012, p. 72) précise que « les relations presse sont une technique de communication institutionnelle ayant pour but d'établir des relations professionnelles privilégiées avec les journalistes des catégories de presse intéressant l'entreprise, pour diffuser des informations visant à bâtir, à développer et à entretenir une image valorisante de l'entreprise auprès de ses divers publics ». Les acteurs de la presse peuvent impacter au niveau de l'image perçue des services publics dans la mesure où ils relaieraient les informations sur ces organisations selon leurs propres perceptions, la presse devant être libre. Les publications venant de la presse reçoivent plus de crédibilité des citoyens que les communications émanant des services publics eux-mêmes ; ces publications impactant sur l'image du service public, et à long terme sur sa réputation.

Au Cameroun, les médias à capitaux publics relaient plus rapidement ou facilement les actions des services publics, que les médias privés. Les communiqués de presse sont parfois émis par les services publics aux organes de presse et il n'est pas rare que ces derniers les relaient auprès des citoyens qui constituent leur audience. Des dossiers de presse ainsi que tous types de documents permettant aux journalistes d'avoir des connaissances appropriées sur les organisations sont souvent transmis lors des interactions avec la presse, notamment lors des conférences de presse et autres procédés. Par ailleurs, la presse et les autres médias servent aussi d'amplificateurs d'événements des services publics.

2.4. La communication événementielle

La communication événementielle est parfois présentée comme un système composite de communication mis en œuvre par une organisation autour de l'association de son nom ou de sa marque à un événement. Elle correspond à une appellation générique donnée au sponsoring, au mécénat, au parrainage et à toute technique reposant sur l'utilisation d'un événement quelconque (existant ou créé spécifiquement). La communication événementielle est étroitement liée aux relations publiques, puisqu'elle permet de regrouper une catégorie ou des catégories de publics de l'organisation autour d'un événement particulier (Morel, 2012).

Les événements existants et de grande envergure sont des vitrines qui permettent aux services publics de se faire connaître davantage dans la société. éneo, Sonatrel et Camwater sont depuis plusieurs années présents à Promote[5], un grand rendez-vous qui mobilise plusieurs centaines de milliers de visiteurs à Yaoundé, la capitale politique du Cameroun.

Volontairement ou par obligation, les services publics arpentent parfois le labyrinthe de la communication événementielle, tout comme les mutations sociétales les poussent de plus en plus hors de leur zone de

---

[5] éneo (Energy of Cameroon) est la structure principalement en charge de la distribution de l'énergie électrique au Cameroun ; Sonatrel (Société nationale de transport d'électricité) crée par décret présidentiel en 2015 ; Camwater (Cameroon Water Utilities Corporation) est le principal acteur dans l'approvisionnement en eau potable au Cameroun depuis 2018. PROMOTE est le salon international de l'entreprise, de la PME, et du partenariat de Yaoundé Cameroun, qui se déroule tous les deux ans, au Palais des congrès de Yaoundé.

confort, vers davantage d'ouverture, surtout avec des citoyens qui ne lâchent pas prise. Cependant, les attentes des citoyens de leurs services publics sont souvent contradictoires. Ils ont tendance à critiquer sévèrement les services publics, mais en même temps ils y sont fortement attachés et attendent beaucoup d'eux dans la satisfaction de leurs besoins.

3. Perceptions des citoyens des dispositifs de communication des services publics

Ces expériences et perceptions sont variées et parfois mitigées. Mais les citoyens-clients souhaitent vivre de meilleures expériences avec leurs services publics.

3.1. Perception négative de l'accueil dans les points de contact

La perception est l'activité par laquelle une personne fait l'expérience d'objets ou de propriétés présents dans son environnement. Cette activité repose généralement sur des informations délivrées par les sens. Il s'agit d'idée, de compréhension plus ou moins de quelque chose. Zemor précise d'ailleurs que :

> le premier et parfois le seul, contact de l'usager avec le service public est par nature une affaire de communication que ce soit à l'occasion de l'accès via un guichet, un standard, un courrier.
>
> Dans de telles situations, la seule image qui sera véhiculée par l'administration sera celle donnée par l'agent préposé à la relation avec l'usager ou par les qualités ou défauts du document émanant de l'administration (Zemor, 1992, p. 28).

Des citoyens-usagers estiment que la qualité de l'accueil dans les services publics d'eau et d'électricité est loin d'être agréable. Les agents de contact ne sont ni courtois, ni souriants, alors que ce sont des principes de base de l'accueil dans un point de vente.

Mais elles [les chargées de clientèle dans les services publics] ne font aucun effort. Bon puisqu'on sait déjà ça, on n'attend rien quand on arrive. On se prépare à gérer toutes leurs humeurs quoi ! Mais pour ma part la qualité de service est nulle. Elles ne font aucun effort. En fait, elles savent qu'elles ont le monopole, donc on ne peut pas faire sans elles, donc elles n'ont pas de courbettes à faire envers les clients, au contraire ce sont les clients qui doivent leur faire des courbettes. Donc on fait avec quoi ! on n'a pas le choix ! (Extrait interview C-U 03 D. D. Douala, 01/07/2019).

Les déficits de convivialité dans l'accueil au niveau des agences des services publics en général, font en sorte que les citoyens qui s'y rendent ne soient pas toujours disposés à prêter une attention forte aux supports de communication qui s'y trouvent.

3.2. Inattention ou incompréhension des supports de communication disponibles sur les sites

Certains citoyens-clients, dans les agences des services publics d'eau et d'électricité, sont parfois, tellement préoccupés dans leur esprit ou de retrouver rapidement leurs activités qu'ils ne remarquent pas la présence ou l'absence des supports de communication. Quand bien même ils constatent leur présence, parfois, ils ne mémorisent pas toujours les messages qui s'y trouvent.

Je n'ai pas pris la peine de regarder tout ça, parce que mon objectif était, d'abord, non seulement, j'ai abandonné mon poste de travail pour me rendre dans cette agence [...] Je veux juste que ma facture soit payée, que je parte vite retrouver mon poste de travail. Je n'avais pas parfois le temps de regarder. (Extrait interview C-U 28 S. T. Yaoundé, 03/04/2023).

Il faut dire que vous allez arriver, vous allez voir une, deux affichettes ; mais aucune n'attire, parce que pour les services publics d'eau matérialisés par Camwater, on y est tellement pressé de sortir, repartir qu'on n'a pas le temps, n'est-ce pas de regarder tout ce qui est là. Voilà donc : je ne saurais vous dire quel est le moindre slogan que j'ai lu, n'est-ce pas dans les locaux, parce que tellement quand tu y arrives, il faut rapidement, il faut partir [...]. L'ambiance, parce que si on n'est pas bien accueilli quelque part, il va de soi qu'on ne peut pas rester là-bas. Oui, l'ambiance de la maison qui n'est toujours pas de nature à retenir des gens (Extrait interview C-U 16 F. N. Bafoussam, 15/11/2019).

Pour d'autres, il y a des messages de sensibilisation qui les ont marqués, notamment sur les dangers du courant électrique. Mais parfois les citoyens-clients semblent se résigner face à la toute-puissance des services publics.

3.3. Un sentiment de résignation

Face au monopole ou à la toute-puissance des services publics, les citoyens expriment quelques fois un sentiment de résignation. Quand nous leur avons posé la question de savoir quelles perceptions avaient-ils des services publics d'eau et d'électricité, ils ont très souvent manifesté des expressions non verbales qui traduisent l'impuissance, le découragement : un temps de silence, un hochement des épaules, un « ouf ! », ou en « piaffant », des traits de tristesse sur le visage, d'énervement, ou d'élévation de la voix. Par la suite, des mots ont été utilisés pour traduire leurs perceptions des services publics en question.

> *Bon le fait qu'ils soient seuls, qu'ils soient en situation de monopole ne favorise rien, ne facilite rien. On fait avec eux ou on fait sans. Donc ils sont en situation de leaders. Ils sont seuls. On suit ce qu'ils nous disent, donc on n'a pas une seconde option. Du coup on fait avec. On n'a pas trop le choix. (Résignation) (Extrait interview C-U 03 D. D. Douala, 01/07/2019).*

> *On ne peut pas prendre en compte toutes les préoccupations, euh, on ne peut pas prendre en compte nos préoccupations ! On ne les prend pas en compte pour la simple raison que ces sociétés gèrent un monopole. J'apprends que, dans certains pays, il y a beaucoup de fournisseurs, peut-être deux ou trois fournisseurs. S'il y avait deux ou trois fournisseurs, on devait nous écouter. Donc vous allez me dire que la qualité n'est pas bonne, ceci ou cela. Mais bon ! C'est par politesse, quand quelqu'un a le temps, il peut être poli en vous écoutant. Quand il n'a pas le temps, vous restez chanter ça, lui, il continue sa route. [...] Non, les gens ne sont pas fiers. Nous subissons parce que nous n'avons pas d'autres choix (rires) (Extrait interview C-U 02 J-P. N. Douala, 26/06/2019).*

La qualité de l'accueil, la qualité des prestations, la froideur ou le laxisme, sont autant d'éléments qui poussent les citoyens à se résigner face aux services publics en question. Cependant, ils ne désirent pas la mort de leurs services publics, mais aimeraient voir les prestations de ces derniers s'améliorer considérablement à tous les niveaux.

3.4. Un désir de célérité, de vivre une meilleure expérience avec son service public

Les citoyens restent attachés à leurs services publics et aimeraient vivre de meilleures expériences avec eux, notamment le traitement rapide de leurs préoccupations, la célérité lors des paiements de factures dans les agences.

> *Donc comme je disais peut-être, c'est la promptitude dans les actions qui pose problème parce que je connais des amis ou des personnes qui sont restés dans le noir plus de deux semaines, un mois parce qu'ils avaient une panne. J'ai un collègue que j'ai assisté dans la rédaction de son courrier, mais il a fait plus de deux semaines sans électricité. [...] donc il faut mettre un peu de la promptitude dans les actions de même que dans la réaction de ces employés-là (Extrait interview C-U 027 J. M. Yaoundé, 22/03/2023).*

> *Vraiment, [...] tu t'imagines que quelqu'un peut mettre dix à vingt minutes devant la caissière alors que vous êtes pressés [...]. Le service est trop lent ! C'est beaucoup plus ça les plaintes des clients. Cela veut dire que, nous sommes regroupés, et puis les caissières servent lentement. [...]. (Extrait interview C-U 15 M. F. Yaoundé le 15/11/2019).*

D'autre part, certains citoyens espèrent vivre des expériences de gratitude des services publics. Il ne faudrait pas seulement réprimander, mais aussi encourager quand les consommateurs se comportent bien.

> *Je reviens sur les agents, parce que ce sont eux qui sont en contact avec nous. Ils ont toujours donné l'impression qu'ils ne sont que l'interface entre nous et l'entreprise. Non, c'est faux ! lorsqu'ils viennent avec les attitudes : une mentalité froide, de répression [...], beaucoup viennent, ils font leur relève et ils donnent la facture. C'est-à-dire que les personnes qu'on envoie sur le terrain, parfois, il faut créer une sorte de proximité parce qu'ils sont plus prompts à réagir lorsqu'il y a infraction, lorsqu'il y a une situation anormale, qu'à être aussi courtois lorsque tout est normal. Ils devraient encourager, féliciter le consommateur réglo. Oui, dire un mot sympa, c'est très important (Extrait interview C-U. 17 J. S. Yaoundé, 16/11/2019).*

En outre, avec l'existence des associations de consommateurs, les citoyens peuvent davantage se mobiliser ou faire recours à des mécanismes de pression pour faire agir les services publics.

Ça commence par le consommateur et ça va dans les deux sens. Le consommateur dénonce et nous prenons en compte. Nous nous assurons que la dénonciation tient. [...] Généralement, nous demandons toujours des photos, une capture d'écran, ou une petite vidéo qu'on prend en compte et que nous allons répercuter. Maintenant, nous prenons, nous acheminons vers l'entreprise et nous motivons. Nous précisons que c'est un incident qui dure depuis tel nombre temps, et après le recoupage qui s'est avéré. On a fait le tour de la question. Il est urgent de réagir. Et s'il y a un mouvement d'humeur qui commence à se constituer, nous le signalons également. Bon, maintenant quand ça remonte ; comme ça remonte, ils vont réagir (Extrait interview C-U 05 F.E. RNC, Douala, 10/08/2019).

Les agents des services publics se doivent alors d'être proactifs en anticipant sur les besoins et demandes des citoyens de plus en plus pointilleux d'autant plus que :

> Cette situation est accentuée par le fait que la frontière entre le secteur privé et le secteur public devient de moins en moins nette et que les exigences qu'ont les consommateurs envers les entreprises se reportent aussi dans leurs relations qu'ils ont avec les administrations en termes de niveau d'information et de service (Pasquier, 2011, p. 15).

Les services publics, sous la pression multiforme des citoyens, prennent de plus en plus des dispositions pour essayer de répondre aux sollicitations de ces clients-consommateurs, même s'il reste encore considérablement des choses à faire en ce qui concerne les principes de continuité, d'adaptabilité et d'égalité de ces services publics.

4. Des attentes des citoyens et le maintien du lien social

Pour qu'il ait cohésion sociale, il est primordial qu'un certain nombre d'activités soient opérationnelles dans la société. Ces activités indispensables à la réalisation et au développement de l'interdépendance sociale ne pouvant être réalisées complètement que par la force gouvernementale donnent sens à l'existence des services publics de qualité pour la satisfaction des besoins. L'indisponibilité ou les perturbations dans la fourniture de ces services créent des inconforts chez les citoyens et perturbent le lien social, les mettent en mal et détériorent la prise en compte de l'intérêt général.

4.1. L'intérêt général : une contrainte du service public

Lorsqu'une activité est érigée en service public et que cette dernière doit, entre autres, être accessible à tous les citoyens, il faudrait mobiliser toutes les ressources nécessaires pour que ce soit le cas. La particularité du service public est qu'il contribue au maintien du lien social et à la cohésion de la société. Il n'est pas rare de voir des crises sociales surgir à cause de l'insatisfaction qu'éprouvent des citoyens à l'endroit de certains services publics (Ngodji, 2011).

Il y a, en outre, l'accessibilité sociale du service public qui nécessite que des conditions soient réunies pour faciliter également l'accès aux personnes démunies. Rendre le service public accessible à tous implique parfois d'accorder des traitements préférentiels à certaines catégories de la population qui, à défaut, seraient privées de leurs prestations. L'accessibilité différenciée revient alors à aménager des discriminations positives permettant d'intégrer des populations mises à l'écart, parce qu'elles souffrent d'un handicap physique, financier, ou quelconque (Cluzel-Métayer, 2006). L'accent est mis sur le rôle du « ciment social » des services publics. La cohésion sociale ne saurait être durablement garantie si certains citoyens sont marginalisés et n'ont pas accès aux services publics fondamentaux.

Il y a indéniablement un travail à faire sur le système d'offre des services publics au Cameroun pour qu'ils soient davantage accessibles à tous les citoyens. Mais la communication doit également contribuer à réduire les discriminations négatives, par le traitement convivial, empathique de tous les citoyens-usagers dans les agences pendant l'accueil et au cours de toutes les autres occasions de contact avec ce public hétérogène. Plus en profondeur, il faudrait, tel que milite Pierre Zemor (1992, p. 14-15), que le sens de la relation soit développé chez les agents publics qui devraient être plus disponibles à écouter, répondre aux citoyens-usagers « car les acteurs publics ont à afficher au premier rang des valeurs du service public l'éthique du dialogue ».

4.2. Développer le sens de la relation

Face au monopole des services publics, les citoyens expriment quelques fois un sentiment de résignation dans leurs relations avec ces structures. La qualité de l'accueil, la qualité des prestations, l'accessibilité des prestations, l'absence ou la lente prise en compte des préoccupations sont autant d'éléments qui poussent les citoyens à se résigner face aux services publics. Bien qu'il y ait encore des déficits dans les prestations des services publics, le sens de la relation devrait rentrer dans leur culture organisationnelle. La qualité de la relation établie avec les citoyens impacte également sur la réception des messages émis par les services publics.

Le contexte est également marqué par la forte médiatisation de la société, ainsi que la vulgarisation des principes démocratiques, qui rendent les citoyens de plus en plus exigeants et capables de faire recours aux moyens de communication à leur portée pour s'exprimer, et ce, notamment à travers les supports numériques.

4.3. Un clic jubilatoire ou le sacre du citoyen-client ?

Les supports numériques modifient les relations entre les citoyens et les services publics. La relation entre les organisations et les personnes ainsi que celles entre les membres d'une population ou d'une communauté ont considérablement changé. Cette relation semble plus symétrique (plus équilibrée entre les participants à la communication), plus interactive et surtout multifonctionnelle (informer, dialoguer, échanger et convaincre à la fois). En plus, il y a la vitesse de la transmission de l'information, le volume d'informations transmissibles et stockables ainsi que la grande liberté dans la conception formelle des supports qui permettent de concevoir et de diffuser des contenus que les autres supports ne permettent généralement pas de véhiculer (Pasquier, 2011). « L'arrivée d'Internet a constitué pour plusieurs la libéralisation de la parole et un recul important du contrôle éditorial » (Lafrance, 2010, p. 109). Pour Ngouo, « le développement de la culture "orientée client", "qui", en s'appuyant sur les TIC, va contribuer essentiellement à améliorer l'ensemble des relations qui se tissent entre l'État et les autres parties de l'action publique » (Ngouo, 2008, p. 156).

Il y a une révolution avec les médias numériques, notamment avec Internet, qui offre des possibilités multimédias. Actuellement, les réseaux sociaux font plus référence aux plateformes en ligne dont la finalité est de mettre en relation des membres, et sur lesquelles un individu peut s'inscrire librement. Après inscription, il peut construire son propre réseau, produire du contenu, le partager et interagir avec les membres de son réseau. Un membre peut y créer un profil public visible par tous, privé ou visible par ses contacts uniquement. C'est ce profil qui servira de carte de visite à l'internaute sur le réseau social dont il est membre. L'intérêt de telles plateformes est notamment de pouvoir suivre les publications des membres de son réseau et d'éventuellement les commenter et les partager. À propos des réseaux sociaux, le président d'une association des consommateurs, que nous avons interviewé, relève ceci :

> *pour le moment, c'est le canon le moins coûteux et le plus efficace, parce qu'avec lui, vous avez la certitude que vous êtes lu ; que la demande est en cours de traitement, parce que la réaction est immédiate, qu'une réaction va être donnée. Alors, vous pouvez envoyer un élément physique, une vidéo ou une photo qui illustre ce que vous dites, pour être assez crédible dans le cadre de votre partenariat. [...] Moi je pense que WhatsApp nous a beaucoup aidés dans ce sens, qu'il est moins coûteux, et il est plus efficace parce qu'il est interactif, même si nous utilisons également les autres canons (notre page Facebook, page Twitter [X]). Bon là-bas encore, c'est souvent pour les comptes rendus, mais de façon permanente, de façon opérationnelle de nos jours, c'est WhatsApp (Extrait interview C-U 005 F.E. RNC réalisée à Douala, le 10/08/2019).*

Les supports numériques donnent quelque peu le pouvoir aux citoyens. Ils peuvent désormais faire face aux services publics qui leur imposaient leur rythme. Presque en toute liberté, ils initient des actions de communication sur toutes les préoccupations qui émergent dans la société à un moment donné. Il n'est plus question de passer sous silence les infractions des services publics. Même quand la véracité des faits n'est pas toujours certaine, les publications sont vite faites et partagées, comme une trainée de poudre, dans la logique du buzz qui fait partie du quotidien des médias sociaux. Les dérives de cette liberté communicationnelle sont très souvent décriées, mais quand les publications ont déjà été faites et propagées. Les citoyens pouvant se réjouir de traverser les frontières des lignes éditoriales pour faire entendre leur voix. Par ailleurs, avec l'existence des associations de consommateurs, les citoyens peuvent davantage se mobiliser ou faire recours à des mécanismes de pression pour faire agir les services publics qui prennent de plus en plus des dispositions pour essayer de répondre aux sollicitations des citoyens.

Les supports numériques sont, de plus en plus, au cœur des interactions de communication entre les services publics et les acteurs dans la société. Ils sont parmi les supports de communication usités aujourd'hui par les citoyens et plusieurs organisations.

4.4. Pour une cohésion sociale durable

Il ne peut y avoir de paix durable lorsque des crises à répétition perdurent dans la fourniture des services publics fondamentaux pour le bien-être des citoyens. Pour le citoyen, l'eau qui ne coule pas au robinet de façon permanente, ou l'absence d'électricité au moment où il en a besoin, est un problème qu'il ressent profondément. Pour que le lien social soit maintenu, il importe que tous les citoyens sur l'ensemble du territoire national aient accès aux services publics fondamentaux.

Dans l'approche constitutive auquel nous nous référons, tout parle, la communication n'étant pas limitée à son aspect verbal. Ainsi, les câbles électriques qui pendent ou trainent, des quartiers et des axes routiers obscurs ; l'eau qui ne coule pas au robinet, le ballet de personnes qui trainent des bidons à la quête de l'eau potable, ou encore des points d'adduction d'eau remplient de monde et de récipients, laissent transparaître autant de messages (Mache, 2020).

Le courant de la pragmatique pilotée par l'école de Palo Alto défend, d'ailleurs, l'idée selon laquelle, « on ne peut ne pas communiquer ». Il faut prendre en compte la situation globale d'interactions de communication. Entre autres, l'essence de la communication réside dans des processus relationnels et interactionnels. Tout comportement humain a une valeur communicative. La communication devient un processus social permanent intégrant de multiples modes de comportement : la parole, le geste, le regard, l'espace interindividuel ; les accrocs du comportement humain étant révélateurs de l'environnement social dans un contexte donné (Grosjean et Bonneville, 2011). C'est en rendant les services publics fondamentaux accessibles à tous les citoyens qu'il peut avoir un équilibre, une paix durable dans la société. Donc, au-delà des discours officiels, tout parle dans le service public ou dans les interactions entre les usagers et les acteurs de ces institutions. Avec le développement des compétences communicationnelles dans les points de contact et l'humanisation des interactions avec les citoyens assurent durablement la cohésion sociale, malgré leurs déficits.

Conclusion

De prime abord, les principes généraux, notamment la continuité, la mutabilité, l'égalité, sont encore des gageures pour les services publics au Cameroun. La nécessité s'impose de ce fait pour ces organisations de service public de travailler davantage sur leur système d'offre (Boistel,

2007) de communication en améliorant la qualité, la quantité en toute sincérité et sérénité afin de répondre convenablement aux besoins des citoyens-clients. À côté des dispositifs de communication traditionnels, la numérisation des services publics se matérialise par la mise en place des services et modes de paiement électronique, des dispositifs de communication en ligne. Mais, pour le déplorer, la situation de monopole qui caractérise les services publics au Cameroun semble engraisser la routine informationnelle où les activités de communication se font, généralement, au gré de ces organisations avec une faible intensité et un manque de culture relationnelle lors des échanges, dans les espaces de contact avec les citoyens. Si la numérisation contribue à réduire le trafic dans les agences des services publics d'eau et d'électricité, la fracture numérique, les défaillances ou les perturbations d'accès aux services numérisés contraignent encore de nombreux citoyens à s'y référer pour en avoir accès.

Cependant, la forte médiatisation de la société, avec les supports numériques et les médias sociaux qui facilitent l'extension des valeurs démocratiques, est un creuset d'opportunités pour les citoyens et autres acteurs sociaux. Elle offre de plus en plus aux populations, la possibilité de faire entendre leur voix, et d'amener, un tant soit peu, les services publics à faire des pas qualitatifs communicationnels dans leur management, afin de garantir la cohésion sociale. Certains citoyens tentent de mettre en place de modestes initiatives privées pour assurer l'accessibilité de l'eau et de l'électricité, des initiatives qui certes apportent des soulagements, mais restent limitées en teneur et dans leur portée, étant donné la réglementation de ces secteurs d'activités. Une autre préoccupation suscitée par cet article serait la crédibilité accordée à la communication des services publics alors que leurs prestations sont encore déficitaires ou en crise au Cameroun.

Références bibliographiques

Bakker, K. (2009). Participation du secteur privé à la gestion des services des eaux : tendances récentes et débats dans les pays en voie de développement. Revue Espaces et sociétés, 4 (139), 91-105.

Boistel, P. (2007). Gestion de la communication d'entreprise : aspects théoriques et pratiques. Lavoisier.

Chevallier, J. (2010). Le service public : que sais-je? (8e éd.). PUF.

Cluzel-Métayer, L. (2006). Le service public et l'exigence de qualité. Editions Dalloz.

Grosjean, S., & Bonneville, L. (dir.) (2011). La communication organisationnelle : approches, processus et enjeux. Chenelière Education.

Lafrance, J.-P. (2010). Les réseaux sociaux : les nouveaux outils de la société de l'information. dans Wolton, D. (dir.) Critique de la société d'information (Nouvelle éd., p. 103-113). CNRS Éditions.

Mache, H. N. (2020). Gouvernance communicationnelle des services publics d'eau et d'électricité au Cameroun [Thèse de doctorat, Université de Douala]. HAL. https://tel.archives-ouvertes.fr/tel- 03794554

Mache, N. (2024). Pour la gouvernance communicationnelle : une perspective sur les services publics d'eau et d'électricité au Cameroun. dans El Alaoui, A. et al. (dir.), Démocratie et Développement :enjeux de souveraineté (s) en Afrique (p. 113-140). Centre C4D.

Mbianda, P. (2015). Précis de communication : guide didactique et pratique. Proximité.

Morel, P. (2012). Communication institutionnelle. Vuibert.

Ngodji, L. (2011). La communication publique au Cameroun. L'Harmattan.

Ngouo L. B. (2008). La réforme administrative dans les services publics en Afrique. L'Harmattan.

Pasquier, M. (2011). Communication publique. De Boeck Université.

Wolton, D. (2010). Une société de la communication est plus qu'une société de l'information. dans Wolton, D. (dir.) Critique de la société d'information (Nouvelle éd. p. 157-166). CNRS Éditions.

Zemor, P. (1992). Le sens de la relation : organisation de la communication de service public. La documentation française.

Zemor, P. (2008) [1995]. La communication publique : « Que sais-je? » (4ème éd.). PUF.

Des dispositifs de communication classique à Intelligence Artificielle (IA)

La constitution d'un fonds documentaire à la Bibliothèque Universitaire « Engelbert Mveng » de Douala et son image institutionnelle

Chantal MOUKOKO
Université de Douala
kamole2013@gmail.com

Jacques TEMADJO
Université de Douala
temadjo2001@gmail.com

Résumé

L'Université de Douala fait face à une tension entre la multitude des publications des enseignants-chercheurs, notamment pour des raisons de changement de grade, la publication des revues scientifiques par ses Facultés et Grandes Écoles, les dépôts des thèses, des HDR et sa difficulté à pouvoir constituer un fonds documentaire idoine à ce sujet dans sa Bibliothèque universitaire (BU). À l'heure de la dématérialisation des supports physiques à l'aide des Technologies de l'Information et de la Communication (TIC), l'actualisation approximative du fichier central des thèses et HDR, du répertoire des revues scientifiques et des monographies des enseignants-chercheurs de cette institution du fait d'une absence de politique d'acquisition effective à la Bibliothèque Universitaire à laquelle s'ajoutent les logiques inavouées de certains acteurs, mettent à mal le volet « transmission/diffusion/circulation » des savoirs dans cette institution académique. Comment la BU « Engelbert Mveng » n'arrive-t-elle pas à constituer un fonds documentaire digne de ce nom et en quoi cette situation affecte-t-elle son image institutionnelle tout en inhibant ses potentialités de se présenter comme le moteur de la production/consommation des savoirs scientifiques à l'Université de Douala ? L'analyse stratégique de Michel Crozier permettant d'éprouver le rôle des parties prenantes est traversée dans cette réflexion par un souffle de la théorie des pratiques de Pierre Bourdieu et de la théorie des représentations sociales de Serge

Moscovici, lesquelles constituent l'armature théorique de cette étude qui prend appui sur les outils de collecte de données que sont l'observation participante, la recherche documentaire ainsi que les entretiens compréhensifs dans une démarche qualitative.

Mots clés : Bibliothèque, Fonds documentaire, image institutionnelle, production du savoir, université

Abstract

The University of Douala is grappling with a tension arising from the multitude of publications produced by lecturer-researchers, notably due to changes in academic rank, the publication of scientific journals by its Faculties and Professional Schools, the submission of theses and HDRs, and its difficulty in establishing a suitable documentary collection on this subject within its University Library (BU). In the era of digitising physical resources using Information and Communication Technologies (ICT), the approximate updating of the central file of theses and HDRs, the directory of scientific journals, and the monographs of lecturer-researchers at this institution—due to the absence of an effective acquisition policy in the University Library, compounded by the unacknowledged logic of certain stakeholders—undermines the "transmission/dissemination/circulation" aspect of knowledge within this academic institution. Why is the "Engelbert Mveng" University Library unable to build a documentary collection worthy of its name, and how does this situation affect its institutional image while inhibiting its potential to present itself as the driving force behind the production and consumption of scientific knowledge at the University of Douala? Michel Crozier's strategic analysis, which enables the assessment of stakeholder roles, is combined in this reflection with elements from Pierre Bourdieu's theory of practices and Serge Moscovici's theory of social representations. These form the theoretical framework of this study, which is based on data collection tools such as participant observation, documentary research, and comprehensive interviews, all within a qualitative approach.

Keywords: Library, Documentary collection, Institutional image, Knowledge production, University

Introduction

Au Cameroun, l'introduction du système LMD (Licence, Master, Doctorat) dans l'enseignement supérieur à la rentrée scolaire 2007-2008 a entraîné un changement de paradigme, accompagné d'une transformation des comportements des enseignants-chercheurs, des étudiants-apprenants et du personnel administratif. En effet, selon Goldstein (2003), la prospérité et l'influence d'un pays dans le monde dépendent aujourd'hui de la créativité scientifique et du niveau culturel de sa population. L'étudiant, par sa participation personnelle à la construction de son savoir à travers la recherche, le travail personnel de l'étudiant (TPE), les travaux dirigés (TD), contribue à concurrence de 70 % pendant que l'enseignant qui joue le rôle de guide lui apporte 30 % des savoirs acquis. Ainsi considérée comme le temple du savoir, en tant que miroir de la société, l'université est appelée à jouer un rôle essentiel dans le processus de développement, puisque « la vitalité de l'université fait la grandeur d'un pays, et consacre l'ascension sociale de sa jeunesse » (Goldstein, 2003). L'université, en devenant la plateforme incontournable du processus d'enseignement/apprentissage qui se traduit par la production, la transmission, la diffusion, la circulation, l'évaluation et la validation des savoirs, est sous-tendue par la recherche qui place à son tour comme dispositif de premier ordre « la bibliothèque au cœur de l'université ». En dépit du fait que : « les Institutions d'Enseignement supérieur et de Recherche produisent, mettent en circulation, et vulgarisent des connaissances nouvelles, elles forment des diplômés qualifiés, elles contribuent à la réalisation des biens collectifs, elles jouent un rôle important dans la définition des politiques publiques » (Mustar P., 2003), force est de constater que la Bibliothèque universitaire (BU) « Engelbert Mveng » est en proie à de nombreux obstacles qui inhibent ses objectifs de constitution d'un fonds documentaire digne de ce nom pour accompagner l'Université dans ses missions régaliennes que sont l'enseignement, la recherche fondamentale et appliquée et l'appui au développement (article 6, loi n° 2023/00 du 25 juillet 2023 portant orientation de l'enseignement supérieur au Cameroun).

Au moment où « les sociétés, selon le lieu où elles se trouvent, revendiquent de plus en plus leur droit d'attendre des recherches scientifiques et universitaires, des réponses plus pragmatiques à leur quotidien incertain » (Olembe, 2010), celle du Cameroun, parce que traversée par une foultitude de bouleversements, de freins, de transformations et de mutations, incite la présente réflexion à questionner le paradoxe constaté entre la multitude des savoirs scientifiques produits à l'Université de Douala par les enseignants-chercheurs et les étudiants-apprenants et la difficulté que rencontre sa Bibliothèque Universitaire à pouvoir fédérer ces synergies intellectuelles créatives pour en constituer un fonds documentaire devant être légué à la communauté scientifique pour des recherches scientifiques de qualité et un appui efficient au développement. La question que l'on est en droit de se poser est la suivante : alors que ces savoirs sont effectivement productifs tout au long des années académiques par les enseignants-chercheurs de cette Institution universitaire, comment la BU « Engelbert Mveng » n'arrive-t-elle pas à constituer un fonds documentaire digne de ce nom et en quoi cette situation affecte-t-elle son image institutionnelle tout en inhibant ses potentialités de se présenter comme le levier de la production/consommation des savoirs scientifiques à l'Université de Douala ? En guise de réponse provisoire : les logiques inavouées de certains acteurs doublées d'une absence de politique incisive de la part des décideurs sont à l'origine de cette fracture entre la production et la consommation des savoirs scientifiques par la médiation de la BU. La multitude des difficultés qui plombent la Bibliothèque Universitaire « Engelbert Mveng » lui consacre une image mitigée dans les représentations des principaux acteurs de la communauté universitaire. L'analyse stratégique de Michel Crozier permettant d'éprouver le rôle des parties prenantes est traversée dans cette réflexion par un souffle de la théorie des pratiques de Pierre Bourdieu et de la théorie des représentations sociales de Serge Moscovici, lesquelles constituent l'armature théorique de cette étude qui prend appui sur les outils de collecte de données que sont l'observation participante, la recherche documentaire et les entretiens compréhensifs dans une démarche qualitative.

1. Approches conceptuelle, méthodologique et théorique

Faut-il le signaler, pour parodier Ollendorff (1999, p. 8-9), les auteurs de cette réflexion considèrent les bibliothèques comme des organisations multiformes dont un premier niveau de complexité pourrait se trouver dans leur définition : le terme bibliothèque provient du grec « bibliothêkê » qui se subdivise en « biblion » qui veut dire « livre » et « thêkê » qui désigne « coffre, lieu de dépôt ». Ainsi, la bibliothèque est à la fois : un « meuble ou assemblage de tablettes permettant de ranger et de classer des livres », une « salle, un édifice où sont classés des livres pouvant être consultés » et enfin une collection de livres. Par extension de ces définitions, la bibliothèque devient « l'organisation comprenant divers services dont une salle de lecture ou de consultation ». La bibliothèque peut alors être comprise comme meuble, salle, collection, organisation, service, d'où, étant donné ces définitions, la complexité des enjeux mis en jeu dans cette organisation.

Prise sous cet angle, l'université étant par essence une institution discursive à tout point de vue de son activité-métier (production, transmission/diffusion/circulation, évaluation et validation des savoirs) que du mode d'administration propre à son statut au sein de la société, elle est intrinsèquement un objet du discours (Olembe, 2010) et du savoir. Le rôle des universités étant ainsi déterminant pour le développement de la société camerounaise, la Bibliothèque Universitaire « Engelbert Mveng » de Douala est plombée par une foultitude de difficultés qui entravent son rayonnement, ternissent la splendeur de ses respectables et ambitieux objectifs et entachent son image institutionnelle. Les problèmes structurels et infrastructurels, l'absence d'un personnel qualifié, le vide juridique laissé par le législateur et les administrateurs, l'absence d'un cadre organique et d'une politique de constitution d'un fonds documentaire digne de ce nom font partie du lot quotidien de cet espace prisé de lecture et de recherche.

Dès l'entame de cette réflexion, il est utile de préciser que la description de la BU « Engelbert Mveng » tient compte des bornes chronologiques retenues qui font état de deux périodes distinctes : la première période retenue est celle qui va de l'entrée en vigueur du système LMD dans l'enseignement supérieur du Cameroun (rentrée académique 2007-2008) jusqu'à la fermeture de la BU (27 septembre 2019) pour des travaux de réhabilitation et de restauration. La seconde période, quant à elle, va de la fermeture de la BU (27 septembre 2019) pour des travaux de réhabilitation et de restauration au lundi 19 février 2024 (date de la tenue de la XIe Session du Conseil des publications, de la documentation et de la bibliothèque) à l'Université de Douala. Cette délimitation temporelle donne sens et signification à la construction des imaginaires problématiques en matière d'attractivité et de visibilité par les stakeholders. La méthodologie de recherche ici est qualitative. Les instruments de collecte de données sont : l'observation participante, la recherche documentaire, les entretiens compréhensifs. Pour mener à bien cette étude scientifique, la démarche méthodologique est calquée sur les étapes de recherche préconisées par Aktouf O. (1987, p. 23) et le manuel de recherche de Bonneville L., Grosjean S. et Lagace M. (2007).

L'observation dans cette étude est participante, étant donné que, pendant notre cycle de formation doctorale et, une fois devenus enseignants, nous n'avons cessé depuis deux décennies de fréquenter cette Bibliothèque universitaire « Engelbert Mveng » dans les deux phases de mutations prises en compte dans la présente réflexion. L'observation participante a permis de toucher la réalité du doigt, de relever les difficultés qui plombent le bon fonctionnement de cette organisation et de comprendre comment les comportements des différentes parties prenantes constituent des pesanteurs qui empêche la BU d'atteindre ses objectifs. Cette posture a également permis de « découvrir, noter, repérer, déceler, explorer, examiner, et saisir » (Bonneville L. et al., 2007) les mobiles qui donnent sens à une image institutionnelle peu reluisante de la BU dans les imaginaires de parties prenantes (enseignants, étudiants, personnels administratifs, personnel, visiteurs, chercheurs, etc.).

Grâce aux entretiens approfondis, nous avons pu comprendre comment les problèmes systémiques, matériels, technologiques et les dynamiques des parties prenantes entravent l'éclat et la notoriété de la bibliothèque universitaire de Douala. Ces entretiens ont également donné lieu à la compréhension de la place qu'occupe la Bibliothèque dans l'amélioration de la qualité des savoirs et des connaissances scientifiques produits et consommés au sein d'une université, d'une société et dans la compétitivité et le rayonnement national et international d'une université. Lesdits entretiens sont utiles en ce sens qu'ils ont permis de vérifier à l'aide des questions d'un guide d'entretien les points particuliers de la proposition d'hypothèse de recherche préalablement émise. Un total de 25 entretiens approfondis a été fait avec les responsables de la Bibliothèque universitaire (03), le personnel de la BU (06), les enseignants de l'Université de Douala (09), les étudiants (07). Tenant compte de la saturation théorique mentionnée par Comeau Y. (1994) qui permet « de déterminer le moment où l'ajout de nouvelles données ne changerait pas de manière significative la théorie empirique qui se construit », les données recueillies de ces vingt-cinq entretiens approfondis dénoncent toutes les pesanteurs qui détériorent les activités de la BU de Douala. Chaque interlocuteur a utilisé son registre sémantique pour exposer ses idées. Ils convergent tous vers le même point de vue, puisque la saturation signifie qu'aucune donnée additionnelle ne serait utile au chercheur pour développer davantage une catégorie (Comeau Y., 1994) d'analyse.

Quant à la recherche documentaire, plusieurs documents et archives exploités dans le cadre de la présente étude montrent que les préoccupations de la BU de Douala ne datent pas d'aujourd'hui. La majorité des tares actuelles de cette Bibliothèque date de plus de deux décennies. Les données collectées à partir d'une observation à la fois diachronique et synchronique de la Bibliothèque Universitaire « Engelbert Mveng » de l'Université de Douala montrent que, malgré sa rénovation enclenchée depuis quelques années, les problèmes structurels, infrastructurels et technostructurels continuent d'exfolier l'image institutionnelle de cette organisation.

2. L'image institutionnelle de la BU « Engelbert Mveng » plombée par de nombreuses difficultés

Tout en donnant sens aux imaginaires qui la considèrent comme inapte à servir de pilier central pour la production des recherches de qualité dans cette institution académique qu'est l'Université, plusieurs difficultés écornent l'image institutionnelle de la BU. De l'actualisation approximative du fichier central des thèses et Habilitations à Diriger les Recherches (HDR), du répertoire des revues scientifiques et des monographies des enseignants-chercheurs, à l'absence d'une politique d'acquisition des documents en passant par des difficultés structurelles et infrastructurelles, un personnel en déphasage avec la réalité de la bibliothèque, un budget inaccessible auxquels s'ajoutent des lourdeurs administratives, des contraintes institutionnelles à l'origine de l'absence d'un cadre organique qui culminent avec la difficulté d'intégrer les Technologies de l'Information et de la Communication (TIC) dans ses services, la Bibliothèque Universitaire « Engelbert Mveng » se voit embrigader dans un cocon qui hypothèque son appui au développement.

2.1. L'arrimage de l'Universités de Douala au système LMD et les travaux de réhabilitation de la BU

Le système LMD, paradigme actuel de l'enseignement supérieur, accorde une place de choix à la construction des « savoirs » et des « savoir-faire » tant par les enseignants que par les étudiants-apprenants. Pour ce faire, l'arrimage des universités du Cameroun au système LMD consacre à la recherche scientifique le moteur de l'enseignement et du développement. De la rentrée académique 2007-2008 à celle de 2019-2020, la Bibliothèque Universitaire de Douala n'a pas pu saisir le cap des objectifs du ce nouveau système pour faire sa mue. Ses multiples difficultés ont jalonné cette décennie tout en creusant l'écart entre son « image voulue », son « image réelle » et son « image perçue » par les enseignants-chercheurs, les étudiants et les visiteurs.

2.1.1. La BU « Engelbert Mveng » en quête d'une image reluisante

Aux plans structurel et infrastructurel, la BU est en proie à une foultitude de difficultés qui l'embrigadent dans la quête de repère. Le vide juridique lié à l'absence de textes organisant le BU « Engelbert Mveng » est également tributaire du marasme que connaît cette micro-organisation des services centraux de l'Université de Douala. Faut-il le rappeler ? La réforme universitaire de 1993 au Cameroun prévoyait trois types de textes : des textes à caractère général (applicables à toutes les institutions universitaires d'État), des textes à caractère particulier (spécifiques à chaque institution universitaire) et enfin des textes complémentaires[6]. Du fait du vide juridique contenu dans le texte qui crée ce service, cette affirmation d'un responsable du top management de l'Université de Douala donne sens aux péripéties et tribulation que va vivre cette BU considérée comme le cœur de la recherche :

> *[...] il faut dire que la Bibliothèque de l'Université de Douala est assise sur une chaise bancale, tout simplement parce qu'elle n'a pas été restructurée à l'exemple des autres Bibliothèques ». Ce manque de volonté politique est d'autant plus manifeste que c'est depuis plus d'une décennie qu'un « travail [...] a été fait et qui a abouti à la proposition d'un projet de Décret qui devait régir le fonctionnement de la Bibliothèque Centrale de l'Université de Douala » (un responsable du top management de l'Université de Douala).*

Ledit projet de décret initialement élaboré en collaboration avec les services de la Division des Affaires académiques et de la Coopération (DAAC), du Secrétariat général de l'Université de Douala, des représentants du ministère de l'Enseignement supérieur avec la forte participation des responsables de la Bibliothèque Universitaire avait préalablement été validé par le Conseil d'Université et le Conseil d'Administration avant sans transmission aux instances supérieures. Les bibliothèques des Universités de Yaoundé I, de Dschang et de Buea ont déjà ce texte organique qui les structure, pourtant l'Université de Douala, qui figure parmi les

6 À l'instar des autres universités, plusieurs secteurs d'activités de l'Université de Douala sont organisés par ces textes. Parlant de l'Administration centrale, il est fait mention du secrétariat général (SG) ; de la Direction des Affaires académiques et de la Coopération (DAAC) ; de la Direction des Infrastructures, de la Planification et du Développement (DIPD) ; le Centre des Œuvres Universitaires (DCOU) ; de la direction des Affaires administratives et financières (DAAF) ; du Centre médico-social (CMS). L'Agence Comptable et la Commission financière et les établissements font l'objet des chapitres précis. La Bibliothèque Universitaire, en l'absence d'un texte qui est encore en cours de rédaction par la tutelle (le ministère de l'Enseignement supérieur) pour son organisation et son fonctionnement, traine avec lui un vide juridique ou flou institutionnel qui influence indéniablement et de manière négativement incisive la vitalité de cette Bibliothèque.

plus grandes universités du pays, avec ses onze (11) Établissements, est encore à la traîne. Face à ce frein structurel congénital à sa création, l'observateur est en droit de se poser la question de savoir s'il s'agit d'un simple oubli ou d'une pure discrimination. La signature de ce Décret portant organisation de la BU « Engelbert Mveng » et surtout sa transformation en Direction seront des éléments boostant à l'origine de sa réorganisation, mais également constitueront des artefacts galvanisant pour une nouvelle dynamique organisationnelle en son sein.

Avant la fermeture de la BU pour le lancement des travaux de réhabilitation et de restauration, dès l'entrée de la Bibliothèque Universitaire de Douala, un constat s'imposait. Le visiteur était désagréablement frappé par le paradoxe entre la lecture au fronton de son nom de baptême Bibliothèque universitaire « Engelbert Mveng », nom d'un illustre et auguste chercheur et universitaire camerounais, et le décor lugubrement prémonitoire de la salle d'accueil, présage d'un environnement inconvenant. L'état des lieux de cette structure, qui devrait être caractérisée par son confort agréable au séjour des lecteurs au mieux des chercheurs, mettait en exergue l'obsolescence de ses infrastructures et de ses équipements. Construit depuis 1970, le bâtiment abritant cette bibliothèque n'avait jamais subi de véritables travaux de réhabilitation et de restauration. De l'étanchéité de la toiture qui laissait couler les eaux de pluie avec pour conséquence le pourrissement des matériaux et la détérioration des documents à l'incongruité générale des locaux marquée par l'absence de confort thermique et de l'ergonomie des équipements existants en passant par le circuit électrique défectueux enclin à l'incendie[7] et une capacité d'accueil d'environ 400 places en contradiction avec les ratios préconisés par les normes de l'UNESCO, le tableau était loin d'être reluisant pour les missions nobles qui sont les siennes. Les innovations et normes en matière de bibliothéconomie n'étaient guère à l'ordre du jour ici. Exclusivement faits en bois non traités, les rayonnages étaient fortement détériorés par l'action des insectes auxquelles s'ajoutait le poids des documents en augmentation. L'ensemble de l'outil informatique était dérisoirement constitué de deux ordinateurs complets et d'un photocopieur constamment en panne et la connexion internet en cours de réhabilitation qui tardait à prendre corps en ajoutaient à cette image dégradante de la BU. Mal-

7 La détérioration du circuit électrique constitue un danger permanent d'incendie qui pousse ici à questionner la sécurité des biens et des personnes.

gré sa délocalisation pour des raisons de travaux de réhabilitation, la situation n'est guère reluisante au moment où se boucle la rédaction de cette réflexion (mai 2025), la bibliothèque étant toujours en chantier. Cette affirmation vient corroborer les difficultés connues par ce dispositif de conservation et de mise à disposition du savoir :

> *Depuis la fermeture de la BU pour le lancement des travaux de réhabilitation et de restauration du bâtiment abritant la Bibliothèque Universitaire « Engelbert Mveng » ses services se sont délocalisés et ont été transférés dans les bureaux du 1er étage du le Bâtiment D. Ledit Bâtiment initialement construit et consacré au logement des étudiants a vu ses chambres se transformer en bureaux. Bien qu'étant une mesure provisoire, l'occupation temporaire de ces locaux par la BU amplifie la difficulté de cette structure à mettre à la disposition des usagers (étudiants, enseignants et chercheurs) les documents déjà existants et n'octroie pas un cadre propice pour la lecture, car « les espaces que la BU occupe actuellement sont très exigus, donc non seulement ne peuvent pas permettre un rayonnage adéquat, mais n'offrent pas non plus une capacité d'accueil suffisante pour une bonne consultation des ouvrages » (Entretien avec un responsable de la BU de Douala, mai 2025).*

Certains enseignants et étudiants sont en manque de repère lorsqu'il faut retrouver la nouvelle localisation de celle-ci. Que ce soit le bâtiment principal de BU situé juste en dessous, et ce, derrière le bloc administratif du rectorat ou le nouveau site provisoire du Bâtiment D, la BU manque de visibilité : pas de panneau de signalisation à l'extérieur et à son entrée, absence d'enseigne lumineuse, ce qui ne facilite pas son repérage par les étudiants et les enseignants-chercheurs. La faible fréquentation de la BU émane aussi de cette absence de visibilité. Les conditions de travail dans un tel espace non dédié n'étant pas idoine pour toutes les parties prenantes :

> *la BU fonctionne dans ce cadre au ralenti. L'année académique 2021-2022 au sein de la bibliothèque Universitaire a été pénible, car la majeure partie de nos activités sont paralysées, voire suspendues à cause des travaux de rénovation de nos locaux. Le personnel est tout le temps interpellé par les étudiants impatients de regagner leur espace de recherche (Entretien avec un responsable de la BU de Douala, Université de Douala, juin 2022).*

Pour aggraver cette situation déjà peu confortable et peu agréable, les agissements inconvenants du personnel entrent en contribution.

2.1.2. Un personnel en déphasage avec la gestion du patrimoine documentaire

Essentiellement constituées d'un personnel dont le profil n'a aucun lien avec la bibliothéconomie, les ressources humaines ici sont en panne de professionnels formés pour la cause. Cette situation déplorable est reconnue par un administrateur du top management de l'Université de Douala qui affirme à ce sujet que : « la Bibliothèque est alors devenue un déversoir de tous ceux qui ont été refoulés ailleurs [...] On dirait même pire, on vous envoie tous les éclopés ». L'inadéquation entre le profil du personnel envoyé à la Bibliothèque et les exigences de qualification en la matière sera malheureusement à l'origine d'un malaise et d'un climat malsain au sein de cette organisation. Le surnombre des agents contractuels et des décisionnaires de l'Université, tel que le montrent les tableaux N° 1 ; N° 2 et ci-dessous, généralement affectés dans ce service pour des raisons de discipline, auquel s'ajoutent leur indolence et l'absence de conscience professionnelle, amplifie le panel de difficultés dont fait face la Bibliothèque « Engelbert Mveng ».

Tableau 1 : Évolution des effectifs à la B.U de l'Université de Douala entre 2004 et 2015

Catégories / Années	Professionnels	Cadres et/ou Para-Professionnels	Contractuels	Décisionnaires
2004-2007	01	02	/	23
2007-2010	02	03	07	19
2010-2013	02	08	11	07
2013-2014	03	09	05	06
2014-2015	03	07	05	06

Source : AABU (Archives administratives bibliothèque universitaire) : Rapport général sur les bibliothèques, année académique 2014-2015, p.7.

Le pic observé entre 2007 et 2010 va connaître une chute progressive entre 2010 et 2013. Sur le plan quantitatif, la variation non significative du nombre de personnel connu par la BU entre 2013 et 2015 n'apporte pas un plus qualitatif en termes d'efficacité au service rendu dans cette micro-organisation. Entre 2017 et 2020, sur 27 personnels de la BU, seuls 05 ont une formation en lien avec ce domaine d'activités. Entre 2020 et 2024, les effectifs de la BU et ses réalités n'ont pas significativement varié.

Tableau N° 2 : Ressources humaines BU/BRED (2017-2020)

Ressources humaines actuelles / BU/BRED	Cadres		Contractuels		Décisionnaires	
Nombre total	Formés	Non formés	Formés	Non formés	Formés	Non formés
27	05	06	00	08	00	08

Source : Exploitations des données de terrain recueillies par les auteurs

Le BU a en majorité un personnel qui arrive dans ce service ne connaissant rien des activités de cette micro-organisation. Le personnel affecté à la Bibliothèque ne bénéficie pas d'un encadrement institutionnel de travail qui lui permet de se sentir à l'aise. Le processus de renforcement des capacités fait également défaut dans ce service. Ce qui orchestre le manque d'attrait et la démotivation des acteurs qui y travaillent. Cet état des choses peut trouver une des justifications dans cette réaction de ce responsable des services centraux de l'Université : « c'est pour cela que pendant un certain temps, on a perçu la Bibliothèque comme l'espace où on reversait toutes les têtes dures de l'Université dont on ne voulait pas ailleurs ». La BU est alors considérée comme le réceptacle des agents et personnels d'appui qui subissent les affectations disciplinaires. Cette prise de position discursive donne sens à l'image que certains administrateurs ont de la Bibliothèque et la place à elle accordée dans leurs représentations. La qualité du service rendu par un acteur dépendant fortement de son état d'esprit, le public visiteur peut de ce fait trouver un élément de réponse face aux comportements et agissements de certains personnels de ce service. Par ces actes d'affectation disciplinaires, l'administration de l'Université, à tort ou à raison, porte un sérieux préjudice à l'image institutionnelle de cette organisation.

La gestion et la conservation du patrimoine documentaire sont des tâches qui requièrent des aptitudes professionnelles bien établies, car elles relèvent d'un corps de métier bien précis qui regroupe bibliothécaires, documentalistes, archivistes, etc. Cependant, à l'Université de Douala et plus précisément au sein de la Bibliothèque Universitaire, cette question ne semble pas être une priorité face au manque de professionnel qualifié que connait cette structure. Et pourtant, comme le signale Bergia (1998), c'est un enjeu majeur dans la constitution et la conservation du fonds documentaire des bibliothèques que d'avoir un personnel compétent. Le corollaire direct qui s'en suit est la mauvaise gestion de ce patrimoine documentaire qui entraîne l'écroulement des collections. Entre un accueil et un accompagnement approximatifs et la négligence des documents, le patrimoine documentaire est sérieusement mis à mal et, ipso facto, c'est la constitution du fonds qui en prend un sérieux coup d'où la nécessité de renforcement de la sécurité par la modernisation de celle-ci à travers son équipement en caméra de surveillance.

2.1.3. La production du savoir et la constitution d'un fonds documentaire face à la nébuleuse des logiques des acteurs

Du fait de l'absence d'une politique documentaire à l'Université de Douala, la constitution du fonds documentaire est chaotique et jonchée d'embûches. Pourtant, aucun centre de documentation sérieux, qu'il soit public ou privé, ne peut évoluer sans une politique documentaire bien définie. Cette dernière s'avère nécessaire pour orienter la gestion de toute la documentation en bibliothèque. Elle est d'ailleurs définie par (Calenge, 2009) comme étant « la conception et la mise en œuvre de méthodes et d'outils permettant de répondre aux missions de la structure et aux attentes des usagers ». C'est par cette expression formalisée et cohérente qu'une bibliothèque de service public donne de ses choix et priorités en matière de développement et de gestion des collections. Au regard de la quantité et de la taxinomie de la production des savoirs par les enseignants-chercheurs et autres acteurs de la communauté universitaire de l'Université de Douala et de la difficulté de constitution d'un fonds documentaire exhaustif par la Bibliothèque « Engelbert Mveng », compte tenu des données de terrain, un constat s'impose : les logiques des acteurs, pour des raisons non élucidées dans le cadre de la présente réflexion, contribuent à jouer les eaux troubles dans l'inaccessibilité budgétaire et les lourdeurs administratives.

Ajoutée aux lourdeurs administratives, l'inaccessible au budget est quant à elle une chimère. L'achat des ouvrages destinés à l'équipement de la Bibliothèque Universitaire « Engelbert Mveng » est sujet à plusieurs contradictions entre le discours et la pratique qui a pour corollaire les lourdeurs administratives. Depuis 2003, le montant budgétaire alloué à l'acquisition des livres va crescendo. De trente millions de francs CFA (30 000 000 FCFA) en 2003, cette ligne budgétaire est passée à cent millions de francs CFA (100 000 000 FCFA) en 2010. Soit un taux de croissance de 70 % (AABU, 2021). Paradoxalement, les collections disponibles à la BU ne reflètent pas toujours le montant de ces budgets. Ceci pourrait s'expliquer par l'absence ou la non-formalisation d'une charte d'acquisition de la documentation à l'Université de Douala. À ces difficultés s'adjoint le vide juridique laissé par les penseurs de la Réforme universitaire de 1993 au Cameroun. À titre d'exemple, l'achat des documents pour la bibliothèque se fait très souvent en l'absence du Responsable de la BU qui est réduit à venir réceptionner au niveau du comptable-matière des documents dont il ignore la provenance. À ce tableau s'ajoute ce cri de détresse d'un responsable de l'Université de Douala : « c'est ainsi que pour la septième année consécutive, les crédits alloués ces dernières années à l'achat des livres n'ont pas été utilisés pour plusieurs raisons » non élucidées et indépendantes de la volonté du personnel de la BU.

En plus de l'inaccessibilité budgétaire et des lourdeurs administratives susmentionnées, la constitution du fonds documentaire se heurte également au comportement de quelques administrateurs (vice-doyens chargés de la recherche et de la coopération) et de certains enseignants qui, pour des logiques inavouées, refusent de mettre leurs publications à la disposition de la Bibliothèque. Pendant que certains sont indolents, parmi ces vice-doyens, d'aucuns font sans succès des pieds et mains pour constituer le répertoire des publications des enseignants-chercheurs de leur Établissement. Les tableaux N° 3 et N° 4 montrent la morosité de la constitution de ce fonds documentaire sur presque deux décennies. À la question qu'en est-il du répertoire des publications des enseignants-chercheurs dans votre Établissement ? Un vice-doyen affirme que

> *les multiples démarches faites auprès des chefs de départements pendant maints Conseils de Faculté pour qu'ils servent de courroie de transmission entre les enseignants et l'administration à ce sujet sont restées vaines. Les enseignants ne donnent quelques extraits de leurs publications parfois non actualisées que pour les primes internes de recherche. Je ne sais plus qu'est-ce qu'il faut faire (Entretien avec un Vice-Doyen d'une Faculté classique de l'Université de Douala, juin 2015).*

À côté de ce vice-doyen dépité et à la limite résigné, à la question de savoir ce qui peut expliquer une telle résistance, un chargé de cours répond de manière rageante : « pourquoi veux-tu que je dépose mes articles à la bibliothèque ? Qu'est-ce que cela m'apporte ? ». Loin de prendre en valeur absolue cette réponse saupoudrée d'une désinvolture pour un enseignant-chercheur de cet acabit, il semble que les raisons d'une telle réponse sont ailleurs. Plusieurs autres frustrations peuvent sous-tendre cet énoncé. Bien que la société capitaliste obéisse à la loi « pas d'intérêt, pas d'action », n'est-ce pas là une manière de dénier le pan : diffusion et vulgarisation des savoirs si chers à la recherche universitaire ? À la question de savoir comment la Bibliothèque procède-t-elle pour collecter les productions scientifiques des enseignants-chercheurs ? Un responsable de la Bibliothèque « Engelbert Mveng » fait savoir que :

> *mis à part quelques établissements qui nous envoient de façon systématique leurs revues, et quelques rares enseignants soucieux de promouvoir leurs productions scientifiques, je dirai pour le reste que c'est un parcours de combattant. Il a fallu que le Conseil de Publication propose au Rectorat d'imposer le dépôt des versions physiques et numériques des thèses sur décharge afin d'entrer en possession des frais de reprographie pour qu'il y ait ce léger frémissement au niveau de l'augmentation du nombre de thèses soutenues déposées à la BU.*

Il convient de noter que pour la littérature grise, notamment les thèses, la BU, en application de la résolution n° 04.3/CB-V/2012[8] sur les conditions de dépôt des thèses en synergie avec la direction des Affaires académiques et de la Coopération (DAAC), cette résolution du Conseil de Publication et de la Documentation s'est appliquée avec des fortunes diverses. Il s'agit de déposer trois (3) exemplaires de thèse accompagnés du fichier numérique. Malheureusement et pour le déplorer, « ce léger frémissement au niveau de l'augmentation du nombre de thèses soutenues et déposées » dont parlait ce responsable de la BU n'a pas fait long feu. Une fois que les services financiers de l'Université ont supprimé les « frais de reprographie » des thèses, la dynamique de dépôt enclenchée s'est estompée. Malgré le rappel incessant des résolutions n° 04.3/CP-VI/2014 et n° 4.6/CP-VIII/2021 du Conseil des Publications, de Documentation et de la Bibliothèque relatives aux conditions de dépôt des thèses et mémoires, les données collectées ci-dessous montrent qu'il y a un écart entre ce discours et la pratique. Depuis le second semestre de l'année académique 2023-2024, il est néanmoins imposé au sein de plusieurs Établissements que le jeune docteur, après avoir intégré les corrections, dépose lesdits exemplaires au sein de la BU afin d'entrer en possession de son Attestation de réussite.

Le fonds documentaire s'est diversifié et densifié, quoique lentement, avec la mise en place progressive des Établissements de l'Université de Douala comme prévu par la réforme de 1993. Il tient compte des centres

[8] Source : 6e session ordinaire du Conseil de Publication, de la Documentation et de Bibliothèque du 14 janvier 2014, Rapport général sur les bibliothèques, p. 5.

d'intérêt des établissements. Le fonds actuel s'évalue à près de trente mille (30 000) volumes dont la répartition est illustrée par le tableau suivant :

Tableau N° 3 : Évolution du fonds documentaire de 2010 à 2013

Années	Monographies	Revues (titres)	Thèses et mémoires	Documents électroniques
2010	21 128	57	229	30
2011	22 291	63	432	30
2012	23 641	63	682	40
2013	25 000	63	859	40

Source : Rapport général sur les bibliothèques académiques de l'Université de Douala, année académique 2012-2013

La disparité remarquée entre le nombre de productions des différents établissements de l'Université de Douala est symptomatique du degré d'intérêt de ceux-ci pour la production et la mise à disposition de leur savoir. La question que l'on peut se poser est celle de savoir pourquoi ne trouve-t-on pas toutes ces publications à la BU ?

De septembre 2021 à janvier 2024, la BU a reçu 122 thèses reparties comme suit dans le tableau ci-dessous. Il est donc à noter que seule la Faculté des Sciences respecte à la lettre, la résolution No4.8/CP-VIII/2021 : Dépôt institutionnel. Raison pour laquelle ce tableau illustre la supériorité du nombre de ses thèses déposées.

Tableau N° 4 : Thèses déposées entre septembre 2021 et janvier 2024

Établissement	Sept 2021	Oct. 2021	Nov. 2021	Déc. 2021	Jan 2022	Fév. 2022	Mars 2022	Avril 2022	Mai 2022	Juin 2022	Juil. 2022	Total
FSces	05	03	03	05	09	06	04	02	01	03	04	45
FLSH												
FSJP						02			02			04
FSEGA												
FMSP												
ESSEC												
ENSET											01	01
IUT												
ESPD												
IBA												
ISH												
Total	05	03	03	05	09	08	04	02	03	03	05	50

Source : Rapport d'activités des Bibliothèques Universitaire et BRED de septembre 2021 à janvier 2024

S'agissant de l'acquisition des ouvrages, depuis la fermeture de la bibliothèque pour sa réhabilitation, le taux d'acquisition des ouvrages a considérablement baissé, seuls les dépôts de littératures grises et les dons des revues scientifiques continuent. Aucun ouvrage n'a été acheté au courant de cet exercice 2023-2024, car les locaux provisoires ne disposent d'aucun espace de stockage.

Tableau N° 5 : Tableau récapitulatif des publications des enseignants-chercheurs à la Bibliothèque universitaire de Douala par établissement

ETS	Thèses	Articles	Ouvrages	Autres	Total
FLSH	38	266	14	19	337
FSJP	22	82	0	8	112
ISH	0	112	1	72	185
ENSET	9	308	8	85	410
ESSEC	0	109	17	65	191
FSEGA	11	80	6	29	126
FGI	0	37	0	0	37
FMSP	15	386	8	31	440
IUT	0	127	0	26	153
IBA	13	44	2	19	78
FAC S.	0	523	0	0	523
	108	2074	56	354	2592

Source : recherche des auteurs

Parlant des articles, c'est le lieu de signaler ici qu'au vu du nombre de colloques, des comités scientifiques, des manifestations scientifiques qui ont lieu, le nombre de publications annuelles dans chaque Établissement pour des raisons diverses est loin de refléter ce qui figure dans ce tableau depuis la création de l'Université de Douala en 1993.

Parlant de la souscription aux revues scientifiques, la Bibliothèque Universitaire n'a pas encore souscrit les abonnements aux Revues scientifiques et à la presse nationale et internationale, faute de moyens mis à sa disposition. Les titres des revues scientifiques acquis au cours de cette période proviennent des institutions étrangères, de quelques établissements de l'Université de Douala et autres Universités d'État du Cameroun. En ce qui concerne les années antérieures, les quatorze (14) titres acquis ont été envoyés par les institutions, telles que : COTCO, MINCOM Wouri, CNPBM, Global Action For Fungal Infections, MINDDEVEL, Port autonome de Kribi et BSTP.

2.1.4. La difficile intégration des Technologies de l'Information et de la Communication pour la mise à disposition des publications en ligne

Plusieurs enseignants-chercheurs produisent des savoirs qu'ils publient dans des revues scientifiques mondialement classées. Ces articles sont très souvent uniquement consignés en supports numériques qu'on peut consulter sur internet et les revues éditrices sont détentrices du copyright. Bien qu'ils ne soient pas nombreux dans ce cas, la volonté de quelques chercheurs, de mettre une copie de leurs productions numériques à la disposition de la Bibliothèque Universitaire se heurte à un fait patent : la Bibliothèque Universitaire « Engelbert Mveng » n'a pas de plateforme numérique pourtant, un ancien Recteur de cette institution académique en affirmant en 2012 que :

> *le monde est en pleine mutation, les Technologies de l'Information et de la Communication (TIC) ont changé la donne dans presque tous les aspects de la vie pratique. La facilitation des procédures d'admission et l'accès rapide à l'information académique sont désormais un critère de performance des institutions de formation et de recherche. Dans cette mouvance, l'Université de Douala a mis en place un portail académique dont la vocation est non seulement de fournir un bouquet de services aux étudiants, mais également d'être un point d'échange d'informations avec les milieux socioprofessionnels*[9].

Il suscitait par ce discours un énorme espoir au sein de la communauté universitaire. Il faisait également savoir qu'à l'aide d'un clic, tout étudiant pouvait avoir accès à toutes ses informations académiques et à ces résultats. Il ne s'est agi que d'un effet d'annonce, car force est de constater au regard des données d'observation empirique des pratiques et des usages, que de l'inscription des étudiants en ligne à la publication des notes, le processus est imbibé d'une approximation provoquant des frustrations et parfois des abandons. La qualité de la connexion YooMee annoncée à grand renfort de publicité qui irriguait l'espace universitaire laissait à désirer. Cette connexion est inexistante depuis plusieurs années académiques. L'annonce en novembre 2014 du projet pilote de bibliothèque

[9] Oyono D. (2012). Recteur de l'université de Douala, Mots du Recteur aux étudiants, rentrée académique 2012-2013. Source :http://www.systhag-online.cm:8080/SYSTHAG-ONLINE/faces/index.xhtml, (Consulté le 6 janvier 2014)

numérique à l'Université de Douala dès le mois de mars 2015 avec QuickDo-BookBox, une infrastructure de distribution physique de contenus numériques en Afrique tarde à se réaliser[10].

C'est dans cette ambiance que la Bibliothèque Universitaire de Douala rame à contre-courant de la prise de position de (Ollendorff, 1999) qui pense que les bibliothèques des établissements d'Enseignement supérieur sont des organisations situées au carrefour des problématiques liées aux changements de support des documents à savoir la transition papier/électronique, aux nouvelles modalités de l'enseignement à distance autorisées par les capacités des réseaux de transmissions de données et aux nécessités pour l'individu d'acquérir une formation tout au long de la vie. La dématérialisation est lente ici du fait des pesanteurs structurelles et infrastructurelles.

La précarité, la multiplicité et la diversité des difficultés rencontrées par la Bibliothèque « Engelbert Mveng » hypothèquent ses velléités de constitution d'un centre de ressource documentaire devant faciliter la recherche, enrichir la production du savoir tout en apportant son appui au développement. Cette situation vient conforter l'idée de (Moukoko, 2012) selon laquelle la BU reste un secteur où la mauvaise foi, et la carence voulue tiennent lieu de politique sur le long terme.

3. Pour une Bibliothèque Universitaire vecteur de l'appui au développement

Face à cette kyrielle de difficultés auxquelles est confrontée la BU, en quoi la mise à disposition d'un tel fonds documentaire de ces savoirs, leur gestion et leur conservation peut-elle contribuer à atteindre les missions régaliennes de l'université que sont l'enseignement, la recherche fondamentale et appliquée et l'appui au développement ? La réflexion collective menée par un groupe de penseurs, sous la houlette du Gouvernement en faisant de la réforme de l'Enseignement supérieur un :

[10] Cette bibliothèque numérique qui devrait servir de centre d'expérimentation d'un projet de création et de développement du marché du livre numérique en Afrique en faisant la proposition de s'équiper de médiathèque en kits aux étudiants, chercheurs et abonnés en vue d'avoir accès aux contenus académiques variés, à un prix adapté est toujours en attente au moment de la rédaction de cette réflexion.

> […] instrument perfectible, mais visant dès lors l'efficacité. Sans négliger la culture, l'initiation au sens civique, elle a l'ambition de faire apprendre un métier par lequel le jeune camerounais pourra s'assumer et assumer le destin de son pays. Le Cameroun se refuse de former sans relâche des chômeurs incultes, encore moins des licenciés chômeurs […] (MINESUP, 2006, p. 9).

Indiquait déjà si bien l'apport des universités camerounaises et partant de tout étudiant sorti de ce moule au développement de son pays. Surtout que les nouvelles Universités voulaient être des Institutions étroitement liées à leur environnement immédiat, à leur région, à leur marché. Par cet ancrage contextuel, elles sont destinées à dispenser un enseignement de plus en plus professionnalisé, et adapté aussi bien aux réalités nationales qu'à la demande du marché de l'emploi (MINESUP, 2006, p. 15). Malgré le coût prohibitif et la rareté de certains ouvrages et documents, cet objectif qui passe par le tandem enseignement/apprentissage au centre duquel se trouve un autre couple ouvrage/lecture place la BU au centre du processus recherche/formation.

3.1. La bibliothèque au cœur de l'université comme lieu stratégique de la recherche

La bibliothèque universitaire, qui est a priori un lieu stratégique dans la vie estudiantine, met le savoir légitime à disposition, et sa fréquentation paraît assurer en partie à ses usagers la réussite universitaire (Dendani, 2001). De plus, cette documentation ouvre la voie à de nombreuses pistes de recherche scientifique. La place de la Bibliothèque « Engelbert Mveng » étant ainsi déterminante dans le processus de formation des étudiants et partant du rayonnement de l'Université de Douala, fait office du volet diffusion, circulation, et vulgarisation des savoirs, elles-mêmes tributaires de la production/diffusion desdits savoirs qui sont le fait des enseignants-chercheurs.

3.2. L'utilité sociale de la BU dans la recherche et l'appui au développement

En pointant du doigt « la notion d'utilité sociale de la recherche », Olembe (2006) relève « la dimension sociale et les enjeux éthiques de la production des savoirs en Afrique » qui sont déterminants pour le développement du continent plombé par des maux, tels : la famine, la maladie, la pauvreté, l'instabilité politique et aujourd'hui le terrorisme, etc. Les modèles politiques et économiques déployés jusqu'à lors n'ayant pas réussi à améliorer les conditions de vie des populations, « tout porte à croire qu'il est plausible de se tourner vers la recherche et l'innovation technologique pour assurer un optimum de développement du continent ». Parlant de l'espoir, cet auteur rejoint de ce fait les missions assignées à l'Université de Douala (MINESUP, 2006, p. 161) qui sont entre autres d'élaborer et de transmettre les connaissances ; de développer la recherche et la formation des hommes [...] ; et pour ce qui intéresse cette étude, de concourir à l'appui au développement et à la promotion sociale et culturelle, etc. Mais à ce point de vue s'objecte la prise de position de certains chercheurs interrogés qui estiment que l'absence de visibilité de l'utilité sociale des savoirs produits par l'enseignement supérieur a partie liée avec le refus du gouvernement camerounais d'inféoder tout projet de recherche aux universités. À la question de savoir comment faire pour que les savoirs produits à l'université profitent réellement aux populations et appuient effectivement le développement ? La boutade de Marcel[11] est assez illustrative :

> *Quand vous me posez une telle question, j'ai mal au cœur, j'ai les larmes aux yeux. S'agissant de la recherche scientifique, nous allons de gâchis en gâchis tous les ans. Pouvez-vous me dire à quoi servent tous les articles scientifiques, Thèses et mémoires rédigés dans différentes facultés et écoles de formation tous les ans ? Dieu seul sait le nombre des travaux de recherche qui sont produits dans nos universités et qui, une fois soutenus, sont rangés dans les tiroirs pour ne pas dire jetés dans la poubelle. Qu'est-ce qui empêche le Gouvernement d'imposer que toute recherche ait une finalité utilitaire ? Pourquoi ne met-on pas en pratique les résultats des recherches déjà effectuées par les enseignants et les étudiants en cycle de recherche ? Trouvez-vous normal d'avoir des routes crevassées dans un Campus 2 comme celui-ci alors que vous avez l'École Normale d'Enseignement Technique (ENSET), l'Institut Universitaire et Technologies (IUT) et l'École Nationale Supérieure Polytechnique, dans lesquels des dizaines et des centaines de diplômés et d'ingénieurs sont formés tous*

[11] Propos recueillis au Campus 2 de l'Université de Douala d'un entretien que nous avons eu avec un maître de conférences qui a souhaité garder l'anonymat, janvier 2025.

les ans ? Qu'est-ce qui vous empêche de leur donner ces exercices comme travaux dirigés (TD) ou comme Travaux Pratiques (TP) ?

Ces propos montrent à suffisance le malheur que les chercheurs ont de ne pas voir les résultats de leurs travaux être concrétisés, valorisés. Le multi-questionnement de Marcel sous fond d'indignation et de colère étant symptomatique des sous-entendus des logiques inavouées de certains acteurs à pouvoir rendre pragmatique les recherches universitaires, interpelle les pouvoirs publics et toutes les parties prenantes de la communauté universitaire quant à la concrétisation, la matérialisation et la mise en pratique des recherches scientifiques pour le bien-être des populations toutes entières. Une telle approche donnera sens à la mise en œuvre des compétences prônées par le système LMD, mais surtout à la vivification de l'université entrepreneuriale étant donné que :

> la production des savoirs dans ses différents stades nécessite en clair une prise en compte des enjeux sociaux et éthiques. Le choix des thématiques de recherche, la distribution du savoir et sa pratique devraient s'opérationnaliser prioritairement dans un calcul utilitariste pour lequel il faut maximiser le bonheur et minimiser le malheur. C'est dans cette vision que les chercheurs africains sont conviés à organiser leurs activités de recherche ». (Olembe, 2006).

Pour parodier Olembe (2006), c'est dans cette vision que doivent se faire la majorité des formations à l'Université pour allier la théorie à la pratique et surtout répondre à la demande et aux sociaux. C'est par le truchement de ce canal que le savoir devra se transformer en « savoir-faire » suivi du « savoir-créer » afin de devenir par la suite le « savoir-être ». Par cette vision, l'université entrepreneuriale deviendra ainsi le moule de fabrication des compétences entrepreneuriales pour un développement optimal et durable du pays. La BU vivifiée deviendrait le laboratoire de production/consommation/vulgarisation desdits savoirs.

Conclusion

Avec le système LMD, la recherche étant ainsi devenue un enjeu planétaire : enjeu culturel, enjeu économique, enjeu social, elle est pour tout environnement au mieux pour tout pays qui la priorise un atout majeur. L'Enseignement supérieur considéré comme le lieu de formation des futurs chercheurs, se doit d'être le plus performant possible, adapté aux évolutions et aux besoins de la société quant à la formation des chercheurs, mais également aux formations professionnalisantes (Dubois, 2004). Parlant de l'appui au développement par la recherche, à la question de (Olembe, 2006) de savoir « comment les chercheurs africains, jeunes ou confirmés peuvent-ils développer des stratégies pour se saisir des problématiques de recherche proche de leur société et même de répondre aux besoins pesants de développement ? », cette réflexion menée permet de proposer comme préalable que les logiques des différentes parties prenantes confluent de façon synergique vers l'édification d'une Bibliothèque Universitaire up to date, dotée d'un environnement accueillant constitué d'un fonds documentaire dense et actualisé. Pour que ce défi soit relevé, la BU tout en élaguant tous les maux qui la tirent vers le bas, devra faire sa mue pour devenir non seulement le lieu de capitalisation de tous les savoirs créés ou manipulés par l'université, mais aussi le responsable de la formation de tous les étudiants et de tous les enseignants aux attitudes convenables face à l'hyper choix informationnel (Peccoud, 2004).

Références bibliographiques

AABU. Procès-verbal et Résolution de la XXème session ordinaire du Conseil d'Administration du 19 février 2008.

AABU. Session ordinaire du Conseil de Publications, de la Documentation et de la Bibliothèque du 19 décembre 2013, point sur les ressources humaines VIème, p.3 Université de Douala, Douala.

Aktouf O. (1987). Méthodologie des sciences sociales et approche qualitative des organisations. Une introduction à la démarche classique et critique, Montréal, Presse Universitaires du Québec, p. 23.

Austin J. L. (1970). Quand dire c'est faire, Paris, Le Seuil, pour la version française, traduit du titre original, How to do Thinks with Words, Oxford, Oxford University Press, 1962.

Bergia M. (1998), « La valorisation du patrimoine écrit dans quelques bibliothèques publiques et spécialisées de Grèce », mémoire de fin d'étude, ENSSIB.

Bonneville L., Grosjean S. et LAGACE M. (2007). Introduction aux méthodes de recherche en communication, Montréal (Québec), GAËTAN MORIN Éditeur, 238 pages.

Boteteme M. B. J. M. et Moukoko K. C. (2012). « Enjeux de développement territorial participatif des zones connaissant des dynamiques de transitions socio-économiques et culturelles fortes au Cameroun », in Actes du colloque international LOTH, Développement territorial, patrimoine et tourisme en zones fragiles menacées : entre dynamiques économiques, démocratie participative et communication, Djerba-Tunisie, Novembre, pp.585-595.

Calenge B. (2009). « Bibliothèque et politiques documentaires à l'heure d'internet », in Bulletin des Bibliothèques de France, [en ligne], n° 3, 2009, [consulté le 24 mars 2015]. Disponible sur le web : www.bbf.enssib.fr

Chougnet P. (2012). « Histoire des collections, mémoire des institutions : un état des lieux dans les bibliothèques de recherche en sciences humaines et sociales », mémoire de fin d'étude, ENSSIB, p. 14.

COMEAU Y. (1994). « L'analyse des données qualitatives », Cahier du CRISES - Collection Etudes théoriques, Département de counseling et orientation Université Laval, 1994, p. 12.

Dendani M., Reysset P. (2001). « Les usage sociaux de la bibliothèque universitaire. Le cas des lettres et sciences humaines à l'Université de Provence », Paris, BBF, t. 46, n° 1, Varia, 2001, p. 14

Dubois A.-C. (2004). LMD et Formation à la recherche documentaire en Bibliothèque Universitaire : ruptures ou continuités, Mémoire d'études présenté en vue de l'obtention du Diplôme de Conservateur de Bibliothèque, Sous la direction de Mathieu Stoll, janvier.

Goldstein R. (2003). Université et Société. Pour en finir avec un long malaise, Paris, L'Harmattan, 4ème de couverture. 282 pages.

Koudjam Y. S. (2014). « L'influence de l'environnement institutionnel sur le développement des bibliothèques d'État au Cameroun », consulté en ligne le 1er décembre, p. 2.

Ministère de l'Enseignement Supérieur (2006)., La réforme universitaire au Cameroun et ses textes complémentaires, Yaoundé, CEPER, 2ème édition, pp. 161-195.

Loi n° 2023/007/ du 25 juillet 2023 portant orientation de l'enseignement supérieur au Cameroun

Moukoko K. C. (2012). « Modélisation des banques de données et des bases de données pour la constitution d'une mémoire documentaire au Cameroun », in Atenga T. et Madiba G. (Dir.), (2012). La communication au Cameroun : les objets, les pratiques, Paris, Ed. Des archives contemporaines, pp.107-116.

Mustar P. (2003). « Création d'entreprises à partir de la recherche », in Encyclopédie de l'innovation, Paris, Économisa, p.535

Olembe E. (2006). « L'utilité sociale de la recherche en Afrique : Problématique de la reproduction des savoirs et son adéquation aux besoins de la société », Cinquième session de la commission mondiale sur l'éthique des connaissances scientifiques et des technologies, Thème : « La responsabilité sociale des chercheurs en Afrique », Dakar, Sénégal du 06 au 09 décembre 2006.

Olembe E. (2010). « Production des savoirs dans le discours universitaire en situation d'évaluation endogène. Philosophie, sciences économiques et de gestion au Cameroun », Thèse de doctorat pour obtenir les titres de Docteur de l'Université Lumière Lyon 2 et de Doctor of Philosopy (Ph. D.) de l'Université de Yaoundé 2 en Science de l'Information et de la Communication présentée et soutenue publiquement Université Lumière Lyon 2, p. 53

Ollendorff C. (1999). in « Construction d'un diagnostic complexe d'une Bibliothèque Académique », Thèse présentée pour obtenir le grade de Docteur de l'Ecole Nationale Supérieur d'Arts et Métiers, Paris.

Oyono D. (2012). Recteur de l'université de douala, Mots du Recteur aux étudiants, rentrée académique 2012-2013. Source :http://www.systhag-online.cm:8080/SYSTHAG-ONLINE/faces/index.xhtml(Consulté le 6 janvier 2014)

Rapport d'activités de la Bibliothèque Universitaire, Octobre 2021 à juin 2022

IXe Session du Conseil des Publications, de la Documentation et de la Bibliothèque de l'Université de Douala, Séance du Séance du 19 février 2024

VIIIe Session du Conseil des Publications, de la Documentation et de la Bibliothèque de l'Université de Douala, Séance du 12 Novembre 2021.

L'IA dans la production et la consommation des savoirs scientifiques dans les Universités d'État du Cameroun

Jacques TEMADJO
Université de Douala
temadjo2001@gmail.com

Résumé

L'intelligence artificielle (IA) est entrée comme par effraction et de manière foudroyante dans la production/consommation des savoirs au sein des Universités d'État du Cameroun. Les pratiques de production des savoirs, d'enseignement, d'apprentissage et d'évaluation éprouvent désormais les affres de la « performation des usages » charriées par l'IA. La génération des textes et des contenus à partir de l'IA, le plagiat, la copie des textes, des images, le vol des idées, etc., sans autorisation préalable de l'auteur ou de l'éditeur et sans respect des exigences du *copyright* se font de plus en remarquer dans les travaux scientifiques (production des ouvrages, des articles, des thèses, des mémoires, des enseignements) au sein des Universités d'État du Cameroun. L'intrusion de l'IA et son usage détourné qui tendent à décrédibiliser et à désacraliser la qualité scientifique des savoirs produits dans le « temple du savoir » se présentent au-delà d'un désastre comme un défi pour la révision des pratiques de production des savoirs, des enseignements, d'apprentissage et d'évaluation au sein de la *Alma mater*. Comment l'entrée de l'Intelligence artificielle au sein des Universités d'État du Cameroun peut-elle rendre ses productions scientifiques impropres à la consommation et participer à discréditer « l'image perçue » de cette organisation ? L'IA démocratise et tend à sacraliser la tricherie au sein des Universités d'État du pays alors que les dispositifs technostructurels existants dans ces organisations sont encore inaptes à répondre et à contrecarrer de façon efficace ces effets inattendus qui vont plomber la qualité de la production scientifique dans cet univers.

Mots clés : enseignement/apprentissage, Intelligence artificielle, pratiques, savoir scientifique, Université d'État

Abstract

Artificial Intelligence (AI) has burst into the production and consumption of knowledge within the state Universities of Cameroon in an overwhelming and forceful manner. Practices related to knowledge production, teaching, learning, and evaluation are now experiencing the trials of the "performativity of uses" brought about by AI. The generation of texts and content by AI, plagiarism, copying of texts and images, theft of ideas, etc., without the prior consent of the author or publisher and without respect for copyright requirements, are increasingly noticeable in scientific work (production of books, articles, theses, dissertations, teachings) within the State Universities of Cameroon. The intrusion of AI and its distorted use, which tend to undermine the scientific quality of knowledge produced in the "temple of knowledge", present themselves not only as disaster but also as challenge for revising practices in knowledge production, teaching, learning, and evaluation within the Alma mater. How can the introduction of Artificial Intelligence in to State Universities of Cameroon render their scientific output unfit for consumption and contribute to discrediting the "perceived image" of this organization? AI democratizes and tends to sanctify cheating within the State Universities of the country, while the existing technostructural mechanisms in these organizations are still inadequate to effectively respond to and counteract these unexpected effects that threaten to undermine the quality of scientific production in this environment.

Keywords: teaching/learning, Artificial Intelligence, practices, scientific knowledge, State University

Introduction

L'université en tant qu'organisation, concept à la fois empirique et théorique (Temadjo, 2020), fait partie du système d'enseignement supérieur. Pour UNESCO (1998, p. 21), l'enseignement supérieur comprend « tout type d'études, de formation ou de formation à la recherche assurées au niveau postsecondaire par un établissement universitaire ou d'autres établissements d'enseignement agréés comme établissements d'enseignement supérieur par les autorités compétentes de l'État ». Au Cameroun et au plan juridique, selon la Loi n° 2023/007 du 25 juillet 2023 portant orientation de l'enseignement supérieur en son article 2, alinéa 1 « l'enseignement supérieur est constitué de l'ensemble des enseignements et des formations post secondaires assurés par les institutions publiques et par les institutions privées agréées par l'État comme établissements d'enseignement supérieur ». Lieu de prédilection de l'enseignement, de la formation et de l'éducation, les universités faisant partie de l'enseignement supérieur, elles se retrouvent paradoxalement détournées de leurs missions premières, car foudroyées par les affres de l'usage malencontreuses de l'Intelligence artificielle.

La rédaction des ouvrages, des chapitres d'ouvrages, des articles dits « scientifiques », des thèses et des mémoires des étudiants inscrits en cycle de recherche, et des enseignements d'une catégorie d'« enseignants-chercheurs », mettent de plus en plus sur le feu de l'actualité les dérives du copier/coller et des contenus générés que charrie avec eux l'Intelligence artificielle et le plagiat. La récurrence de la détection des extraits de textes ou de textes entiers générés par l'IA pendant les évaluations des divers types de travaux « scientifiques » cités ci-dessus, par les logiciels antiplagiat aidés par la vigilance de certains enseignants-chercheurs restés critiques, défenseurs des valeurs éthiques, morales et épistémologiques de l'université, montre que le mal est déjà assez profond et continue de prendre des proportions inquiétantes. La question que l'on se poser est celle de savoir : comment l'entrée de l'Intelligence artificielle au sein des Universités d'État du Cameroun peut-elle rendre ses productions scientifiques impropres à la consommation et participer à discréditer « l'image perçue » (Libaert et Westphalen, 2012) de cette organisation ? L'IA démocratise et tend à sacraliser la tricherie au sein des Universités d'État du pays alors que les dispositifs technostructurels existants dans ces organisations sont encore inaptes à répondre et à contrecarrer de façon efficace ces effets inattendus qui vont plomber la qualité de la production scientifique dans cet univers. Les pratiques perverses à partir de l'IA vont contribuer à édulcorer et tenir l'image institutionnelle des Universités d'État déjà gangrénées par plusieurs autres maux. Le soubassement théorique de la présente recherche s'adosse sur la théorie de la pratique de Pierre Bourdieu (2000) et sur la sociologie des usages des (TIC) Technologies de l'Information et de la Communication) pour éprouver les faits étudiés. La démarche étant qualitative, l'observation directe, la recherche documentaire, l'analyse documentaire et les entretiens semi-directifs avec les acteurs de la communauté universitaire (enseignants, étudiants, personnels administratifs) font office d'instruments de collecte de données mobilisés dans le cadre de cette réflexion.

À cette allure et au regard des résultats des données collectées sur le terrain au sein des universités d'État du Cameroun, si rien n'est fait par l'autorité publique avec l'accompagnement de l'ensemble des acteurs de la communauté universitaire[1] pour stopper cette gangrène que l'usage détourné de l'IA tend à disséminer dans la dilution de la qualité des productions scientifiques au point de rendre certaines impropres et indigestes à la consommation (Kammogne, 1993), il ne serait pas un pis-aller de se poser avec Fabre (2011) la question : « L'université a-t-elle perdu son âme ? ». Les données collectées et plusieurs articles de la Loi n° 2023/007 du 25 juillet 2023 portant orientation de l'enseignement supérieur font ici l'objet d'une analyse sémio-pragmatique. La présente étude s'articule autour de trois parties : l'université, un dispositif de production-transmission et de communication des savoirs scientifiques face à l'IA (1) ; le système d'enseignement supérieur et ce qu'il attend de l'IA (2) ; les pratiques de production des savoirs des enseignants-chercheurs gangrénées par l'IA au sein des Universités d'État (3).

1. L'université, un dispositif de production-transmission-consommation et de communication des savoirs scientifiques face à l'IA

Crée en 1962 par le décret n° 62-DF-289 du 26 juillet 1962 sous l'appellation « Université fédérale du Cameroun » (MINESUP, 2006, pp. 11), l'université étant le palier le plus élevé du système éducatif dans un pays, elle est appelée à répondre favorablement aux problèmes de divers ordres que rencontrent les populations. La qualité des savoirs produits et surtout, en tant que de besoin, leur opérationnalité apporte une crédibilité aux institutions de formations et aux diplômés qui y sont issus. Plusieurs auteurs locaux (Tedga, 1988, Affa'a et Des Lierres, 2002 ; Feudjio, 2009 ; Olembe, 2010 ; Kemayou, 2012 ; Mvogo, 2014, etc.) s'accordent à affirmer que l'université joue un rôle déterminant dans la vitalité et le développement de tout pays moderne (Temadjo, 2020). Cette première partie s'articule autour des aspects méthodologique, épistémologique et théorique de cette étude ; montre comment l'université, le temple du savoir, est en proie aux vacillements indus par l'intelligence artificielle et fait la lumière sur ce que le système d'enseignement supérieur attend de l'IA.

[1] Enseignants ; étudiants ; personnels administratifs et d'appui.

1.1. Aspects méthodologique, épistémologique et théorique de la réflexion

La présente réflexion se focalise uniquement sur les aspects méthodologique, épistémologique et théorique de l'intrusion malveillante de l'IA et notamment de la « performation » de ses usages (Flichy, 2003 ; De Certeau, 1990 ; Proulx, 2005) dans les pratiques de production-transmission-consommation et de communication des savoirs scientifiques et d'enseignement/apprentissage au sein des Universités d'État du Cameroun.

Au plan méthodologique, les données obtenues à partir de l'observation directe des pratiques de production des savoirs au sein des universités d'État du Cameroun révèlent que certains enseignants-chercheurs copient les textes entiers ou des leçons entières sur internet ou dans les ouvrages et viennent les professer sans aucune synthèse, aucun esprit critique ou un quelconque amendement aux apprenants/étudiants en guise cours. Il arrive parfois que, lorsque ces enseignants font face aux étudiants un peu éveillés et curieux par leur amour de la lecture, qu'après avoir prononcé les premiers mots d'une phrase ou d'un paragraphe du cours, que les apprenants complètent la suite des mots ou des phrases. D'où de telles réactions énonciatives provenant des étudiants interrogés : « l'enseignant a copié son cours dans l'ouvrage » X ou Y. « l'enseignant a copié ce cours sur le site internet » Z. « il copie tous ses cours sur internet. C'est la raison pour laquelle je ne perds pas mon temps pour recopier ses cours qu'il dicte en salle de classe ». Au cours de l'année académique 2019-2020, un Chef de Département de la Faculté des Lettres et Sciences humaines (FLSH) de l'Université de Douala faisait justement le reproche à un enseignant, alors maître de conférences (MC), d'avoir copié tout le cours qu'il a dispensé aux étudiants sur internet. La récurrence de telles pratiques au sein des Universités d'État ne peut que porter atteinte à la qualité des savoirs consommés par les apprenants et du produit fini (diplômés) que l'enseignement supérieur met sur le marché de l'emploi.

Les travaux des étudiants des cycles Licence, Master et Doctorat/Ph. D. (travail personnel de l'étudiant [TPE], rapport de stage, projet de mémoire, mémoire, thèse, etc.) éprouvent également les effets indus de l'intelligence artificielle. Au nom de la paresse, du raccourci et de la tricherie, nombre d'étudiants n'hésitent plus à générer des contenus à partir de l'IA, à plagier les textes et documents disponibles sur internet pour en faire leur propriété afin de se réclamer illégitimement leur paternité[2]. Pour ne pas les citer, plusieurs étudiants de nationalités étrangères des pays voisins du Cameroun excellent malheureusement dans de telles pratiques. Un enseignant de la Faculté des lettres et sciences humaines de l'Université de Douala partage son expérience en ces termes :

> *[...] J'ai été très surpris et ceci désagréablement par le comportement de l'une de mes étudiantes du cycle Master que j'encadrais. Partie dans son pays d'origine, dit-elle pour la collecte des données de terrain, et ce, sans aucun instrument de collecte de données préalablement élaboré, elle est revenue deux mois après. Une fois revenue, je lui ai posé la question de savoir si le séjour s'était bien passé et le travail de terrain bien effectué. Elle a acquiescé. Je lui ai demandé de m'apporter les données de terrain collectées. Une fois sortie de mon bureau, je ne l'ai revue qu'un mois après et vous savez quoi ? Avec un mémoire entièrement rédigé. Je lui ai posé la question de savoir si c'est effectivement son travail. Elle a répondu par l'affirmative.*

Relance : qu'avez-vous constaté en parcourant ce mémoire ?

> *À la lecture de ce travail bien écrit dans un style agréable à lire, ayant peu de fautes, je me suis rendu compte qu'il y manquait l'ancrage disciplinaire, celui des Sciences de l'Information et de la Communication (SIC). Après des enquêtes menées, il s'agissait bien d'un mémoire déjà soutenu au département de géographie de la Faculté des Lettres de l'Université de Douala par l'un de ses compatriotes. S'en est suivi un interrogatoire qui l'a fait craquer et passer aux aveux. J'ai adressé un rapport au département et, en guise de punition l'administration et moi avons convenu de lui imposer un nouveau thème de recherche avec une problématique différente. Le but étant de l'amener à recommencer à zéro, surtout que le temps imparti pour le dépôt des mémoires devenait court.*

Telle est une réalité parmi tant d'autres au sein des départements des Facultés des Universités d'État du Cameroun. Le plagiat est pourtant considéré comme le vol des idées et sanctionné au même titre avec la dernière énergie par les enseignants défenseurs de l'éthique et de la morale au sein des universités. Après la dernière soutenance des projets de mémoires qui a eu lieu

[2] Quelques étudiants malins et véreux du cycle de recherche (Master et Doctorat) copient entièrement des mémoires ou thèses de Doctorat, changent tout simplement le nom du détenteur pour s'arroger leur paternité, recadrent parfois si besoin le thème pour l'adapter à sa spécialité, modifient le nom l'institution d'appartenance et tentent d'échapper à la vigilance des encadreurs, des correcteurs et des membres du jury.

dans un Département de la Faculté des Lettres et Sciences de l'Université de Douala au mois de juillet 2025, parlant des dégâts causés par l'Intelligence artificielle, une enseignante (maître de conférences) qui présidait un jury affirme avoir « donné une sanction exemplaire à un étudiant qui a utilisé l'intelligence artificielle pour générer son projet mémoire. Nous lui avons donné la note de 03/20 ». Pour faire écho, de telles sanctions doivent s'appliquer impitoyablement à tous les candidats qui s'adonnent à ces pratiques. Paradoxalement, plusieurs jurys se confrontent malheureusement à ces tricheries sans que la sanction soit proportionnelle à la hauteur du délit. Pour éviter d'attribuer des fortunes diverses aux étudiants qui génèrent les contenus à partir de l'IA, font du copier/coller ou plagient, une unité de mesure des sanctions mérite d'être élaborée et promue par l'enseignement supérieur afin que ce soit connu de tous pour limiter de telles dérives à défaut de les éradiquer.

La recherche documentaire, quant à elle, a permis de lire des publications sur l'Intelligence artificielle, ses apports positifs et ses effets négatifs sur les universités, dans l'enseignement supérieur. La Loi n° 2023/007 du 25 juillet 2023 portant orientation de l'enseignement supérieur au Cameroun a été scrutée afin de relever les attendus de celle-ci de la production/consommation/valorisation du savoir au sein des universités du Cameroun. Les données collectées et plusieurs articles de la Loi n° 2023/007 du 25 juillet 2023 citée ci-dessus font l'objet d'une analyse sémio-pragmatique effectuée dans la deuxième et la troisième parties de cette étude. La recherche documentaire a aussi donné la possibilité d'élaborer un corpus à partir des statiques des rapports des tests générés par AI/GPT sur les productions scientifiques (ouvrage, chapitres d'ouvrage, articles) des enseignants-chercheurs de sept (7) Universités D'État du Cameroun. Lesdits tests feront l'objet de l'analyse critique et de la discussion de la troisième partie de cette réflexion.

Les entretiens semi-directifs avec les acteurs de la communauté universitaire (enseignants, étudiants, personnels administratifs) qui font office du troisième instrument de collecte de données mobilisés dans le cadre de cette réflexion ont permis d'échanger avec 21 acteurs du milieu académique. Il ressort de ces entretiens que le mal devient de plus en plus profond et à limite inquiétant et que, si rien n'est fait, la production scientifique au sein des Universités d'État du Cameroun court un risque de dégradation sans pareil au mieux, vers la catastrophe.

Le soubassement théorique de la présente recherche s'adosse sur la sociologie des usages de De Certeau M. (1991) et Proulx S. (2005) et de l'appropriation des technologies suivie de la théorie de la pratique de Pierre

Bourdieu (2000). Sont intéressées, dans le cadre de cette étude, les pratiques de production du savoir, de production des enseignements, de valorisation de savoir et de consommation de ces savoirs. Les établissements de l'enseignement supérieur, hormis les Universités d'État (Universités privées, Instituts privés d'enseignement supérieur [IPES], les institutions internationales d'enseignement supérieur présentes sur le territoire camerounais et les institutions étrangères délocalisées au Cameroun) pouvant faire l'objet de prochaines études. C'est le lieu de se demander en quoi l'appropriation et l'usage de l'IA peuvent constituer une gangrène indigeste à la consommation des savoirs produits par les Universités d'État.

1.2. L'université, le temple du savoir en proie aux vacillements indus par l'Intelligence artificielle (IA)

Pour faire écho à la Conférence mondiale sur l'enseignement supérieur du 21e siècle tenu du 5 au 9 octobre 1998, au Cameroun en particulier, l'enseignement supérieur et la formation occupent une place déterminante au cœur des politiques publiques du pays. La Loi n° 2023/007 du 25 juillet 2023 portant orientation de l'enseignement supérieur au Cameroun stipule en son article 3, alinéa 1 que : « l'État accorde à l'enseignement supérieur un caractère de priorité nationale » et en son alinéa 2 que : « il organise et contrôle l'enseignement supérieur ». Selon l'article 1er alinéas 1 et 2 du décret n° 2012/433 du 1er octobre 2012 portant organisation du ministère de l'Enseignement supérieur, ce ministre est le garant de la politique publique de l'enseignement supérieur au Cameroun. Il est responsable de l'élaboration et de la mise en œuvre de la politique du Gouvernement en matière d'enseignement supérieur et, partant, de la communication publique sur ladite politique (Temadjo, 2020 : p. 105-106). L'Article 1 du Décret n° 93/027 du 19 janvier 1993 portant dispositions communes aux universités considère que : « les universités sont des établissements publics à caractère scientifique ou culturel dotés de la personnalité morale et de l'autonomie financière, administrative et académique ». Elles sont placées sous la tutelle du ministre chargé de l'Enseignement supérieur. Chaque université comprend des établissements post-secondaires de formation universitaire et de recherche dont la dénomination, les conditions d'accès et de fonctionnement sont fixées par des textes particuliers. Cette définition montre que les universités sont des établissements à caractère spécifique et, par leur rôle social, elles polarisent l'attention de toute la société et suscitent pour des raisons diverses des productions discursives parfois contradictoires les concernant (Goldstein, 2003, p. 57).

De tradition séculaire, l'éducation et la formation constituent des priorités nationales vectrices de construction des valeurs sociales et des référents collectifs véhiculés au sein de la société pour le maintien de l'ordre, de la paix et de la stabilité sociale. La crédibilité d'un pays se mesure aussi à l'aune de son système éducatif. L'enseignement supérieur et plus précisément les universités sont le plus souvent les points focaux et vitrines de cette appréciation (Goldstein, 2003, pp. 9, 57 ; Idiata, 2006, p. 84 ; Kemayou, 2012, p. 101, 102). Au nom de la coopération, de la concurrence et de la compétition internationales (Déclaration de Sorbonne [25 mai 1998] ; Processus de Bologne [19 juin 1999] ; Charlier et Croché, 2012, p. 88) aidant, les pays africains francophones, malgré leurs modestes moyens, se sont sentis dans l'obligation de se jeter dans la mouvance du système LMD (Temadjo, 2020).

L'université considérée comme organisation (Musselin, 2008, p. 17-18) est une institution socialement, géographiquement et économiquement située, qui a un rôle, des fonctions et des missions propres, assignées à l'espace dans lequel elle est implantée. Le respect des valeurs philosophiques, épistémologiques, éthiques et morales est les premières caractéristiques des productions de cette organisation. Le plagiat et la tricherie sont considérés et sanctionnés au même titre que le vol, ici, le vol des idées. Pris sous cet angle, pour Olembé (2010, p. 17), le caractère universel de l'université prend en compte une pluralité de dimensions : politique (pouvoir), économique (marché), symbolique (discours et représentations) et subjective que revêt l'institution universitaire. Seulement, cette organisation multidimensionnelle et complexe qui participe à la transformation de la société subit également l'influence des « jeux » parfois contradictoires de plusieurs acteurs (Temadjo, 2020 : p. 263-264). C'est dans ce sillage que générer des contenus à partir de l'IA, copier/coller sans mention de la source ou sans mention de « généré à partir de l'IA » est assimilé à la tricherie, ce qui discrédite et entache l'image de cette organisation qui, par son essence, exige le respect des valeurs morales et éthiques. Parlant de l'usage des TIC, et par ricochet de l'IA, par certains acteurs, Proulx S. (2005) constatait déjà qu' :

> avec ses descriptions fines des « arts de faire » et des « manières de faire » des usagers, Michel de Certeau cherche à mettre en évidence les opérations des « pratiquants » par lesquelles ils marquent socialement par leurs

> pratiques un écart dans un donné fourni par les technocraties et les industries culturelles. Les gens ordinaires sont capables de créativité, affirme-t-il : ils sont à même de s'inventer une manière propre de cheminer dans les univers construits des industries culturelles (par des ruses, bricolages, braconnages ou contournements).

Les universitaires et les étudiants en cycle de recherche, les enseignants-chercheurs sont justement appelés dans l'exercice de leurs activités à marquer « socialement par leurs pratiques » leur environnement et la postérité par leurs productions scientifiques. Ils/elles se doivent de faire preuve de « créativité », d'« inventivité » et d'« originalité » dans le produit de leur recherche. Ce qui est justement décrié dans la présente étude c'est cette « ruse » dans la production « scientifique de nom » que certains auteurs veulent faire admettre comme scientifique ; ce « bricolage » dans la construction des idées, des connaissances et des savoirs ; ce « braconnage » considéré comme vol des idées et ce « détournement » de l'usage mélioratif de l'IA pourtant prisée pour faciliter la collecte de certaines données. Par ces pratiques néfastes pour l'avenir de la science dans lesquelles excellent certains étudiants et « enseignants-chercheurs » dans leur usage de l'IA pour produire des connaissances et des savoirs édulcorés, l'Enseignement supérieur en Afrique noire francophone, qui souffre déjà de plusieurs autres maux fonce-t-il droit selon les mots de Tedga Paul J-M. (1988) vers, « la catastrophe » ? Est-il possible, parlant du lien entre l'université et la société d'envisager avec Goldstein R. (2003) d'en finir avec un long malaise ? Au cœur de ses multiples tribulations, comment contrôler la qualité de la production des connaissances et des savoirs dans l'enseignement supérieur ? (Charlier J.-É., Croché S. et Leclercq B. 2012) en général et dans celui du Cameroun en particulier ? Telles sont quelques questions qui guideront la suite de cette réflexion.

1.3. Qu'est-ce que l'Intelligence artificielle (IA) ?

L'entrée de l'Intelligence artificielle (IA) et l'Intelligence artificielle générative (IAG) dans les usages et la pratique du numérique bouleverse presque tous les secteurs d'activités de la vie en société, impose de dynamiques nouvelles et commande d'adopter de nouvelles manières de voir, de faire, de réfléchir, d'enseigner, d'apprendre, de produire et de consommer la connaissance scientifique et/ou au mieux de vivre. Selon l'Union européenne (UE) (2020), « l'intelligence artificielle (IA) est en passe de devenir la « technologie de l'avenir » car « les futures applications de l'IA devraient mener à d'énormes changements — mais elle joue déjà un rôle dans notre quotidien ». La pénétration de l'IA dans le quotidien des populations entraîne avec elle des effets vicieux et inattendus que chaque Gouvernent est appelé à encadrer très rapidement pour éviter des dérives insurmontables. Les attentes et les craintes de l'enseignement supérieur du Cameroun face à l'intrusion de l'IA mettent en tension l'apport de cette technologie dans l'amélioration qualitative et quantitative de la créativité dans les productions scientifiques d'une part et d'autre part la dilution et l'édulcoration de la qualité de la connaissance scientifique qui a pour effet d'entraînement l'absence d'une éducation à l'appropriation et à l'usage de l'IA suivie de l'incapacité des dispositifs technostructurels capables de traquer tout savoir indigeste et malveillant généré à partir de celle-ci. En cas de manquement constater, sous l'impulsion des pouvoirs publics, la sanction des auteurs (enseignants, étudiants) indélicats, et ce, dans le but de garantir l'éthique dans la production/consommation de la connaissance scientifique doit pendre comme l'épée de Damoclès sur tout produit scientifique. Les questions suivantes orientent le cadrage de cette étude : quelle conceptualisation le lecteur doit-il retenir de l'Intelligence artificielle dans cette réflexion ? Quelle adéquation faut-il retenir entre les promesses et les craintes suscitées par les pratiques de production à partir de l'Intelligence artificielle au sein des campus pour un développement harmonieux de l'enseignement supérieur au Cameroun ? Telles sont quelques questions qui permettront de meubler cette sous-partie.

Une conceptualisation exhaustive de ce qu'est l'IA va au-delà des attendus de la présente étude. Point n'est besoin ici de ressasser toute la littérature sur l'IA mais simplement de la présenter en filigrane afin de situer sommairement le lecteur sur ce qu'elle est pour lui permettre d'explorer les aspects épistémologiques et philosophiques du choix de cet objet de réflexion. L'intelligence artificielle (IA), qui n'est pas une nouveauté car « elle fait appel à des concepts découverts au 18e siècle et la recherche en elle-même a débuté dans les années 50 » (Union européenne, 2020 ; Pallanca O., Read J., 2021), est un « terme valise », un concept « polysémique et protéiforme » (Koleva A., 2025) et à la limite polyphonique. Ce concept est toujours en débat. Ses frontières sémantiques et sa foultitude de significations empêchent de le saisir d'un seul trait et d'un seul point de vue. L'hétérogénéité des origines de ce concept donne un aperçu de la complexité et de la difficulté à dessiner ses contours (Pallanca, Read, 2021). Une multitude de définitions, avec pour chacune d'elles des limites, qui se rivalisent les unes aux autres, est convoquée pour définir ce qu'est l'IA. Pour l'Union européenne (2020) :

> l'IA désigne la possibilité pour une machine de reproduire des comportements liés aux humains, tels que le raisonnement, la planification et la créativité.
>
> L'IA permet à des systèmes techniques de percevoir leur environnement, gérer ces perceptions, résoudre des problèmes et entreprendre des actions pour atteindre un but précis. L'ordinateur reçoit des données (déjà préparées ou collectées via ses capteurs — une caméra, par exemple) les analyse et réagit.
>
> Les systèmes dotés d'IA sont capables d'adapter leurs comportements (plus ou moins) en analysant les effets produits par leurs actions précédentes, travaillant de manière autonome.

Cette définition vaste à la limite générale peut s'appliquer à toutes activités sociales mais reste néanmoins poreuse et ne permet pas au lecteur profane de saisir dans sa quintessence de ce qu'est l'IA aux plans ontologique, épistémologique et éthique. Pour Pallanca et Read (2021), l'IA « recouvre les sciences et technologies qui permettent d'imiter, d'étendre, et/ou d'augmenter l'intelligence humaine avec des machines ». Cette technologie fait interagir plusieurs fonctionnalités allant du couplage du texte à l'image et au son avec l'imbrication des effets spéciaux qui culminent et excellent avec les prouesses de la création assistée par ordinateur (CAO). En attendant de découvrir d'autres facettes encore inexplorées ou méconnues de cette technologie, Flaction E. & Biljana P. (2024) donnent de manière schématique et synthétique un aperçu de ce que peut être l'IA dans sa globalité.

Figure n° 1 : La pluralité et la complexité des tâches de l'IA

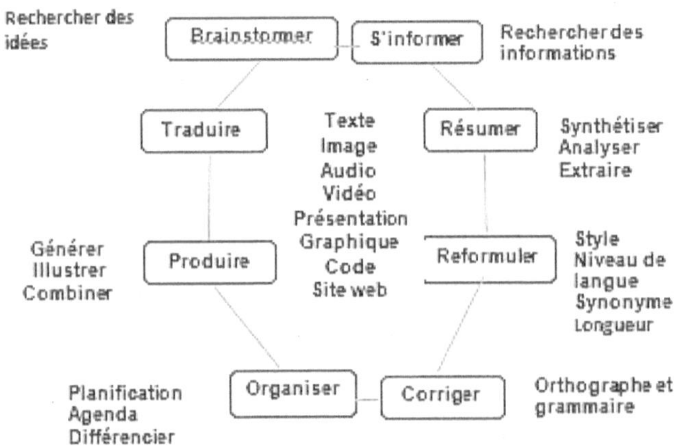

Source : Flaction E. & Biljana P. (2024)

Ce schéma montre la multifonctionnalité de l'IA et de son étendue. Sa vastitude laisse constater qu'il serait imprudent d'embrasser cette technologie sans précaution. L'imbrication de disciplines (philosophie, Économie, psychologie, Cybernétique, Linguistique, Neurosciences) au cœur desquelles se trouvent l'Informatique et les mathématiques et de systèmes de pensées[3] fait interférer à ce sujet quelques principaux champs d'études (Pallanca, Read, 2021), comme le montre la figure ci-dessous.

Figure n° 2 : Les principaux champs d'études de l'intelligence artificielle

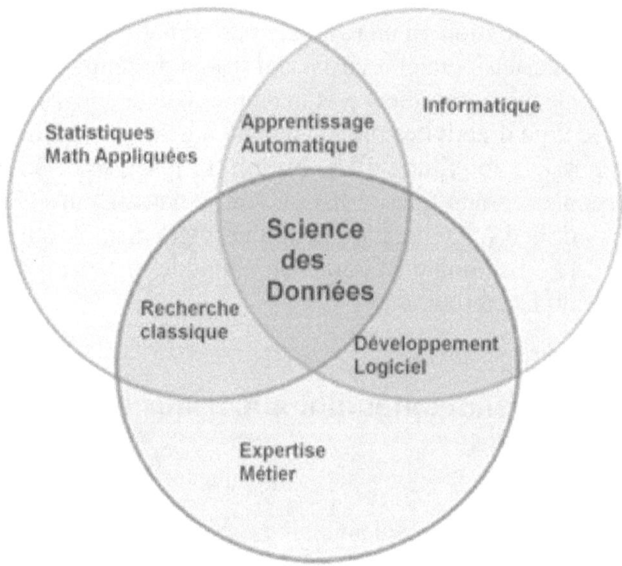

Source : Pallanca, O. Read J. (2021). Principes généraux et définitions en intelligence artificielle. In Archives de Maladies du Cœur et des Vaisseaux — Pratiques, (294), p. 3-10

L'Union européenne (2020) donne une liste non exhaustive des domaines d'utilisation de l'IA qui tendent à être ignorés : achat en ligne,

[3] « Penser humainement » : « le but est de donner aux ordinateurs la capacité de penser comme un humain. On l'appelle aussi approche cognitive [...] » ; « penser rationnellement » (« logique aristotelienne et pensée formelle ») ; « agir rationnellement » (perception, représentation de la connaissance, raisonnement, planification, apprentissage ») ; « agir humainement ».

publicité, recherche en ligne, traduction automatique, maison, ville et infrastructures connectées, voitures, cybersécurité, santé, transport, fabrication alimentation et agriculture, administration publique et services, la liste est loin d'être exhaustive, auxquels il faut ajouter la production des savoirs et l'enseignement. Toutefois, pour tirer grand bénéfice de l'IA, de ces différentes fonctionnalités, l'usager doit apprendre à manipuler et à utiliser cette technologie qui cache encore dans ses méandres des trésors à découvrir si l'utilisateur peut en faire bon usage. L'IA fait usage des Algorithmes pour disposer de grandes bases de données et les usagers doivent donner des instructions à partir des « prompts » pour avoir accès à l'information ou au contenu recherché. « Un « prompt » imprécis peut être sujet à une information ou un résultat approximatif. L'IA fait la combinaison du « matériel-logiciel » en faisant usage du langage « homme-machine » ; « machine-homme » ; « machine-machine » (Koleva A., 2025). Selon le type d'activités ou de contenu à générer à partir de l'IA, il existe en ligne une foultitude d'IA. Burton S., Flaction E. & Petreska B. (2024) proposent, sans que ce listing soit exhaustif, un « Guide du voyageur des outils d'IA générative pour l'enseignement », qui contient un catalogue d'IA, disponible en ligne. Qu'attend le système d'enseignement supérieur du Cameroun de l'IA ?

2. Le système d'enseignement supérieur et ses attentes face à l'IA

Une multitude de textes[4] règlementaires sous-régionaux et nationaux encadre le développement et la promotion de l'enseignement supérieur en Afrique centrale et au Cameroun. Depuis la rentrée académique 2007-2008, les études dans l'enseignement supérieur au Cameroun sont organisées suivant le modèle paradigmatique du système LMD (Licence-Master-

[4] On peut citer, notamment, la déclaration de Libreville sur la construction de l'espace CEMAC de l'enseignement supérieur, de la recherche et de la formation professionnelle (Libreville/Gabon, 11 février 2005), la directive n° 01/06-UEAC-019-CM-14 du 11 mars 2006, portant application du système LMD (Licence, Master, Doctorat) dans les universités et établissements d'enseignement supérieur de l'espace CEMAC, la directive n° 02/06-UEAC-019-CM-14 du 11 mars 2006, portant organisation des études universitaires dans l'espace CEMAC dans le cadre du système LMD, la décision n° 06/0324/MINESUP/CAB/SG/IGA/Ce du 16 mai 2006 portant création des organes opérationnels pour la mise en place du système LMD dans l'Enseignement supérieur au Cameroun.

Doctorat) (Article 19 de la Loi n° 2023/007 du 25 juillet 2023 portant orientation de l'enseignement au Cameroun). Du fait des missions assignées à l'enseignement supérieur par les politiques publiques, les attentes sont grandioses en matière de qualité et quantité de productions scientifiques dans ses aspects ontologiques, philosophiques, épistémologiques, éthiques et morales, etc. Ces attentes sont malheureusement atténuées par les craintes de déviances exprimées depuis l'entrée fracassante de l'IA dans la production des savoirs et des connaissances au sein des universités.

2.1. Que peut apporter l'IA au système d'enseignement supérieur du pays ?

Partant de ce que « l'enseignement supérieur a pour missions l'enseignement, la recherche fondamentale et appliquée et l'appui au développement » (Article 6 alinéa [1] de la Loi portant orientation de l'enseignement supérieur), les pratiques de production du savoir scientifique et d'enseignement/apprentissage à l'université et dans l'enseignement supérieur en général doivent mettre à profit l'Intelligence artificielle dans différents domaines d'activités pour faciliter et atteindre « la recherche de l'excellence dans tous les domaines de la connaissance et de la culture ».

La grandeur et l'étendue de la base de données que propose l'IA constituent un gisement important et inestimable pour « la promotion de la science, de la culture et du progrès social » au Cameroun si on en fait bon usage. Faut-il le déplorer, les politiques publiques ne mettent pas encore l'accent sur le développement de cette technologie qui nécessite l'investissement de moyens financiers conséquents. L'IA peut bien concourir et aider à « la facilitation de l'acquisition et de l'approfondissement des connaissances et de la culture tout au long de la vie ». Le gouvernement camerounais et les chercheurs sont appelés à investir et à s'investir dans l'acquisition et le développement de l'Intelligence artificielle, qui peut contribuer à l'épanouissement multiforme des populations. Le bon usage de l'IA peut servir de levier pour « le développement des activités savantes, créatives, scientifiques, artistiques, technologiques, de recherche et d'innovation ». Il en est de même pour « le développement du capital humain » et de « l'incubation des emplois, des entreprises, des industries et des activités socio-économiques ». La bonne utilisation de l'IA est une opportunité pour l'atteinte, entre autres, des missions assignées à l'enseignement supérieur consignées par l'Article 6 alinéa (1) de la Loi portant orientation de l'enseignement supérieur au Cameroun.

Pour sous-tendre la réussite de ces différentes missions vitales pour le développement socio-éducatif, socio-économique, socio-culturel, socio-politique, sociotechnique, technologique, structurel, infrastructurel et technostructurel du pays, une volonté politique incisive est indispensable pour booster les efforts et mettre en branle les dynamiques et les énergies dans tous les secteurs de la vie active et sociale. La diversité des données fournies par l'IA, son accès instantané, la multiplicité de ses champs d'actions scientifiques constituent autant d'atouts dont les chercheurs peuvent tirer bénéfice dans leurs activités « de production, d'organisation et de diffusion des connaissances scientifiques, techniques, technologiques, culturelles, professionnelles et éthiques pour le développement de la nation et le progrès de l'humanité » (Article 7 : [1] de la Loi n° 2023/007 du 25 juillet 2023 portant orientation de l'enseignement au Cameroun). Seulement, plusieurs aspects de ces missions assignées par cette Loi n° 2023/007 du 25 juillet 2023 portant orientation de l'enseignement au Cameroun sont malheureusement mis en difficulté par les logiques de certains acteurs (enseignants-chercheurs et étudiants) producteurs des savoirs scientifiques adeptes de la facilité et de la tricherie. La création et la génération des contenus, le copier/coller et le plagiat à partir de l'IA sont en passe de s'ériger en modèle de rédaction scientifique dans la production des connaissances scientifiques d'où les craintes exprimées par les défenseurs de la qualité et de la véracité des savoirs scientifiques produits au sein des universités du Cameroun.

2.2. Les craintes exprimées depuis l'entrée de l'IA dans le système d'enseignement supérieur

Les pratiques détournées des objectifs premiers de l'IA par certains enseignants-chercheurs et étudiants inscrits en cycle de recherche au sein des Universités d'État mettent à mal plusieurs attentes des articles de la Loi n° 2023/007 du 25 juillet 2023 portant orientation de l'enseignement au Cameroun. Une analyse sémio-pragmatique et critique de certains aspects de la présente Loi montre que les missions assignées à ce niveau d'enseignement se butent aux comportements retors de ces acteurs de la communauté universitaire enclins au raccourci et à la facilité.

À ce titre, l'Article 7, alinéa (2) « [...] lui assigne également la mission de renforcement du tissu économique, notamment par la valorisation de produits de la recherche ». La question que l'on est en droit de se poser est celle de savoir comment peut se faire la « valorisation de produits de la recherche » lorsque lesdits produits sont issus de la tricherie ou du plagiat. Quelle est la valeur d'un travail de recherche qu'un auteur a fabriqué de toutes pièces sur l'IA, parfois sans aucun fondement contextuel et/ou sans respect des règles éthiques et déontologiques ? Faut-il vraiment mettre de l'énergie pour valoriser un tel produit qui peut d'ailleurs être indigeste à la consommation locale ? La « performation des usages » (Flichy, 2003) de l'IA ne peut que conduire l'enseignement supérieur et la société à la perdition. Entre autres missions relevées par l'alinéa (3) de l'article 7 cité ci-dessus, l'enseignement supérieur « [...] favorise l'innovation, la création individuelle et collective dans le domaine des arts, des lettres, des sciences et des techniques ». Peut-on parler de « l'innovation » et de « création individuelle et collective » lorsqu'on génère des contenus qui n'ont rien de scientifique parfois sans aucune maîtrise de l'art du « prompt » ? Les enseignants et les étudiants qui font mauvais usage de l'IA sont soit des profanes en la matière, soit ils/elles utilisent les versions gratuites de l'IA disponibles sur internet qui ne permettent pas d'accéder à des informations fiables et de qualité que regorgent les bases de données payantes ou encore ils/elles n'ont aucune éducation à l'usage de cette technologie. Contrairement à ce que plusieurs enseignants-chercheurs et étudiants pensent, pour faire bon usage de l'IA, il faut se donner du temps pour se former à son utilisation et investir de l'argent pour avoir accès à des versions améliorées capables de fournir des informations scientifiques de qualité et *up to date*.

2.3. L'image institutionnelle de l'enseignement supérieur écornée par l'usage disproportionné de l'IA

Les productions des savoirs scientifiques des enseignants et des étudiants valorisent l'image institutionnelle de l'organisation université et partant l'image de l'enseignement supérieur du pays. Les classements sous-régionaux, régionaux, continentaux et mondiaux des universités illustrent bien la place qu'occupent entre autres critères retenus, les productions scientifiques dans la reconnaissance et le rayonnement de ces institutions universitaires et des pays. À ce propos, le classement de Shanghai se présente comme l'un des plus prestigieux et des plus prisés au monde. Plusieurs établissements d'enseignement supérieur et de recherche des pays d'Afrique francophone ont du mal à se hisser dans ces classements continentaux et mondiaux.[5] Des seize (16) meilleures universités africaines classées au rang moyen obtenu dans les principaux classements internationaux[6], seuls deux pays africains y figurent : l'Afrique du Sud avec huit (8) universités et la Tunisie avec huit (8) universités. À la suite des missions de cet alinéa (3), qui veut que l'enseignement supérieur « contribue au sein de la communauté scientifique et culturelle nationale et internationale, au débat d'idées, au progrès de la recherche, à la promotion et au respect des identités culturelles », certaines productions « scientifiques » ou des « savoirs » générés à partir de l'IA ne peuvent que discréditer considérablement et altérer très négativement l'image des universités locales qui n'est déjà pas aussi reluisante au rang des classements africains et mondiaux. « Le progrès de la recherche », « la promotion » et le « respect des identités culturelles » au sein de la communauté scientifique nationale et internationale dont il est question dans le cadre de cette Loi ne peuvent se faire qu'en mettant en exergue les valeurs de probité morale et d'éthique dans la véracité de la qualité de la production des savoirs scientifiques dignes de ce nom. L'université étant le lieu où se fabrique et se produit le vrai, le bon et le juste, le savoir scientifique issu de l'enseignement supérieur ne doit souffrir d'aucune contestation, surtout provenant du plagiat et de l'usage malsain de l'IA. La Loi n° 2023/007 du 25 juillet 2023 portant orientation de l'enseignement supérieur au Cameroun est mise à rude épreuve par les pratiques de production, d'enseignement et de consommation du savoir généré à partir de l'IA.

3. Les pratiques de production des savoirs des enseignants-chercheurs gangrénés par l'IA

Les données de terrain présentées dans cette troisième partie consacrée à la discussion révèlent que la production du savoir scientifique (ouvrages, articles, thèses de Doctorat/Ph. D., mémoires) au sein des Universités d'État du

---

[5] On peut citer ici sans que la liste ne soit exhaustive : le classement international de Shanghai, le classement international Leiden, le classement international QS ou encore le classement EDUNIVERSAL

[6] https://winifac.unifac.net/meilleures-universités/afrique, Consulté le 23 septembre 2025.

Cameroun font face aux affres de l'IA et du plagiat. L'usage de l'IA est-il un désastre et/ou un défi pour la qualité de la production scientifique dans l'enseignement supérieur ? Il ne serait pas superflu ici de prendre le contre-pied d'Austin (1970) pour donner comme titre à cette troisième partie de la présente réflexion : la Loi n° 2023/007 du 25 juillet 2023 portant orientation de l'enseignement supérieur au Cameroun à l'épreuve de l'IA : quand dire n'est pas faire. Affirmer ici que le « dire » de la Loi d'orientation n'est pas le « faire » de certains enseignants-chercheurs et étudiants met à jour toute la difficulté de la mise en œuvre pragmatique de ladite Loi au sein des universités. Le corpus de textes analysés dans cette partie est issu des tests anti IA provenant de trois sources. La maison d'Éditions PYGMIES a mis à notre disposition douze (12) textes ayant subi le test anti IA (01 ouvrage, 02 chapitres d'ouvrage, 09 articles). Nous avons aussi eu accès aux résultats des tests anti IA de onze (11) articles, une (01) introduction générale et une (01) conclusion générale d'un ouvrage collectif du département de communication de la Faculté des Lettres et Sciences humaines de l'Université de Douala. Et enfin, les textes issus des tests anti IA de six (6) articles de l'ouvrage collectif d'un groupe d'enseignants faisant partie de la Cameroon Association of Curriculum and Assessment (CASCA) de The University of Buea. Soit au total : un (01) ouvrage ; deux (2) chapitres d'ouvrage ; 26 articles ; une (01) introduction générale et une (01) conclusion générale. Ces trente-et-un (31) textes proviennent de sept (7) Universités d'État (Université de Douala, Université de Yaoundé I, Université de Yaoundé II-Soa, Université d'Ebolowa, Université de Maroua, Université de Bamenda, Université de Buea) sur les 11 (onze) que compte le pays.

Les images n° 1, 2, 3 et 4 ci-dessous montrent quatre (4) pourcentages obtenus des douze (12) tests anti IA réalisés sur des « productions scientifiques » par PYGMIES Éditions au cours de l'année 2025. Travaillant en collaboration avec des maisons d'édition étrangères, pour assurer sa crédibilité au plan national et international, cet éditeur soumet tous les textes reçus par sa maison d'Édition à plusieurs tests, parmi lesquels le test anti IA et le test antiplagiat. Le taux acceptable de l'usage de l'IA étant de 5 %, au besoin, l'auteur est appelé à préciser dans son manuscrit qu'il a utilisé l'IA. Le taux de plagiat acceptable étant de 11 %, les 76,11 % ; 61 % ; 11, 48 % et 13,97 % sont très loin du seul du tolérable. En l'état, les deux premiers textes (76,11 % et 61 %) sont purement et simplement indigestes à la consommation dans le monde scientifique. Ce sont des textes à réécrire. Les deux autres textes (11,48 % et 13,97 %) peuvent être humanisés par les corrections de l'auteur.

Encore faut-il préciser ici que les références bibliographiques surlignées par l'IA doivent être soustraites des décomptes du pourcentage de l'IA.

Image n° 1 : Rapport du test généré par AI/GPT n° 12

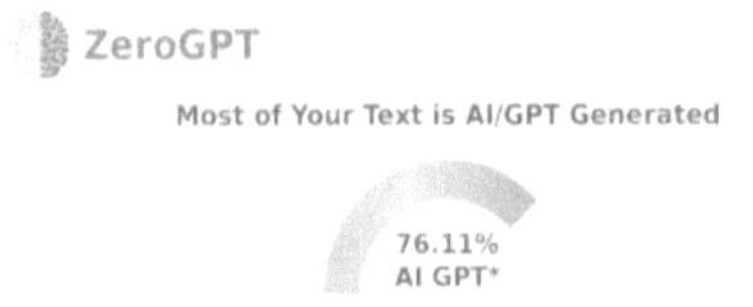

Source : PYGMIES Éditions, juillet 2025

Image n° 2 : Rapport du test généré par AI/GPT n° 9

Source : PYGMIES Éditions, juillet 2025

Image n° 3 : Rapport du test généré par AI/GPT n° 4

Source : PYGMIES Éditions, juillet 2025

Image n° 4 : Rapport du test généré par AI/GPT n° 3

Source : PYGMIES Éditions, juillet 2025

Ces rapports montrent les nouvelles exigences en matière d'édition et surtout d'édition des productions scientifiques. L'édition du livre se trouve depuis quelques années à la croisée des chemins. Malgré les prouesses connues par l'édition numérique, l'achat et la consommation du livre par les Camerounais reste encore une équation difficile à solutionner. Les problèmes connus par le marché du livre, par sa consommation, l'absence de la culture de la lecture du livre chez la majorité des habitants du pays, l'absence d'une politique publique incisive de promotion de l'industrie du livre (Temadjo, 2017 ; Temadjo, 2001), sont autant de facteurs qui freinent l'édition de cette œuvre de l'esprit au pays. Pour qu'un éditeur accepte de publier un ouvrage, il est appelé à faire une étude de marché afin de s'assurer de son acceptabilité par le consommateur et partant, de sa rentabilité. L'édition des ouvrages scientifiques est beaucoup plus problématique parce que le cœur de cible est assez restreint. Face à cette contrainte éditoriale, l'édition à compte d'auteur (avec ses effets pervers)[7] est devenue de plus en plus prisée. Pour leur changement de grade, plusieurs enseignants-chercheurs s'adonnent à l'édition à compte d'auteur. Les éditeurs en panne de sérieux qui sont plus portés par leur rentabilité laissent passer des contenus qui polluent l'environnement de la recherche scientifique. Cette déclaration d'un enseignant de l'Université de Douala est assez évocatrice à ce sujet : « as-tu lu l'ouvrage publié par le collègue X ? Rien que le titre pose un sérieux problème. Ne parlons pas du contenu. Je me demande si l'enseignant qui a préfacé cet ouvrage l'a effectivement lu ». Plusieurs ouvrages des enseignants-chercheurs publiés pour des logiques de changement de grade éprouvent le même sort et subissent des représentations similaires au sein des campus du pays.

L'inquiétude de cet enseignant soulève la problématique de la responsabilité à plusieurs niveaux : celle de l'enseignant/auteur de l'ouvrage ; de la maison d'édition et du ministère de la Culture, qui a toute une direction consacrée au livre, laquelle veille à la sauvegarde de la qualité des contenus du produit-livre qui est un bien culturel, un bien économique. Parlant des exigences éditoriales sur la qualité du manuscrit et la question de la responsabilité (morale, éthique, sociale, pénale, économique, scientifique, etc.), PYGMIES Éditions a prévu dans sa *Check List* des consignes pouvant permettre de veiller à la qualité, au bon niveau du contenu du manuscrit afin de limiter les dérives des enseignants-chercheurs pointées du doigt dans le cadre de la présente réflexion. À titre préventif pour ne pas les citer, pour PYGMIES Éditions (2025) :

> Il est à souligner qu'un contributeur peut utiliser l'intelligence artificielle (IA) pour améliorer la lisibilité et la langue, mais pas pour remplacer des tâches essentielles de recherche, telles que la collecte, l'analyse et l'interprétation des données ou la formulation des conclusions scientifiques.
>
> L'utilisation de l'IA doit être accompagnée d'une supervision humaine. Les résultats générés par l'IA doivent être soigneusement révisés et édités, car l'IA peut produire des contenus erronés ou biaisés.
>
> Tout contributeur doit soigneusement divulguer dans son manuscrit l'utilisation d'outils d'IA dans le processus d'écriture. Cela inclut une mention

7 Étant donné que l'auteur paye tous les frais inhérents au processus éditorial auxquels est ajoutée la marge de l'éditeur. Il arrive régulièrement que le produit livre mis sur marché soit sujet à caution car ne respectant pas plusieurs exigences éditoriales. Le contenu de certains ouvrages publiés à compte d'auteur sont est sujet à d'innombrables critiques.

> explicite dans le texte, ce qui permettra d'informer les lecteurs sur le rôle de l'IA dans la création du contenu.
>
> L'utilisation de l'IA ne doit pas conduire à des pratiques douteuses, comme la fabrication de données ou la désinformation. De façon générale, l'auteur garantit l'Éditeur PYGMIES contre tout trouble, revendication ou éviction quelconque qui pourraient porter atteinte à la jouissance normale de ses droits et, en cas de procédure, assumera les frais judiciaires et parajudiciaires pour son compte et le compte de l'éditeur (Check List, PYGMIES Éditions, 2025).

Par ces exigences éditoriales qui tiennent lieu de mise en garde, PYGMIES Éditions décline toute responsabilité par rapport à l'usage malveillant de l'IA par un auteur ou un groupe d'auteurs. L'auteur du manuscrit et/ou le/les coordonnateur (s) de l'ouvrage collectif est/sont seuls responsables de toute la procédure judiciaire encourue en cas de « performation d'usage » (Flichy, 2003) de l'IA ou du plagiat. Les tableaux 1, 2, 3, 4 et 5 ci-dessous récapitulent les pourcentages d'usage de l'IA issus des trois sources citées à l'entame de cette troisième partie.

Tableau n° 1 : Récapitulatif des pourcentages d'usage de l'IA supérieurs à 20 % générés par Zéro GPT sur les 12 premiers textes

N°	Pourcentages (%) IA/GPT*	Universités	Observations au niveau du pourcentage	Nombre de caractères et de mots	Conclusion du test IA
1.	53,84	Non mentionnée	Your text is most likely AI/GPT generated	97534Characters 15287 Words	Highlighted text is suspected to be most likely generated by AI*
2.	61	Non mentionnée	Your text is most likely AI/GPT generated	70250 Characters 10585 Words	Highlighted text is suspected to be most likely generated by AI*
3.	47.31	Non mentionnée	Your text is most likely AI/GPT generated	29291 Characters 4165 Words	Highlighted text is suspected to be most likely generated by AI*
4.	53.54	Douala	Your text is most likely AI/GPT generated	21965 Characters 3257 Words	Highlighted text is suspected to be most likely generated by AI*
5.	76.11	Douala	Most of your text is AI/GPT generated	57083 Characters 8010 Words	Highlighted text is suspected to be most likely generated by AI*
6.	57.03	Yaoundé I	Your text is likely generated by AI/GPT	30848 Characters 4544 Words	Highlighted text is suspected to be most likely generated by AI*

Sources : Tableau réalisé à partir des rapports de l'usage de l'IA générés par ZeroGPT obtenus de la maison PYGMIES Éditions, juillet-août 2025

Les six textes du tableau n° 1 ci-dessus ont un pourcentage d'usage de l'IA supérieur à 40 %. Tous ces textes sont à retravailler complètement.

En revanche, les six autres textes du tableau n° 2 sont en dessous de 40 %. Ils peuvent s'humaniser. Ces deux tableaux montrent qu'aucun texte n'est au niveau ou en dessous du seuil de tolérance (5 %) de l'usage de l'IA recommandé.

Tableau n° 2 : Récapitulatif des pourcentages d'usage de l'IA inférieurs à 20 % générés par Zéro GPT sur les 12 premiers textes

N°	Pourcentages (%) IA/GPT*	Universités	Observations au niveau du pourcentage	Nombre de caractères et de mots	Conclusion du test IA
1.	11,48	Non mentionnée	Your text is most likely human written	25756 Characters 3787 Words	Highlighted text is suspected to be most likely generated by AI*
2.	13.97	Yaoundé I	Your text is likely human written	39504 Characters 6121 Words	Highlighted text is suspected to be most likely generated by AI*
3.	14.83	Yaoundé I	Your text is human written	32563 Characters 4868 Words	Highlighted text is suspected to be most likely generated by AI*
4.	14.44	Yaoundé I	Your text is most likely human written	31432 Characters 4660 Words	Highlighted text is suspected to be most likely generated by AI
5.	20.6	Yaoundé I	Your text is most likely human written, may include parts generated by AI/GPT	37527 Characters 5580 Words	Highlighted text is suspected to be most likely generated by AI*
6.	30.49	Yaoundé I	Your text is most likely human written, may include parts generated by AI/GPT	19806 Characters 2808 Words	Highlighted text is suspected to be most likely generated by AI*

Sources : Tableau réalisé à partir des rapports de l'usage de l'IA générés par ZeroGPT obtenus de la maison PYGMIES Éditions, juillet-août 2025

Les deux tableaux précédents illustrent à quel point la production scientifique universitaire est fortement affectée par le phénomène lié à l'utilisation de l'IA, qui représente la face sombre de son emploi.

Dans le cadre d'un ouvrage collectif réalisé par le département de communication de la Faculté des lettres et sciences humaines de l'Université de Douala, le premier test de détection d'IA mené par PYGMIES Éditions a abouti aux résultats présentés dans les tableaux n° 3 et n° 4 ci-dessous. Ces tableaux synthétisent les différents taux d'utilisation de l'intelligence artificielle par les auteurs, les remarques associées à ces pourcentages, le nombre de caractères et de mots de chaque texte, ainsi que la conclusion du test d'IA.

Tableau n° 3 : Récapitulatif des différents rapports de l'usage de l'IA par les auteurs (moins de 10 %)

N°	Pourcentages (%) IA/GPT*	Universités	Observations au niveau du pourcentage	Nombre de caractères et de mots	Conclusion du test IA
1.	9,4	Douala	Your text is human written	40580 Characters 6044 Words	Highlighted text is suspected to be most likely generated by AI*
2.	6.5	Yaoundé II-Soa	Your text is human written	40789 Characters 5433 Words	Highlighted text is suspected to be most likely generated by AI*
3.	4.2	Douala	Your text is human written	7453 Characters 1130 words	Highlighted text is suspected to be most likely generated by AI*
4.	4.71	Douala	Your text is human written	35911 Characters 5157 Words	Highlighted text is suspected to be most likely generated by AI*

Sources : Par nos soins à partir des du rapport de l'usage de l'IA par les auteurs (PYGMIES Éditions, 2025)

Dans le tableau n° 3 ci-dessus, les pourcentages d'usage de l'IA oscillent entre 4,2 % et 9,4 %. Ces pourcentages montrent le degré d'exigence et l'effort du respect des consignes de l'appel à contribution fait par les auteurs. Les deux textes qui sont au-dessus de 5 % à savoir 9,4 % et 6,5 % peuvent facilement être ramenés en dessous du seuil de tolérance.

Le tableau n° 4, quant à lui, met en évidence tous les textes qui ont un pourcentage d'usage de l'IA supérieur à 10 %. Le plus grand pourcentage des deux tableaux n° 3 et n° 4 ci-dessous étant de 20,12 %, il faut noter que les treize auteurs n'ont pas excellé dans le mauvais usage de l'IA comme ceux des douze premiers textes. Faut-il le signaler, il était pourtant clairement mentionné dans cet appel à contribution que toute contribution sujette à l'usage inapproprié de l'IA ne pourra être publié. L'instruction a été donnée par les coordonnateurs dudit ouvrage aux auteurs de corriger les manquements signalés. Le respect des valeurs éthiques et de la probité morale dans la production scientifique doit servir de fil conducteur à toute publication scientifique dans cet espace de valorisation de la science. Ce n'est qu'au prix de telles exigences et de l'imposition des mesures strictes de la part des auteurs, des coordonnateurs d'ouvrages scientifiques, des éditeurs, de l'administration universitaire, du ministère de la Culture et surtout du ministère de l'Enseignement supérieur que la qualité de la production scientifique peut être sauvée au sein des universités.

Tableau n° 4 : Récapitulatif des différents rapports de l'usage de l'IA par les auteurs (plus de 10 %)

N°	Pourcentages (%) IA/GPT*	Universités	Observations au niveau du pourcentage	Nombre de caractères et de mots	Conclusion du test IA
1.	20,12	Yaoundé II-Sao	Your text is most likely human written, may include parts generated by AI/GPT	35013 Characters 5066 Words	Highlighted text is suspected to be most likely generated by AI*
2.	15.42	Ebolowa	Your text is most likely human written	50952 Characters 7676 Words	Highlighted text is suspected to be most likely generated by AI*
3.	25	Douala	Your text is most likely human written, may include parts generated by AI/GPT	7625 Characters 1060 Words	Highlighted text is suspected to be most likely generated by AI*
4.	11.31	Douala	Your text is human written	57293 Characters 8625 Words	Highlighted text is suspected to be most likely generated by AI*
5.	10.05	Douala	Your text is human written	50059 Characters 7363 Words	Highlighted text is suspected to be most likely generated by AI*
6.	20.09	Douala	Your text is most likely human written, may include parts generated by AI/GPT	43505 Characters 6557 Words	Highlighted text is suspected to be most likely generated by AI*
7.	11.72	Douala	Your text is human written	60927 Characters 9033 Words	Highlighted text is suspected to be most likely generated by AI
8.	14.45	Douala	Your text is most likely human written	46859 Characters 6938 Words	Highlighted text is suspected to be most likely generated by AI*
9.	11.94	Maroua	Your text is most likely human written	56197 Characters 8606 Words	Highlighted text is suspected to be most likely generated by AI*

Sources : Par nos soins à partir des du rapport de l'usage de l'IA par les auteurs (PYGMIES Éditions, 2025)

La moyenne des différents taux relevés lors du test anti-IA sur cet ouvrage collectif du département de communication a servi à établir le rapport présenté dans l'image n° 5 ci-dessous.

Image n° 5 : Rapport général des tests antiplagiat des textes proposés dans le cadre de l'ouvrage collectif du département de Communication

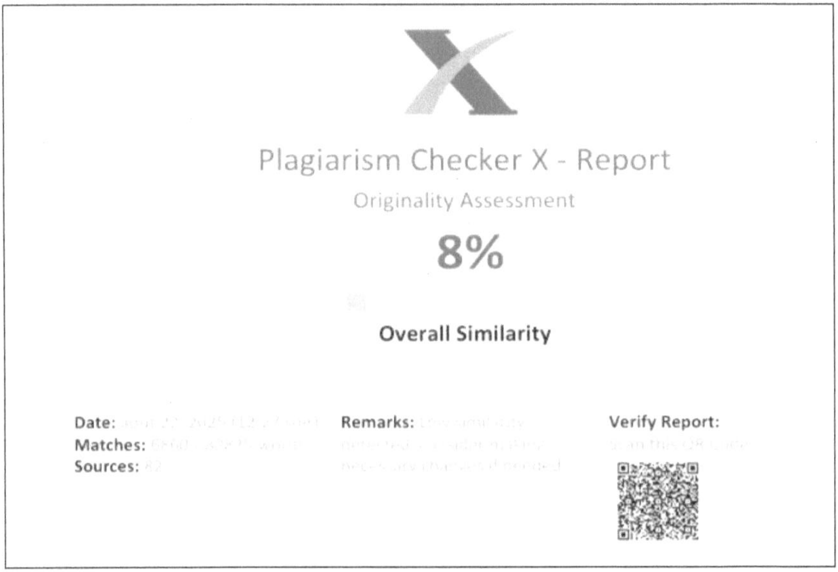

Source : PYGMIES Éditions

Le taux 8 % du rapport général des tests antiplagiat de cet ouvrage collectif le rapproche bien du seuil de tolérance qui est de 5 %. Ce qui signifie que les auteurs n'auront aucunement pas besoin de refondre tout leur texte pour les humaniser.

Tableau n° 5 : Test anti IA de l'ouvrage collectif des enseignants regroupés au sein de la Cameroon Association of curriculum end assessment (CASCA)

N°	Pourcentages (%) IA/GPT*	Universi-tés	Observations au niveau du pourcentage
1.	53,97	Bamenda	Your text is likely generated by AI/GPT
2.	71,87	Douala	Most of Your text is AI/GPT generated
3.	61.41	Douala	Your text is most likely Ai/GPT generated
4.	22.49	Buea	Your text is most likely human written, may in-clude parts generated by AI/GPT
5.	67,22	Buea	Most of Your text is AI/GPT generated
6.	35.54	Douala	Your text is most likely human written, may in-clude parts generated by AI/GPT

Source : Cameroon Association of Curriculum and Assessment (CASCA), University of Buea, Septembre 2025

Au regard de ces cinq (5) tableaux ci-dessus, s'il faut s'en tenir uniquement au pourcentage de 5 %, admis pour l'usage de l'AI dans un texte scientifique, aucun texte des tableaux n° 1 et n° 2 ne peut être publié en l'état. Seuls deux textes aux pourcentages suivants : 04,2 % et 04,71 % du tableau n° 3 peuvent être sous réserve des autres tests à venir admis pour la suite du processus éditorial. Les textes du tableau n° 5 sont à refondre entièrement. Au total, deux (2) textes sur trente-et-un (31) sont éligibles à la publication si l'on s'en tient uniquement à la prescription déontologique de l'usage de l'IA. Les résultats obtenus de ces cinq (5) tableaux synoptiques montrent le degré de malaise dans la production scientifique au sein des Universités d'État.

Quelques points problématiques relevés à l'issue de ces pourcentages d'usage de l'IA méritent d'être discutés à ce niveau. Certains enseignants auteurs des manuscrits incriminés dans le cadre de la présente réflexion dans le tableau n° 3 et n° 4, interrogés à ce sujet, contestent le pourcentage d'usage de l'IA qui leur est attribué par ce logiciel. Plusieurs disent n'avoir jamais fait usage de l'IA ou du moins copier leur texte sur internet. Les réactions suivantes provenant de quelques auteurs ont été recensées : « Je ne comprends pas comment certains extraits de mon texte sont identifiés par l'IA alors que je ne l'ai pas utilisée. Je n'ai pas copié ces extraits de texte sur internet ». Un autre s'insurge contre un extrait de texte surligné dans son article en ces termes : « comment mon extrait de texte peut-il être surligné en jaune alors que j'ai cité comme référence l'enseignant X de l'Université de Dschang ? ». L'hypothèse suivante peut servir de réponse à cette interrogation. Au cas où il s'agirait d'une citation ou d'un extrait de texte de seconde main que cet enseignant X aurait utilisé sans citer la source, l'IA pourrait bien la/le reconnaître et la/le signaler. Si effectivement ce texte est le fruit de la créativité de cet auteur X, alors il y a problème. Cet autre enseignant dit avoir appelé un secours, un témoin oculaire qui prendra sa défense au cas où l'IA identifierait de nouveau des extraits de texte dans sa contribution :

> *Après réception du texte qui m'a été retourné après le test de l'IA, lorsque j'ai pris connaissance d'extraits surlignés comme provenant de l'IA, ma tête a chauffé. Je n'ai pas fait usage de l'IA. [...] Au moment de corriger mon texte, j'ai appelé ma femme. Je lui ai demandé de venir s'asseoir à mes côtés. Je lui ai dit : « regarde, est-ce que je copie quelque part « ? Elle m'a dit : « non ». C'est pour qu'après, on ne me dise pas que j'ai utilisé l'IA (Entretien avec un auteur des articles recensés dans le tableau n° 3 et 4).*

La réaction de cet enseignant montre que des similitudes dans une formulation avec celle reconnue par l'IA peuvent prêter à confusion. Dans le rapport général des tests antiplagiat des textes proposés dans le cadre de cet ouvrage collectif du département de Communication de l'Université de Douala, plusieurs mots, extraits de texte usuels (« Nouvel Ordre mondial de l'Information et de la Communication (NOMIC) » ; « entre les individus et les groupes au sein d'une [...] » ; « communication des organisations » ; « champ de la communication des organisations », des extraits des références bibliographiques, etc., sont surlignés comme faisant partie de l'usage de l'IA. Si des mots usuels sont surlignés à l'issue du test IA, alors il se pose un problème de fiabilité du pourcentage d'usage de l'IA dans les textes. Lorsqu'un auteur, enseignant-chercheur, fait preuve de probité morale dans sa production scientifique, comment savoir que sa formulation ne sera pas similaire à celle contenue dans les bases de données de l'IA ? Autant de problématiques qui interpellent les concepteurs des algorithmes de l'IA afin que des précisions soient faites pour éviter de tels malentendus. Interrogé au sujet de ces problématiques et de ses pratiques éditoriales, des précisions sont apportées à la question de savoir quelle est la pratique éditoriale s'agissant de la prise en compte des résultats des tests (plagiat et IA) chez PYGMIES.

En guise de réponse, l'Éditeur PYGMIES affirme que :

> Ce ne sont pas les pourcentages bruts qui sont pris en compte. Une vérification est faite pour éliminer les titres, les citations convenablement référencées et les références bibliographiques. S'il s'avère après cette vérification que l'on a toujours un pourcentage significatif au-delà de 5 %, il ne fait l'ombre d'aucun doute que le contenu a été généré, plagié, ou que l'auteur a eu recours à un programme d'IA pour effectuer certaines tâches. S'il l'a mentionné, on s'assure alors que le taux demeure acceptable. S'il ne l'a pas fait, il s'agit clairement et manifestement d'une violation des règles éthiques et déontologiques qui encadrent la recherche. Il arrive d'ailleurs très souvent que l'on procède à des contre-tests.

L'explication fournie par l'Éditeur PYGMIES jette une lumière nouvelle sur les pratiques éditoriales adoptées au sein de sa maison d'édition. Cela amène à s'interroger : tous les éditeurs accordent-ils la même importance et le même temps au respect des normes éthiques et déontologiques ? Quoi qu'il en soit, la question des biais présents dans les données issues des algorithmes d'intelligence artificielle reste d'actualité, ce qui impose une vigilance accrue dans l'utilisation de cette technologie.

Les résultats présentés dans ces cinq tableaux (n° 1, 2, 3, 4 et 5) montrent que certaines attentes de la Loi n° 2023/007 du 25 juillet 2023 portant orientation de l'Enseignement supérieur sont mises en difficulté, notamment : « le renforcement du sens éthique et de la conscience nationale » (Article 6 alinéa (1). Les « pratiques douteuses, comme la fabrication de données ou la désinformation » (*Check List*, PYGMIES Éditions, 2025) sont contraires au respect des valeurs éthiques prônées par le monde universitaire dans la production scientifique et partant condamnables. S'agissant du contrôle et du suivi de la politique de l'enseignement supérieur (Section II de la Loi n° 2023/007 du 25 juillet 2023 portant orientation de l'Enseignement supérieur), l'Article 11 alinéa (1) souffre également des maux de l'usage de l'IA. Cet Article stipule que : « l'État exerce un contrôle permanent sur le respect des normes fixées dans tous les domaines de l'enseignement supérieur et sur les activités académiques, pédagogiques de l'ensemble des institutions d'enseignement supérieur ». Étant donné les pourcentages relevés par les tableaux n° 1, 2, 3, 4 et 5 qui ne représentent que la partie visible de l'iceberg[8], comment l'État exerce-t-il ledit contrôle sur ces manuscrits soumis aux éditeurs ? Vu la structure et le fonctionnement du ministère de l'Enseignement supérieur et des Universités d'État, est-ce possible pour l'État d'exercer ce contrôle sur la qualité des productions scientifiques éditées pour diverses raisons, et ce, dans divers cadres ?

Il convient de souligner que, pour garantir la qualité des thèses soutenues au sein de son université, l'ancien Recteur de l'Université de Yaoundé I, le Pr Aurélien Maurice Sosso, avait instauré l'obligation de joindre un rapport antiplagiat au dossier de candidature à la soutenance d'une Thèse de Doctorat/Ph. D. Cette mesure, à la fois dissuasive et préventive, a permis de limiter de nombreuses dérives, d'autant plus que ce contrôle doit être effectué par une structure ou un organisme dûment agréé. Toutefois, cette exigence, qui aurait pu inspirer une démarche généralisée, n'est malheureusement pas appliquée par l'ensemble des Recteurs des Universités d'État. On peut alors s'interroger sur les raisons de cette disparité. Un enseignant de l'Université de Dschang, évoquant la

[8] Car sans ce test anti IA de cette maison d'Edition citée ici à titre d'exemple, plusieurs manuscrits de cette nature ou pire encore, passeraient chez certains éditeurs et se retrouveraient sur le marché de la consommation des « produits scientifiques » avec des contenus pourtant édulcorés. Comment reconnaître ces contenus à vue d'œil lorsqu'ils sont déjà produits et disponibles sur le marché ?

qualité des thèses soutenues dans certaines universités du pays, affirme d'ailleurs que « nombre de ces thèses ne sauraient jamais être exposées sur les rayonnages d'une bibliothèque du fait de leur piètre qualité. Quant au support numérique, il est tout simplement introuvable en ligne ». De tels propos témoignent d'un profond malaise.

Par ailleurs, le décret n° 2012/433 du 1er octobre 2012 relatif à l'organisation du ministère de l'Enseignement supérieur a institué une direction des Accréditations universitaires et de la qualité, chargée notamment de « la politique générale du ministère en matière d'accréditation, d'assurance qualité, en liaison avec l'Agence Nationale des Normes ». Dans le cadre de cette réflexion axée sur la qualité des contenus scientifiques produits par les enseignants-chercheurs, il est légitime de se demander si cette Direction dispose réellement d'une technostructure adéquate pour veiller à la qualité des productions scientifiques dans l'ensemble des Universités d'État, et plus largement dans tout le secteur de l'enseignement supérieur. Elle est également investie de la mission de « définir des directives en matière de gouvernance et d'éthique ». Or, le mésusage de l'intelligence artificielle et le plagiat fragilisent plusieurs aspects éthiques de la production scientifique au sein des universités publiques. Finalement, l'utilisation inappropriée de l'IA, tant par les enseignants-chercheurs que par les étudiants, menace une autre mission essentielle assignée au corps enseignant : « la recherche à travers la production, l'innovation scientifique et l'encadrement des travaux des étudiants », telle que promue à l'article 97, alinéa (2) de la Loi n° 2023/007 du 25 juillet 2023 portant orientation de l'enseignement supérieur. Comment, dès lors, espérer une véritable innovation scientifique à partir de contenus biaisés, générés ou modifiés par l'IA ?

Conclusion

Les dérives liées à l'utilisation de l'intelligence artificielle contribuent à ternir davantage l'image institutionnelle des universités d'État du Cameroun, déjà affectée par de nombreux autres problèmes. Les analyses menées dans cette étude mettent en avant la complexité de l'intégration de l'IA et la difficulté à en cerner toutes les implications. De nombreuses questions demeurent sans réponse, telles que l'apprentissage, l'appropriation et l'utilisation de l'IA par les enseignants-chercheurs et les étudiants, la formation à son usage, ainsi que la nécessité urgente d'une véritable politique publique encadrant l'appropriation, l'utilisation et l'éducation à l'IA dans tous les domaines au Cameroun. La maîtrise de l'IA implique le développement de compétences spécifiques, d'où l'importance de soutenir la recherche dans ce domaine, car elle représente un levier potentiel pour transformer diverses pratiques professionnelles et stimuler le développement national. Garantir la qualité de la production scientifique dans l'enseignement supérieur camerounais apparaît comme une condition essentielle à la performance des institutions universitaires et à la comparabilité des systèmes universitaires, tant au niveau national qu'international. Si le Cameroun souhaite figurer parmi les meilleures universités et établissements d'enseignement supérieur dans les classements mondiaux, la qualité des travaux scientifiques constitue un enjeu majeur et le cœur du problème à surmonter. L'IA, dans le contexte de la production et de la diffusion des savoirs scientifiques au sein des universités d'État camerounaises, n'est pas, pour l'instant, une catastrophe, mais plutôt un défi à relever pour l'enseignement, l'apprentissage et l'évaluation sur les campus. Elle représente aussi un enjeu crucial pour les politiques publiques, qui, grâce à une approche proactive, peuvent contribuer à valoriser l'usage de cette technologie par les membres de la communauté universitaire.

Références bibliographiques

Affa'a, F.-M., Des Lierres, T. (2002). L'Afrique noire face à sa laborieuse appropriation de l'université. Les Cas du Sénégal et du Cameroun. Paris, L'Harmattan et Les Presses de l'Université de Laval, 322 pages.

Appel, V., Boulanger, H., Massou, L. (dir.) (2010). Les dispositifs d'information et de communication. Bruxelles, De Boeck, p. 9.

Arrêté n° 18/00035/MINESUP/SG/DDES/DAJ du 29 janvier 2018 portant organisation du système Licence, Master, Doctorat/Ph.D (LMD) dans l'enseignement supérieur au Cameroun

Arrêté N° 006/0014/MINESUP/DDES du 02 février 2006 portant création, régime des études et des évaluations de la Licence Professionnelle dans les Universités d'État et les Institutions Privées d'Enseignement Supérieur au Cameroun ;

Austin, J. L. (1970). Quand dire c'est faire. Paris, Éditions du Seuil, traduction française de l'ouvrage original, How to do things with words, Oxford University Press, 1962, 203 pages.

Bourdieu Pierre (2000), Esquisse d'une théorie de la pratique, précédé de Trois études d'ethnologie Kabyle, Paris, Éditions du Seuil, 460 pages
Burton S., Flaction E. & Petreska B. (2024). « Guide du voyageur des outils d'IA générative pour l'enseignement ».
Charlier J.-É., Croché S., Leclercq B. (2012). Contrôler la qualité dans l'enseignement supérieur. Paris, Academia/L'Harmattan, 383 pages.
Charlier J.-É., Croché S. (2012). « L'influence normative du processus de Bologne sur les universités africaines francophones. Éducation et Sociétés, 2012/1, n° 29, pp. 87-102.
Check List, PYGMIES Éditions, 2025
Circulaire ministérielle n° 07/0003 MINESUP/CAB/IGA/ce du 19 octobre 2007 portant dispositions relatives au cadrage général en vue du lancement du système Licence, Master, Doctorat (LMD) dans l'enseignement supérieur au Cameroun
De Certeau, M. (1990). L'invention du quotidien. 1. Art de faire. Paris, Gallimard, p. VII.
Décision N°06/0324/MINESUP/CAB/SG/IGA/Ce du 16 mai 2006 portant création des organes opérationnels pour la mise en place du système LMD dans l'Enseignement Supérieur au Cameroun.
Déclaration de Libreville sur la construction de l'espace CEMAC de l'Enseignement supérieur, de la recherche et de la formation professionnelle, sixième session ordinaire de la conférence des Chefs d'État de la Communauté Économique et Monétaire de l'Afrique Centrale, 11 février 2005Déclaration de la Sorbonne (1998). « Harmoniser l'architecture du système européen d'enseignement supérieur ». Paris, Sorbonne, le 25 mai.
Déclaration commune des ministres européens de l'éducation (1999). « L'espace européen de l'Enseignement Supérieur ». Bologne, 19 juin.
Décret n° 2012/433 du 01 octobre 2012 portant organisation du Ministère de l'Enseignement Supérieur
Décret n° 93/027 du 19 janvier 1993 portant dispositions communes aux universités
Directive N° 01/06-UEAC-019-CM-14 du 11 mars 2006, portant application du système LMD (Licence, Master, Doctorat) dans les universités et établissements d'enseignement supérieur de l'espace CEMAC.
Directive N° 02/06-UEAC-019-CM-14 du 11 mars 2006, portant organisation des études universitaires dans l'espace CEMAC dans le cadre du système LMD.
Fabre B. (2011). L'Université a-t-elle perdu son âme ? Paris, L'Harmattan, 176 pages.
Goldstein R. (2003). Université et société. Pour en finir avec un long malaise. Paris, L'Harmattan, 282 pages.
Feudjio, D. Y. B. (2009). L'adoption du « système LMD » par les universités du Cameroun : enjeux, contraintes et perspectives. in JHEA/RESA Vol. 7, Nos.

1&2, CODESRIA, Conseil pour le développement de la recherche en sciences sociales en Afrique, pp. 141-157.
Flaction E. & Biljana P. (2024). « Mes premiers pas avec l'IA ». in Colloque : intégration des IA génératives dans la formation des enseignants.e.s », Haute Ecole Pédagogique (hep Vaud.
Flichy P. (2003). « Technologies et liens social ». in Actes du Colloque École, nationale supérieure des télécommunications de Paris, Ministère de l'éducation nationale de l'enseignement supérieur et de la recherche, Direction de l'enseignement scolaire, du 25 au 28 août 2003, pp. 119-124
Goldstein, R. (2003). Université et Société. Pour en finir avec un long malaise. Paris, L'Harmattan, 282 pages, p. 9, 57.
Idiata, F. D. (2006). L'Afrique dans le système LMD (Licence-Master-Doctorat) : La réforme de toutes les révolutions. Le cas du Gabon. Paris, L'Harmattan, 294 pages.
Kammogne, F. P. (1993). L'entrepreneur africain face au défi d'exister. Paris, L'Harmattan, 128 pages.
Koleva A. 2025. « L'ontologie de l'IA générative en question(s) : essence et sens ». ITIC-Institut des Technolosciences de l'Information et de la Communication, Monpellier, Université Paul-Valéry 3, Montpellier Laboratoire Humain.
Kemayou, L. R. (2012). L'Université de Douala, entre ancrage et désenchantement. In JHEA : RESA Vol. 10, n° 2, p. 101, 102
Loi n° 2023/007 du 25 juillet 2023 portant orientation de l'enseignement supérieur
Libaert T. et Westphalen M.-H. (2012). Communicator. Paris, Dunod.
MINESUP (2006). La réforme universitaire au Cameroun et ses textes complémentaires, Yaoundé, CEPER, 2ème Edition, p. 11.
Musselin, C. (2008). Vers un marché international de l'enseignement supérieur ? in Critique internationale, 2008/2 n° 39, p. 13-24. DOI : 10.391/crii.039.0013
Musselin, C. (2008). Les universitaires. Paris, Éditions La Découverte, 119 pages.
UNESCO (1998). Conférence mondiale sur l'enseignement supérieur du 21ème siècle. Vision et Actions. Paris, Rapport final, Vol. I, du 5 au 9 octobre.
Mvogo, D. (2014). Réflexions sur la refondation de l'université camerounaise. Yaoundé, Éditions CLE, p. 7.
Olembe, E. (2010). Production des savoirs dans le discours universitaire en situation d'évaluation endogène. Philosophie, sciences économiques et de gestion au Cameroun, Thèse de doctorat pour obtenir les titres de Docteur de l'Université Lumière Lyon 2 et de Doctor of Philosophy (Ph.D) de l'Université de Yaoundé 2 en Sciences de l'Information et de la Communication présentée et soutenue publiquement le 29 novembre Université Lumière Lyon 2, pp. 1-75.

Pallanca, O. Read J. 2021. Principes généraux et définions en intelligence artificielle. In Archives de Maladies du Cœur et des Vaisseaux – Pratiques, (294), p. 3-10.
Proulx S. (2005). « Penser les usages des technologies de l'information et de la communication aujourd'hui : enjeux – modèles – tendances ». in Vieira L. et Pinède N. (2005). (éds). Enjeux et usages des TIC : aspects sociaux et culturels. Tome 1. Bordeaux, Presses universitaires de Bordeaux, p. 7-20.
Tedga P. J. M. (1988). L'enseignement supérieur en Afrique noire francophone. La catastrophe ? PUSAF/Éditions L'Harmattan, 224 pages.
Temadjo J. (2020). « La métacommunication et le métadiscours sur le système LMD dans la promotion de la culture entrepreneuriale au sein des universités du Cameroun ». Thèse soutenue en vue de l'obtention d'un Doctorat/Ph.D en Sciences de l'Information et de la Communication, Spécialité : Communication des organisations, École Doctorale : Sciences Sociales et Humaines, UFD : Sciences, Littérature et Communication, Laboratoire des Arts et de la Communication, Département de Communication, FLSH, Université de Douala.
Temadjo J. (2017). « Le phonogramme et le livre à l'aune de l'extraversion culturelle ». in Assoumou J. et Amabamina F. (Dir) (2017). Pour une culture africaine au service du développement. Des industries culturelles viables pour une croissance durable. Douala/Vienne (Autriche), Éditions AfricAvenir, pp. 281-297. ISBN : 978-9956-693-41-3.
Temadjo J. 2001. « La promotion de la lecture et l'édition du livre au Cameroun ». Mémoire présenté et soutenu en vue de l'obtention du Diplôme des Sciences de l'Information et de la Communication (DSTIC), Option : Edition, ESSTIC, Université de Yaoundé II-Soa,
Union Européenne (2020). « Intelligence artificielle : définition et utilisation ». https://www.europarl.europa.eu/topics/fr/article/20200827sto8504/intelligence-artificielle-definition-et-utilisation, Consulté le 18 septembre 2025.
UNESCO (1998). Conférence mondiale sur l'enseignement supérieur du 21ème siècle. Vision et Actions. Paris, Rapport final, Vol. I, du 5 au 9 octobre, p. 21.

Les pratiques de « storytelling » sur internet par les opérateurs de téléphonie mobile au Cameroun : authenticité, mythe ou crédibilité ?

TAGMENI TAGMENI Chimène Laure
Université de Maroua
taglaure@yahoo.fr

Résumé

Cette recherche se donne pour objectif de montrer que les pratiques de *storytelling* qui se font autour des marques Camtel, MTN et Orange Cameroun sur les plateformes numériques révèlent plusieurs spécificités qui répondent aux attentes des clients. Cependant, ces spécificités semblent difficiles à reconnaitre sur internet. D'où l'interrogation suivante : comment les spécificités des *storytellings* sur internet contribuent-elles à conquérir le marché et à fidéliser la clientèle des opérateurs de la téléphonie mobile au Cameroun ? L'hypothèse stipule que trois spécificités à savoir l'authenticité, le mythe et la crédibilité insérés dans les *storytellings* permettent aux opérateurs de téléphonie mobile Camtel, MTN et Orange Cameroun de se démarquer sur le marché, de gagner la sympathie de leur clientèle et d'accroître les ventes. Sur le plan méthodologique, l'approche qualitative a permis de comprendre que, l'authenticité, le mythe et la crédibilité permettent de combler les attentes des clients. Le fonctionnalisme et le néo-constructivisme ont permis d'éprouver les faits. Il ressort de cette recherche compréhensive que les différentes spécificités des *storytelling* autour des marques Camtel, MTN et Orange Cameroun tirent leur quintessence dans le contexte socioculturel camerounais et ont pour but d'accroître leur notoriété, de conquérir le marché et de gagner la sympathie de leurs clients.

Mots clés : authenticité, internet, marque, mythe, storytelling.

Abstract

This research aims to show that the storytelling practices carried out around the Camtel, MTN and Orange Cameroon brands on digital platforms reveal several specificities that meet customer expectations. However, these specificities seem difficult to recognize on the internet. Hence the following question: how do the specificities of storytelling on the internet contribute to conquering the market and retaining the customers of mobile phone operators in Cameroon? The hypothesis stipulates that three specificities namely authenticity, myth and credibility inserted in storytelling allow mobile phone operators Camtel, MTN and Orange Cameroon to stand out on the market, gain the sympathy of their customers and increase sales. On the methodological level, the qualitative approach made it possible to understand that authenticity, myth and credibility make it possible to meet customer expectations. Functionalism and neo-constructivism made it possible to test the facts. It emerges from this comprehensive research that the different specificities of storytelling around the Camtel, MTN and Orange Cameroon brands draw their quintessence from the Cameroonian socio-cultural context and aim to increase their notoriety, conquer the market and gain the sympathy of their customers.

Key words: authenticity, brand, internet, myth, storytelling

Introduction

Depuis des décennies, les entreprises cherchent à se faire connaître et à faire connaître leurs activités et services, à renforcer des relations, à défendre des intérêts et à assurer la promotion de leurs produits et services (Libaert et Westphalen, 2012, p. 10). Aujourd'hui leurs objectifs ont évolué, elles cherchent constamment des moyens pour rendre les consommateurs plus loyaux envers la marque et envers les produits. La construction d'une relation à long terme est devenue essentielle pour garantir la survie de la marque dans cet environnement qui est devenu dense de stimuli et de possibilités de consommation (Börner, 2016, p. 1). Cependant, à l'heure du bouleversement numérique, plusieurs pratiques de communication sont faites par les entreprises, notamment les opérateurs du secteur de la téléphonie mobile sur internet. Ces pratiques concernent l'image de marque (Tagmeni, 2024), la communication (institutionnelle) d'un opérateur téléphonique (Ibanez-Bueno et Miere, 2002) ou la notoriété (Zouaimia, 2017), etc. Mais, le besoin d'informations supplémentaires de la part des consommateurs pousse les entreprises à renforcer cette image et, pour ce faire, le *storytelling* s'est révélé être un outil très efficace (Gilliam, Flaherty et Rayburn, 2013). Malgré la qualité des histoires qui sont racontées, les entreprises se démarquent les unes des autres dans le but d'apporter une singularité à leur marque ou à leur produit. Dans le secteur de la téléphonie mobile au Cameroun, la rude concurrence oblige Camtel, MTN et Orange Cameroun quel que soit le support de communication choisi à associer à leur marque ou à leur produit, une histoire pour conquérir le marché afin de fidéliser et de gagner la sympathie de leur clientèle.

L'objectif de cette contribution est de montrer que les pratiques de *storytelling* qui se font autour des marques Camtel, MTN et Orange Cameroun sur les plateformes numériques révèlent plusieurs spécificités qui répondent aux attentes des clients. Le problème résulte du fait que ces spécificités des *storytellings* sur internet semblent difficiles à reconnaître, alors que tous les enjeux de ces histoires visent à retenir l'attention et à mieux faire passer le message sur les marques auprès des clients. Ainsi, étudier les pratiques de *storytelling* conviendrait à observer les rôles qu'elles jouent et la nature de leur influence sur les clients à travers leurs spécificités. D'où cette question de recherche : comment les spécificités des *storytellings* sur internet contribuent-elles à conquérir le marché et à fidéliser la clientèle des opérateurs de la téléphonie mobile au Cameroun ? En guise d'hypothèse, trois spécificités à savoir l'authenticité, le mythe et la crédibilité insérés dans les *storytellings* permettent aux opérateurs de téléphonie mobile Camtel, MTN et Orange Cameroun de se démarquer sur le marché, de gagner la sympathie de leur clientèle et d'accroitre les ventes.

C'est ainsi que, l'observation, la netnographie, l'analyse de contenu et la recherche documentaire servent à la collecte et à l'analyse des données pour décrire et comprendre les spécificités des *storytelling* qui permettent de combler les attentes des usagers de la téléphonie mobile au Cameroun. Pour éprouver les faits, deux théories ont permis de comprendre les raisons qui motivent les opérateurs Camtel, MTN et Orange Cameroun à se distinguer par les contenus de leurs *storytellings* qu'ils publient auprès de leurs clients sur internet. D'une part, il s'agit du fonctionnalisme qui permet de montrer que la satisfaction des besoins des personnes en société provient aussi des éléments de communication à savoir : le langage, les messages, les médias, les interactions, etc. L'exemple d'internet, qui est un média de communication à travers lequel les marques Camtel, MTN et Orange Cameroun comblent les attentes (forfaits appel, SMS ou data) de leurs clientèles à partir des *storytellings* qui sont publiés autour des affiches publicitaires. De plus, la publication des spécificités (authentique, mythe ou crédibilité) dans les *storytellings* sur internet est interdépendante, puisqu'elles peuvent s'influencer mutuellement.

D'autre part, le néo-constructivisme qui prend en compte l'influence de la culture dans la construction des connaissances est également mobilisé dans la présente étude. Le cas des *storytellings* qui tire leur essence dans le contexte socioculturel camerounais pour persuader, convaincre les clients en vue de susciter en eux un changement positif et durable de comportement envers les marques Camtel, MTN et Orange Cameroun. Quatre parties structurent cette réflexion : la première concerne l'histoire des opérateurs de téléphonie mobile qui exercent au Cameroun et la corrélation entre les *storytellings* et les marques ; la deuxième présente le cadre méthodologique ayant permis la collecte des données et la construction du corpus. La troisième partie, quant à elle, fait le point des résultats de la recherche à travers l'analyse et l'interprétation des données, et la quatrième porte sur la discussion.

1. Les opérateurs de téléphonie mobile et les pratiques de communication à l'ère du numérique

Au cours des années 1960, après l'indépendance du Cameroun, les télécommunications constituent un secteur suffisamment stratégique pour être logées au sein d'un seul ministère avec les Mines et les Transports (Siyam, Kuaté et Daho, 2009, p. 5). Mais en 1972, Intelcam est créé sous le régime de la société anonyme avec pour objectif prioritaire d'arrimer le Cameroun aux télécommunications internationales par satellite, matérialisant ainsi la séparation de la gestion des télécommunications internationales de celles domestiques qui restent dans le portefeuille de la Direction des Télécommunications. Trente-quatre centraux téléphoniques dans l'ensemble du pays sont mis sur pied et les réseaux de Douala et Yaoundé sont modernisés (Siyam, Kuaté et Daho, 2009, p. 6). À partir de 1996, les discours politiques en Afrique vont mettre en exergue les enjeux des Nouvelles Technologies de l'Information. Il relève dans la diachronie de l'introduction d'Internet au Cameroun, que le mois de septembre 1997 voit sous la houlette d'un ingénieur camerounais installé aux USA, l'installation du premier Cybercafé privé à Douala Bonanjo portant le nom : Web-Café (Temadjo et Tagmeni, 2020, p. 325).

1.1. Les opérateurs de téléphonie mobile au pays

Au Cameroun, trois entreprises de télécommunication résident et sont encore opérationnelles sur l'ensemble du territoire. Parlant de la Cameroon Télécommunication (Camtel), elle est née grâce à la fusion de deux entités, notamment la direction des télécommunications alors en charge des télécommunications nationales et de la société Intelcam qui assurait les communications internationales ; dépendantes toutes du ministère des Postes et Télécommunications qu'elle est née. L'entreprise s'est vu octroyer par les pouvoirs publics, un certain nombre de monopoles, notamment celui d'assurer l'installation et la gestion des infrastructures de téléphonie fixe ; de gérer tous les segments spatiaux des systèmes à satellites ayant une empreinte au Cameroun[1] ; de distribuer l'accès à la large bande par le SAT-3. CAMTEL gère principalement le réseau de télécommunications à travers l'offre de « service voix », l'offre de « services de données », la transmission, l'accès filaire et l'accès haut débit par les technologies ADSL et radio (Siyam, Kuaté et Daho, 2009, p. 9).

Ensuite, Mobile Télécommunication Network (MTN) s'est installée dans le secteur des télécommunications, précisément sur le marché camerounais de la téléphonie mobile en 2002, suite au rachat par le groupe sud-africain MTN de la licence de Camtel mobiles[2] le 15 février 2000. MTN entreprise désormais ouverte à l'extérieur, met aussi en visibilité sa marque à travers les sites web et les réseaux sociaux sur le marché des télécommunications. Enfin, Orange Cameroun née en Grande-Bretagne en avril 1994 s'installe au Cameroun le 29 mai 1999 sous le nom de Société Camerounaise des Mobiles (SCM), dont FCR du groupe France Télécom détient 99,97 % du capital, une convention de concession pour l'établissement de réseaux de communication ouverts au public, moyennant un droit d'acquisition de 10,4 milliards FCFA (environ 20,8 millions de dollars US). Au travers de cette convention signée pour une durée de 15 ans, France Télécom a à nouveau réussi à s'installer sur le marché camerounais (Siyam, Kuaté et Daho, 2009, p. 4). Mais, c'est au mois de février 2000 que la SCM lance ses activités par la suite, elle devient MOBILIS et, deux ans plus tard, le 4 juin 2002, à la faveur d'un rebranding

[1] Décision n° 000179/MPT/SG/DPE du 7 octobre 2003 qui, en son article 4, la désigne comme fournisseur local provisoire d'accès.

[2] CAMTEL MOBILES, unité de projet créée par décision n° 00011.7/MPT/DT du 29 juin 1993 du ministre en charge des télécommunications, exploite au cours des années 1990 la téléphonie mobile au Cameroun.

de toutes les filiales du mobile de France Télécom à laquelle elle appartient, l'entreprise va adopter un nouveau nom de marque, Orange Cameroun suite à l'acquisition en mai 2000 d'Orange par France Télécom.

Par ailleurs, c'est une entreprise de service opérant dans le secteur de la téléphonie mobile au Cameroun. Orange Cameroun propose à sa clientèle une gamme d'offres de services et de produits de téléphonie mobile, en transmission de données ainsi que des services à valeur ajoutée. Son capital social est détenu à 69 % par le groupe Orange, 25 % par les sociétés de droit camerounais et 6 % reviennent à la SOCITEL (Ngok Evina, 2014, p. 55).

C'est ainsi que, l'arrivée de ces trois opérateurs de téléphonie mobile (Camtel, MTN et Orange Cameroun) sur le territoire camerounais favorise et démocratise l'accès des populations à la connexion Internet. De plus, internet fait partie des services offerts aux usagers, ce qui pourrait expliquer en partie la mise en visibilité des pratiques de *storytelling* de ces opérateurs sur les sites web et les réseaux sociaux auprès des clients.

1.2. Les « storytellings » et les marques

Le terme *storytelling* est un anglicisme composé de « story » (histoire) et « telling » (action de raconter)[3]. Au fil du temps, il a évolué, s'adaptant aux supports et aux contextes culturels pour faciliter la promotion de marques ou de produits. Le *storytelling* est devenu est élément important pour les entreprises. Il fait partie intégrante des pratiques de communication qu'elles utilisent pour faire face à la forte concurrence et pour conquérir et la fidéliser des cibles sur le marché à cause d'un nombre toujours croissant de marques. En effet, les entreprises l'utilisent de plus en plus, car les histoires sont plus facilement mémorisables que les faits (Lundqvist et *al*., 2012). Plusieurs études ont démontré le pouvoir des histoires à attirer l'attention des individus et à les convaincre (Börner, 2016, p. II). Il s'agit de celles de Stern (2004) qui proposent une analyse de l'impact de l'histoire dans la publicité et dans la communication d'entreprise (Lundqvist et *al*., 2012) et de celle de Jennifer Edson Escalas (2004a, 2004 b) qui propose différentes études sur la capacité du *storytelling* quant à persuader les individus et l'utilisation de l'histoire comme

---

[3]*Storytelling* : Définition, Origines et Avantages, en ligne sur republik-event.fr, https://www.republik-event.fr, consulté le 08/05/2025 à 00 heure 17 minutes.

connexion entre la marque et les consommateurs (Börner, 2016, p. 3). Le *storytelling* est l'art le plus ancien, mais aussi le plus moderne utilisé par les êtres humains pour différentes actions, notamment pour transmettre de l'information, faire circuler des idées, donner un sens à l'environnement dans lequel nous vivons, donner une appartenance culturelle, morale et territoriale, à laquelle nous ferons référence pendant toute notre vie (Godin, 2011 ; Lewi, 2014 ; Mattila, 2000 ; Adaval, et Wyer, 1998 ; Gilliam, Flaherty, et Rayburn, 2013 ; Börner, 2016, p. 1-60).

Plusieurs sens et significations sont attribués à la notion de *storytelling*. En accord avec Georges Lewi (2014), la définition du *storytelling* est beaucoup plus profonde du simple fait de raconter une histoire abstraite à un quelconque auditeur externe, c'est une véritable combinaison de techniques conçues de manière à tout d'abord captiver l'attention des tiers pour les convaincre ensuite (Börner, 2016, p. 6-7). Selon Nadia Zouaimia (2017, p. 216), le *storytelling* « consiste à raconter une histoire autour d'une marque ou d'un produit ». En effet, selon Escalas (2004a) et Green et Brock (2000), les histoires ont le pouvoir de capturer l'attention et de convaincre, car les consommateurs, après avoir pris connaissance de l'histoire, se font transporter par cette dernière et sortent de cette expérience avec un esprit différent (Lundqvist et *al*., 2012 ; Börner, 2016, p. 14). Ce qui s'est révélé optimal selon Mc Gregor et Holmes (1999), vu que les histoires sont un outil très bien accepté par la population et qu'elles font partie du quotidien des individus en général (Gilliam, Flaherty, et Rayburn, 2013 ; Börner, 2016, p. 2). En principe cette histoire vraie ou fausse qui est racontée par les entreprises a une double utilité pour elles. C'est-à-dire qu'elle est utilisée à l'interne comme à l'externe afin de garantir une communication qui se veut la plus cohérente possible (Lundqvist *et al*., 2012).

La communication externe est autant importante que la communication interne, mais elle peut devenir un élément efficace quant à la réussite de l'entreprise seulement si elle est délivrée à travers un message clair et consistant (Fog, Budtz, et Yakaboylu, 2005). Ce message peut être livré à travers une histoire pour toucher le plus proche possible le consommateur (Börner, 2016, p. 14). Elle est incluse dans les stratégies de communication des entreprises dans le but de faire vivre une expérience à travers une histoire autour d'une marque, et de rentrer dans une relation fondée sur le partage d'un contenu intéressant et captivant. Il s'agit ainsi de révéler ce qui rend le message unique. Faire du *storytelling*, c'est assumer son positionnement et convaincre sa communauté que l'entreprise est pertinente dans le domaine (Zouaimia, 2017, p. 216). Selon Fo, Budtz et Yakaboylu (2005), l'histoire de l'entreprise doit devenir le dénominateur commun, le cœur central qui relie les différents types de communication, en interne comme en externe (Börner, 2016, p. 13).

S'agissant de la marque, elle a pour fonction de guider le choix de l'acheteur potentiel dans un univers d'offre et se présente comme un signe de différence qui permet d'identifier le produit concerné et fait partie intégrante de l'univers culturel des consommateurs (Tagmeni, 2024, p. 84). Lundqvist et *al.* (2012) soutiennent que, le *storytelling* est un « moyen effectif pour communiquer les valeurs du brand aux consommateur » (Börner, 2016, p. 30). En d'autres termes, le *storytelling* permet de donner ou de compléter des informations relatives au message d'une marque auprès de ses clients. De plus, il peut être utilisé comme moyen pour donner plus de valeur à la marque en renforçant la relation avec les consommateurs et en fournissant des contenus informationnels utiles aux nouveaux consommateurs potentiels (Gerber, Pic et Voicu, 2013 ; Börner, 2016, p. 23).

Le *storytelling* est également un moyen très puissant pour renforcer et créer des connexions émotionnelles avec notre entourage, mais aussi avec une image ou une marque quelconque (Herskovitz et Malcolm, 2010 ; Börner, 2016, p. 6). Selon Kaufman (2003), par les histoires, les consommateurs sont aidés à mieux comprendre la marque, ses objectifs et ses bénéfices (Lundqvist et *al.*, 2012). Les résultats des études de Jennifer Edson Escalas (2004 a) ont démontré clairement que, si les entreprises racontent des histoires, les marques sont perçues, en général, de manière moins négative et sont analysées de manière moins critique qu'à travers la simple publicité (Börner, 2016, p. 14). En effet, le but principal de la publicité d'aujourd'hui n'est pas simplement de vendre un produit, mais de créer un lien durable, de fournir une nouvelle expérience d'achat ou de vie aux consommateurs et d'essayer de construire une image de marque favorable (Gerber, Pic, et Voicu, 2013 ; Börner, 2016, p. 23).

2. Positionnement méthodologique de la réflexion

La présente réflexion s'appuie sur un cadre méthodologique précis, il s'agit de la démarche qualitative qualifiée « d'opération de reconstruction de sens » par Jacques Coenen Huther (1998, p. 78). À cet effet, les données ont été collectées à l'aide de l'observation faite sur internet du 1er au 23 mai 2025. Elle a consisté à collecter les *storytellings* publiés autour des affiches publicitaires de Camtel, MTN et Orange Cameroun, ainsi que les commentaires des abonnés. S'agissant de la méthode d'analyse, le choix s'est porté sur l'analyse de contenu qui est « une méthode visant à découvrir la signification du message étudié » (Mucchielli, 1979, p. 10), en ce sens qu'elle permet d'analyser en profondeur la complexité d'un texte. C'est ainsi qu'elle a permis d'analyser le corpus qui a été constitué, en vue de comprendre et décrire l'authenticité, le mythe ou la crédibilité qui caractérisent les *storytellings* publiés par Camtel, MTN et Orange Cameroun sur internet et de de même que les commentaires de leur clientèle.

2.1. Le corpus de l'étude

Il est constitué de dix publications sur les *strorytellings* autour des marques (affiches publicitaires) de Camtel, MTN et Orange Cameroun. Parmi lesquelles quatre publications relatives aux histoires authentiques, deux publications relatives aux mythes et quatre publications relatives aux histoires crédibles. Neuf commentaires ont également été collectés sous ces publications pour présenter quelques réactions des clients par rapport aux histoires qu'ils ont lues autour des affiches publicitaires de Camtel, MTN et Orange Cameroun. Ces publications sur les *storytellings* et les commentaires des abonnés proviennent des réseaux sociaux (Facebook, Instagram et LinkedIn) de ces opérateurs de téléphonie mobile.

2.2. Modes de configuration des « storytellings » des opérateurs de téléphonie mobile sur internet

Cette réflexion se positionne dans l'analyse des aspects authentiques, imaginaires ou crédibles des communications narratives autour de leurs affiches publicitaires par Camtel, MTN et Orange Cameroun. Dans la mesure où, pour raconter l'histoire de sa marque l'entreprise peut jouer la carte de l'authenticité, créer le mythe et rendre son histoire crédible (Zouaimia, 2017, p. 216).

2.2.1. Des opérateurs de téléphonie mobile authentiques

Pour les entreprises, c'est également toujours plus difficile de rester implémentées dans la tête des consommateurs, vu le grand nombre de concurrents présents sur le marché (Börner, 2016, p. 1). C'est pourquoi certaines marques et certains produits ont une véritable histoire, notamment ceux qui existent depuis longtemps (Zouaimia, 2017, p. 216). Leur histoire doit être authentique, c'est-à-dire originale et pertinente auprès des consommateurs. Selon Seth Godin (2011), l'authenticité de l'histoire est également un élément très important pour éviter que les consommateurs se sentent trompés par la marque, car la première impression joue un rôle fondamental dans l'acceptation de la marque par toutes les parties prenantes et une première appréciation négative de la marque peut porter à des situations presque irréparables, vu que l'esprit du consommateur sera difficilement mobilisable une deuxième fois (Börner, 2016, p. 18).

> Chez Camtel, le 1er mai n'est pas qu'une célébration, c'est l'occasion de réaffirmer nos valeurs.
> Parce qu'un Cameroun serein commence par des équipes épanouies et respectées.
>
> #LEspritDeLaFITChezCamtel#FIT2025#TravailEtFiertéCamtel
>
> #FiersDeServirAvecCamtel#Camtel
>
> — — — — — — —
>
> At CAMTEL, 1 May is not just a celebration, it's an opportunity to reaffirm our values.
>
> Because a serene Cameroon starts with teams that are fulfilled and respected.
>
> #ILDSpiritAtCamtel #WorkAndPrideCamtel#ProudToServeWithCamtel
>
> #Camtel[4]

Renforcer son identité et la notoriété de la marque (objectifs cognitifs et informatifs) auprès de sa clientèle est ce qui ressort de cette story de Camtel Cameroun publiée sur le réseau social LinkedIn, qui présente les différentes valeurs de sa marque. L'histoire authentique racontée par l'entreprise concerne la fête du 1er mai célébrée par l'entreprise Camtel au Cameroun. En effet, elle réaffirme ses valeurs en rappelant à son équipe, à sa communauté en ligne, que l'importance pour elle c'est le respect et l'épanouissement des personnes qui travaillent pour la fourniture des meilleurs services. Cette

[4] Source : https://mx.linkedin.com/company/camtel-cm?trk=similar-pages_result-card_full-click consulté le 02/05/2025 à 01 heure 50 minutes.

histoire est un élément essentiel pour la construction de l'image institutionnelle et du message de la marque. Elle permet de rendre compréhensible à tout public le message qui apparait sur l'affiche publicitaire afin de pouvoir toucher le plus possible de personnes tout en restant cohérent avec les buts préétablis et de créer un lien durable avec eux.

L'histoire vraie et puissante est importante dans tous les domaines où le *storytelling* est utilisé, mais sa réelle vocation est « de défendre une cause, d'orienter l'histoire vers un but politique, commercial, personnel et d'entraîner l'adhésion. Il a pour finalité de faire changer d'avis, de faire réfléchir, de modifier l'attitude et le comportement de la personne à qui il s'adresse » (Lewi, 2014 ; Börner, 2016, p. 7). La story ci-dessous permet de présenter cette forme :

> Y'ello ! Être imbattable c'est mener des combats qui nous tiennent à cœur ! (insertion d'une illustration pour montrer la justesse) Félicitations à Monsieur Chantal pour l'obtention de sa Licence en Art du Spectacle et Cinématographie. Qui d'autre a eu sa licence ?[5]

À travers cette story, MTN invite les clients à réfléchir sur leur avenir, notamment leurs études, leur vie professionnelle et à demeurer imbattables dans les épreuves de la vie. Il s'agit de leur faire changer d'avis, de modifier leur attitude en devenant « imbattables » pour relever les défis quotidiens et réaliser leurs rêves. C'est ainsi qu'elle va bénéficier de 454 likes, 99 commentaires et 9 partages qui représentent l'adhésion des abonnés à cette suggestion. D'où ces réactions des abonnés qui ont été collectées sous la publication : « Félicitations Champion » et « Félicitations ». Il ressort de là que, MTN adapte ces histoires avec le contexte dans lequel il se trouve pour les rendre authentiques et d'après Anna Lundqvist, Veronica Liljander, Johanna Gummerus et Allard Van Riel, pour rendre la marque facile à reconnaître, mais aussi pour éviter toutes sortes d'histoires qui peuvent déranger le public cible (Börner, 2016, p. 17). Il en est de même pour cette story suivante :

> Y'ello ! Cette fois-ci, tout le monde gagne sur le #RéseauIndomptable. Chaque fois que tu souscris à ton forfait, tu reçois un SMS qui t'annonce

---

[5] Source : https://web.facebook.com/photo.php?fbid=568790438457665 7&id=175506022483215&set=a.786177311416080&_rdc=1&_rdr consulté le 01/05/2025 à 01 heure 14 minutes.

ton bonus #Imbattable. Pour activer ton bonus appel ou internet, tape *160# et pour tes 5000F cash MoMo ou ton smartphone, suis juste les instructions reçues dans le SMS. C'est sans tirage au sort (insertion des illustrations de fleurs)[6].

Cette *story* révèle l'aspect, original, vrai et non susceptible de doute de la part de MTN envers ses abonnés. Les informations peuvent se confirmer à l'aide du code qui est mis à leur disposition pour se démarquer des concurrents et éviter une appréciation négative de la part des clients.

L'aspect ludique apparait aussi dans le *storytelling* authentique publié sur le réseau social Instagram d'Orange Cameroun : « Là où tu es encore en train d'écrire tes résolutions, d'autres ont déjà activé leur forfait Orange Bonus pour les réaliser (illustration du feu). Et, c'est quoi ton plan pour 2025 ?[7] ». En effet, elle concerne les projets personnels des abonnés. L'authenticité qui apparait dans cette histoire vise à motiver les clients à avoir des projets ou des rêves et les réaliser au cours de l'année 2025 afin de mieux s'épanouir. La finalité est d'inciter les clients à participer à ce jeu, d'où cette réaction d'un client qui propose comme élément de réponse « Investir dans un projet ». Le fait de participer à ce jeu atteste que le contenu de la story autour de l'affiche publicitaire est intéressant.

Il ressort de ces analyses que, avec l'émergence des technologies de communication, le *storytelling* est utilisé pour susciter de l'engagement de la part des clients et promouvoir des produits d'une marque[8]. L'engagement consiste à inviter chaque client à être responsable, en s'inspirant des valeurs proposées par les entreprises autour des marques sur internet.

2.2.2. Les imaginaires dans les « storytellings » des opérateurs de téléphonie mobile

Face à la concurrence, la fidélisation des clients et la conquête de nouveaux clients sont devenues un objectif essentiel pour la réussite des opérateurs de téléphonie mobile au Cameroun. La résolution de ce problème

---

[6] Source:https://web.facebook.com/MTNCAMEROON/posts/yellocette-fois-ci-tout-le-monde-gagne-sur-le-r%C3%A9seauindomptable-chaque-fois-que-/4197417483625362/?_rdc=1&_rdr consulté le 01/05/2025 à 00 heure 49 minutes.

[7] https://www.instagram.com/orangecameroun/p/DEfdv9EtaUz/ consulté le 01/05/2025 à 01 heure 29 minutes.

[8] *STORYTELLING* : Définition, Origines et Avantages, en ligne sur republik-event.fr, https://www.republik-event.fr, consulté le 08/05/2025 à 00 heure 17 minutes.

les a amenés à transformer sous le regard de leur clientèle leurs marques en mythes. Il y a une tentative d'entrer dans la sphère intime de l'individu, de donner des repères, de créer des relations entre individus (Ibanez-Bueno, et Miere, 2002, p. 7). Selon Philippe Sellier « le mythe est un récit et un récit fondateur, un récit instaurateur, il se rapporte au fond des âges » (Lewi, 2009). En d'autres termes, c'est quelque chose qui s'est réalisé pendant un temps très distant et dans une période antécédente à l'histoire connue des hommes (Lewi, 2009). Selon Clausc Grève, le mythe avait, dans le passé, une fonction spécifique, car il permettait au peuple de donner une explication aux événements qu'ils n'arrivaient pas à comprendre de manière autonome (Lewi, 2009 ; Börner, 2016). À travers le mythe, le but du *storytelling* est de retenir l'attention, en faisant appel à l'imaginaire. L'entreprise a des chances de marquer les esprits, de susciter une émotion, de réveiller les âmes d'enfants (Zouaimia, 2017, p. 216). À cet effet, deux publications des *storytellings* relatifs au mythe ont été collectées sur internet pour présenter le côté mythique des marques MTN et Orange Cameroun.

> Y'ello ! Quand on fait les choses à la maison, on ne tremble pas et on n'a pas peur des invités ! (insertion d'un émoji en lunette noire qui sourit) Parce que #LaTerreNeMentPas, nous sommes #Imbattables sur tous les terrains[9].

S'agissant de cette *story* autour de l'affiche publicitaire de MTN Cameroun publiée le 17 janvier 2022 sur Facebook, au moment de notre observation, elle avait été plébiscitée et obtenue 769 Likes, 46 commentaires et 11 partages. Dans son récit, l'entreprise rentre dans l'imaginaire social à travers le proverbe qui dit : « LaTerreNeMentPas », ce qui signifie que le mythe ne disparait pas au fil du temps. Les mythes existent dans toutes les cultures et dans tous les pays du monde, ils sont universels (Lewi, 2009 ; Börner, 2016, p. 19). Il ne s'agit pas de l'agriculture, mais du football, puisqu'on aperçoit sur l'image une légende du football camerounais. L'objectif de cette communication narrative est de mettre en évidence la symbolique selon laquelle, lorsqu'on joue au football à domicile ont est « Imbattables ». Il s'agit de capter l'attention et l'imagination, afin

---

[9] Source : https://web.facebook.com/MTNCAMEROON/photos/a.786177311416080/5119382881428813/?_rdc=1&_rdr consulté le 01/05/2025 à 00 heure 38 minutes.

de pouvoir convaincre les clients sur la finalité de la marque. Ce récit permet à MTN de construire, voire de créer un lien émotionnel entre sa marque et ses clients, car l'homme est toujours guidé par ses émotions avant de l'être par la raison.

De plus, le point important pour réussir le *storytelling* lors de la création d'une communication efficace est l'impact fort émotionnel que doit avoir l'histoire sur le consommateur (Armstrong, et Kotler, 2010 ; Börner, 2016, p. 12). D'où ces deux commentaires qui ont été relevés « Les lions vont gagner 3-1 » et « On attend les résultats » qui permettent de présenter les réactions des internautes à l'endroit du *storytelling* de l'entreprise. Ces réactions de la part des clients sont dues au fait qu'« il n'y aurait pas de réseaux sociaux sans communication. Les deux sont consubstantielles à Internet » (Balagué, et Fayon, 2011, p. 83). À travers cette histoire, les clients parviennent à exprimer leurs croyances, leurs espoirs et leurs désirs de voir gagner leur équipe nationale. En effet, l'entreprise n'évoque pas les Lions Indomptables dans son récit, mais à travers son insertion dans la société, son ingéniosité, elle a mentionné l'imaginaire et la symbolique sociale et culturelle qui existent autour de cette équipe à savoir le terme ou le qualificatif « Imbattables » pour faire réagir au point de faire rugir sa clientèle travers le réseau social Facebook. Les objectifs publicitaires de MTN sont en majorité affectifs. Ils veulent créer une relation faite de proximité et d'affection avec les clients (Ibanez-Bueno, et Miere, 2002, p. 4).

L'introduction d'un héros, d'une légende dans un récit peut contribuer à manipuler la marque et à persuader les clients, mais en créant des effets positifs sur la perception du *brand*. L'intention ne se veut pas commerciale ici, mais sociale dans le sens où l'organisation se positionne comme un acteur important de l'environnement socioculturel. L'entreprise veut construire ici un « capital de sympathie » pour être « choisie, appréciée » par ses clients (Libaert, 2012 ; Ibanez-Bueno et Miere, 2002, p. 4).

> La marmite est déjà sortie du feu et il est temps que chacun prenne sa part sur les millions de FCFA, les tricycles, les Smart TV et les 4x4 à gagner (insertion d'un émoji)[10]

[10] Source : https://www.instagram.com/orangecameroun/p/DCWfZr-RUFI/ consulté le 01/05/2025 à 01 heure 25 minutes.

Cette story concerne l'affiche publicitaire d'Orange Cameroun publiée le 14 novembre 2024 sur le réseau social Instagram. Le terme « marmite » employé dans ce récit rentre dans les imaginaires sociaux des populations. Il ne s'agit pas d'une casserole qui sert à cuire les aliments, les décoctions ou les potions, mais d'un héritage ou d'un patrimoine qui contribue à assurer la survie des croyances (coutumes, rituels, etc.). Dans les croyances populaires, « la marmite » contient les bonnes choses qui ont été concoctées par les anciens et qui sont appréciées par la majorité de personnes. C'est une figure de style employée pour faire référence aux lots, aux cadeaux que les clients vont gagner. En d'autres termes, la marque ici est une « marmite » sacrée ou miraculeuse qui réalise des vœux en offrant des lots à gagner à sa clientèle. L'objectif ici est de persuader sa clientèle afin de la faire adhérer à une vérité collective qui s'appuie sur les lots à gagner qui sont offerts par la marque.

L'utilisation des mythes dans les histoires peut aider les entreprises et les marques à créer des histoires qui seront mieux retenues dans la mémoire des consommateurs, grâce au rappel des éléments déjà élaborés durant des expériences passées et ancrées dans la mémoire (Woodside, 2010 ; Börner, 2016, p. 20). En communiquant de cette façon, ces opérateurs créent une relation, une sympathie, une adhésion (objectifs affectifs). Il y a ici la volonté de l'entreprise de se faire aimer par sa clientèle à travers l'imaginaire ou la symbolique qui est insérée dans la communication narrative.

2.3. De l'authenticité et l'imaginaire à la crédibilité dans les « storytellings » des opérateurs de téléphonie mobile

Pour la création d'une relation durable avec les clients, les entreprises doivent être crédibles. C'est-à-dire que les messages véhiculés, les histoires racontées à travers divers canaux de communication doivent être vrais ou convaincants. C'est pourquoi, pour pouvoir parler de *storytelling*, l'histoire doit être insérée dans un contexte précis et les idées de base de la création doivent permettre au narrateur de convaincre de manière concrète le destinataire et de le faire adhérer à une conclusion claire, vraie et définitive (Gerber, Pic, et Voicu, 2013 ; Börner, 2016, p. 7). Qu'elle soit inspirée de faits réels ou inventés, l'entreprise doit construire une véritable histoire avec un décor, peut-être une intrigue, un personnage principal, des personnages secondaires, une fin, etc. (Zouaimia, 2017, p. 216).

Quatre publications concernant des storytellings des marques Camtel, MTN et Orange Cameroun, relatifs à la crédibilité ont été collectées sur les réseaux sociaux LinkedIn, Facebook et Instagram pour présenter les mobiles qui permettent de convaincre leurs clients.

> Professionnels, boostez vos activités avec une connexion haut débit et illimitée !
>
> Avec la fibre, profitez d'une vitesse pouvant atteindre jusqu'à 50 Mb/s ! Souscrivez
>
> en un clic sur https://lnkd.in/e7gkd2gj
>
> #Camtel#LaFibreCamtel#Fiberconnect
>
> _ _ _ _ _ _
>
> Professions, boost your business with an unlimited high speed connection !
>
> Optical fibre internet of up to 50 Mbps! Subscribe is one click at https://lnkd.in/e7gkd2gj
>
> #CAMTEL #CAMTELFibre #FiberConnet[11]

La story écrite en langue française et anglaise concerne une affiche publicitaire de Camtel Cameroun publiée sur son réseau social LinkedIn. Elle concerne la crédibilité des offres et services internet envers les professionnels. En effet, elle rappelle à cette cible d'accroître leurs activités à travers la fibre qui fournit une connexion illimitée. L'importance est d'effectuer une activité sans interruption du réseau internet ou sans plainte de la part des usagers. Pour cela, ils doivent suivre la procédure indiquée qui confirme la véracité des faits. De ce fait, on peut déduire que l'utilisation du *storytelling* est essentielle pour pouvoir transmettre un message qui englobe aussi la marque et qui puisse réellement convaincre et faire changer d'avis aux consommateurs (Lewi, 2014 ; Börner, 2016, p. 30).

Les story qui suivent concernent les affiches publicitaires de MTN Cameroun. Elles révèlent les côtés convaincant et véridique des histoires qui sont racontées par cette entreprise autour de la marque. Chacune des histoires racontées a un rapport avec l'affiche publicitaire publiée sur leur réseau social Facebook.

---

[11] Source : https://mx.linkedin.com/company/camtel-cm?trk=similar-pages_result-card_full-click consulté le 02/05/2025 à 01 heure 50 minutes.

Y'ello !

25 ans de pubs légendaires, c'est l'heure du classement ! (émoji sous forme de feu)

Depuis 25 ans, MTN t'a fait vibrer avec des pubs mémorables. (émojis représentant le cinéma et l'étoile)

Maintenant, c'est à toi de jouer ! sélectionne tes 5 spots préférés et tente de remporter ta part des

250 000 F.

Comment participer ?

Va dans « Vidéos »

Recherche « 'Spots pubs MTN since 25 years »

Choisis ton top 5, partage ton classement en commentaire avec une description originale et engageante.

Les 25 meilleurs commentaires seront sélectionnés par les CM ! (émoji souriant avec des lunettes aux yeux)

Alors, sois créatif et montre-nous pourquoi ces pubs t'ont marqué. (dessin d'une fusée)

Fin du jeu, 15 avril 12 h.

– – –

25 years of legendary ads time to rank them ! (émoji sous forme de feu)

For 25 years, MTN has brought you unforgettable commercials. (émojis représentant le cinéma et l'étoile)

Now, it's your our turn ! Pick your top 5 favorite spots and get a chance to win your share of 250, 000F.

How to participate ?[12]

Publié le 3 avril 2025, il s'agit d'un récit ludique qui est proposé à l'occasion des 25 ans de pubs légendaires aux abonnés. À travers ce jeu, l'entreprise souhaite avoir l'avis de ces personnes sur les cinq spots publicitaires qui les ont marqués et leur suggère de rédiger des commentaires inédits et attrayants vis-à-vis de la marque MTN. Le but de l'histoire est de convaincre les abonnés de participer à cette activité qui offre un gain à celui ou celle qui remportera le jeu.

[12] Source : https://web.facebook.com/MTNCAMEROON/posts/yello25-ans-de-pubs-l%C3%A9gendaires-cest-lheure-du-classement-depuis-25-ans-mtn-ta-f/1106884601481173/?_rdc=1&_rdr consulté le 01/05/2025 à 00 heure 41 minutes.

Par ailleurs, le *storytelling* autour de l'affiche publicitaire publiée le 22 août 2020 : « Y'ello ! Parce qu'on est une famille, #Ensemble On-Gère. Reçois 10 SMS gratuits chaque jour jusqu'au 24 août pour prendre des nouvelles de tes proches en saison des pluies. Tape *158*10# #Ca-VaAller #EGoBeta [13]» à travers un ton familier a pour but de convaincre aussi les clients qu'ils forment une « famille » avec MTN. De ce fait, l'offre que l'entreprise propose va consolider liens familiaux en permettant à ses clients de prendre des nouvelles de leurs proches, notamment en saison pluvieuse. On comprend alors que, la vocation principale du *storytelling* est de susciter un désir d'action, de participation, de changement ou de mouvement afin de pousser l'auditeur vers une nouvelle idéologie qui sera ensuite adoptée (Lewi, 2014 ; Börner, 2016, p. 7). Cette story a de ce fait obtenu 6,9 K *Like*, 407 commentaires et 38 transferts. Parmi les commentaires de ses abonnés, nous avons « Reçu MTN. *Thx* (insertion d'un émoji les mains sous forme de prière) [14]» et « Votre niveau de RSE c'est le *GOAT* le *level*. C'est très rare de voir une entreprise aussi impliquée [15] ». Ces commentaires marquent les réactions de ses clients face à l'offre qui est présente dans l'histoire racontée. Il s'agit des réactions positives puisque les techniques d'entretien, de distraction, de persuasion mises en avant dans le récit ont pour but de faire adhérer les clients aux conclusions qui sont édictées par l'entreprise.

> En 2025, ta vie sera top si tu roules en 4x4 ou si tu trouves l'amour ? (insertion d'un émoji qui sourit) Tente ta chance en souscrivant à un forfait Orange Bonus au # 111*1#, en effectuant une transaction Orange Money au #150# ou en passant par Max it[16].

Cette *story* concerne l'affiche publicitaire d'Orange Cameroun publiée sur le réseau social Instagram. Ce *storytelling* autour de cette affiche

---

[13] *Story* publiée sur https://web.facebook.com/photo.php?fbid=3546614572038993&id=175506022483215&set=a.200987879935029&_rdc=1&_rdr consulté le 01/05/2025 à 00 heure 46 minutes.

[14] Commentaire collecté sur https://web.facebook.com/photo.php?fbid=3546614572038993&id=175506022483215&set=a.200987879935029&_rdc=1&_rdr consulté le 01/05/2025 à 00 heure 46 minutes.

[15] Commentaire collecté sur https://web.facebook.com/photo.php?fbid=3546614572038993&id=175506022483215&set=a.200987879935029&_rdc=1&_rdr consulté le 01/05/2025 à 00 heure 46 minutes.

[16] Source : https://www.instagram.com/orangecameroun/p/DEkMUCBo-oa/ Consulté le 01/05/2025 à 01 heure 24 minutes

est ludique, en ce sens qu'il offre une opportunité à ses abonnés d'opérer un choix en souscrivant à un forfait ou en effectuant une transaction financière à travers son service financier en ligne. Il s'inscrit également dans une communication dont l'objectif est la crédibilité, l'entreprise cherche à créer une complicité et une proximité avec les clients, une relation de confiance qui va au-delà de la vente des produits et des services. De plus, « on trouve des "Questions" : qui sont une sorte d'invitation à des débats et échanges. La publication des contenus engageants et engagés a pour objectif de se différentier d'autres entreprises du secteur » (Ibanez-Bueno, et Miere, 2002, p. 6). D'où les commentaires des clients à la question qui leur a été posée, parmi lesquelles « Rouler en 4x4 et trouver l'amour[17] » et « deux illustrations pour représenter le cœur[18] ». Dans ce cas, le *storytelling* est utilisé pour convaincre les consommateurs quant à l'achat de leurs produits et services. En ce sens que, dans le domaine de la vente par exemple, l'histoire et non les caractéristiques propres au produit doit être le point fondamental pour le consommateur (Godin, 2011 ; 2016, p. 12). C'est un processus très important, où la certitude des clients quant à la conformité du produit est nécessaire pour la garantie du succès du produit et l'adhésion des internautes aux offres du *brand*.

3. Discussion

Par la diversité de ces histoires, les marques Camtel, MTN et Orange Cameroun couvrent un champ important des idéologies de la vie sociale dans lequel elles font partie. Le contenu des histoires ne se limite pas à la vente ou à la commercialisation, car elle implique les objectifs cognitifs, informatifs et affectifs qui favorisent la construction des connaissances qui répondent aux attentes des clients. Parmi lesquelles les motivations des clients sur leurs projets personnels et sur leurs affections. Ces entreprises proposent ainsi des histoires qui permettent de rendre service en se prononçant comme des acteurs capables d'accompagner leurs clientèles

[17] Commentaire collecté sur https://www.instagram.com/orangecameroun/p/DEk-MUCBo-oa/ Consulté le 01/05/2025 à 01 heure 24 minutes.

[18] Commentaire collecté sur https://www.instagram.com/orangecameroun/p/DEkMUCBo-oa/ Consulté le 01/05/2025 à 01 heure 24 minutes.

dans chacun de leurs mouvements, de leurs déplacements et de leurs projets. À travers ces *storytellings* autour de marques publiées sur internet, ces entreprises s'affirment comme des acteurs sociaux dans des domaines majeurs, dans des domaines variés, des acteurs protecteurs qui sont accessibles par leur proximité virtuelle ou symbolique, par leur omniprésence sur internet.

L'analyse et l'interprétation des *storytellings* qui sont présentés par ces opérateurs économiques sur internet n'ont pas pris en compte l'intégralité de la réception de ces histoires par les utilisateurs. Mais, les dix commentaires analysés dans cet article laissent entrevoir un certain intérêt des clients pour les spécificités de ces histoires qui les fidélisent à ces marques. De ce fait, une recherche complémentaire sur la réception, notamment sur le taux d'engagement (*« likes »* et partages des contenus) du public externe, sur le taux de commentaires et des entretiens semi-dirigés sur les spécificités des *storytellings* sur internet auprès des usagers de la téléphonie mobile seraient une opportunité pour décrire davantage ces pratiques de communication à l'ère des réseaux sociaux numériques.

Conclusion

Cette réflexion sur les pratiques de *storytelling* sur internet par les opérateurs de téléphonie mobile au Cameroun aboutit à trois résultats. Ils démontrent la pleine prise en compte de l'importance de ces pratiques de communication sur internet, qui est un média et un dispositif moderne de la communication des organisations. Au cours de leurs pratiques de *storytelling*, Camtel, MTN et Orange Cameroun construisent une cohérence communicationnelle avec leur clientèle en les attribuant des valeurs propres à l'entreprise ou à la société. Il s'agit pour eux d'accompagner leur clientèle dans toutes les situations qu'elles traversent dans leur milieu de vie. D'abord, elle contribue à enrichir la première caractéristique du *storytelling* qui s'appuie sur l'authenticité. L'analyse des données sur cette qualité a permis de comprendre que les histoires racontées autour des marques doivent être pertinentes ou originales en vue de conquérir de nouveaux clients ou de fidéliser les anciens. Le côté authentique d'une histoire permet aux marques d'être prises en considération par les clients. D'où ces réactions positives de la part de certains clients qui confirment l'originalité de ces marques. Ensuite, l'insertion du mythe dans l'histoire qui est racontée autour de l'image et du message de la marque est devenue d'une importance capitale pour les clients. Ce qui leur confère le pouvoir de comprendre et de choisir la marque qui semble être la plus alignée à leurs idéaux. Ces mythes qui concernent les héros, les légendes, les imaginaires relatifs aux faits de société peuvent exercer une influence sur les clients. Enfin, la crédibilité insérée dans la communication narrative autour des marques consiste à certifier que tout ce qui se dit sur les marques par l'entreprise est vrai et sera réalisé.

Ces trois résultats révèlent qu'une marque a donc tout à gagner lorsqu'elle propage un contenu intéressant, qui ne touchera pas seulement sa cible, mais aussi ses amis et son entourage, puisque l'avantage des médias sociaux est que le partage se fait en temps réel, rapidement et de façon virale (Jouanne, Murat et Hossler, 2014 ; Zouaimia, 2017). L'objectif est de faire en sorte que, les prospects puissent choisir telle marque et non telle autre en fonction des spécificités qui sont développées autour de la marque. C'est la raison pour laquelle, pour Stephen Herskovitz et Crystal Malcolm (2010), le storytelling est devenu essentiel afin de garantir le succès de la marque.

Références bibliographiques

Adaval R. et Wyer R. S. Jr. (1998). "The Role of Narratives in Consumer Information Processing". *Journal of Consumer Psychology*, Vol. 7, No. 3, pp. 207-245. Dans Börner, V. (2016), « Storytelling et consommateurs : Comment le Storytelling influence l'attitude envers la marque ». thèse de Bachelor, Université de Fribourg Faculté des sciences économiques et sociales Département de économie Etudes : Bachelor Gestion d'entreprise, pp.I-60. En ligne sur https://www.unifr.ch › public › TravauxBachelor , Consulté à 23 heures 38 minutes.

Armstrong G. et Kotler P. (2010). Principes De Marketing. Paris, Pearson Education.

Balagué, C. et Payon, D. (2011). Réseaux sociaux et entreprises : les bonnes pratiques. Paris, Pearson Education.

Börner V. (2016). « Storytelling et consommateurs: Comment le Storytelling influence l'attitude envers la marque ». thèse de Bachelor, Université de Fribourg Faculté des sciences économiques et sociales Département de économie Etudes : Bachelor Gestion d'entreprise, pp.I-60. En ligne sur https://www.unifr.ch › public › TravauxBachelor , Consulté à 23 heures 38 minutes.

Coenen H. J. (1998). « Formes et ambiguïtés de la compréhension en situation d'observation ». in cahiers internationaux de sociologie, vol. CIV.
Décision N° 00011.7/MPT/DT du 29 juin 1993 du Ministre en charge des télécommunications.
Décision N°000179/MPT/SG/DPE du 07 octobre 2003 qui, en son article 4.
Escalas J. E. (2004 a). "Imagine yourself in the product : Mental Simulation, Narrative Transportation, and Persuasion". *Journal of Advertising*. Vol. 33, No. 2, pp. 37- 48.
Escalas J. E. (2004 b). "Narrative Processing: Building Consumer Connections to Brands". *Journal of Consumer Psychology*. Vol. 14, No. (1-2), pp. 168-180.
Fog, K. Budtz, C. et Yakaboylu, B. (2005), Storytelling: Branding in Practice, Berlin, Springer.
Gerber W. Pic J.-C. et Voicu A. (2013). Le storytelling pas à pas. Paris, Vuibert pratique.
Gilliam D. A. Flaherty K. E. et Rayburn S. W. (2013). "The dimensions of storytelling by retail and salespeople". *The International Review of Retail, Distribution and Consumer Research*, Vol. 24, No. 2, pp. 231-241.
Godin S. (2011). Le story-telling en marketing : Tous les marketeurs racontent des histoires. Paris, Maxima.
Green M.C. et Brock T. C. (2000). "The role of transportation in the persuasiveness of public narratives". *Journal of Personality and Social Psychology*, 79(5), 701-721.
Herskovitz S. et Malcolm C. (2010) "The Essential Brand Persona : Storytelling and Branding". Journal of Business Strategy, Vol. 31, No. 3, pp. 21-28.
Ibanez-Bueno J. et Miere T. (2002). « La communication d'un opérateur téléphonique au Congo : providentielle, relationnelle ou compassionnelle ? ». *Revue française des sciences de l'information et de la communication*, n°24, [En ligne], 24 | 2022, mis en ligne le 01 janvier 2022. En ligne sur https://journals.openedition.org/rfsic/13034 ; https://doi.org/10.4000/rfsic.13034, Consulté le 17 août 2023 à 14 heures.
Jouanne A., Murat O. et Hossler M. (2014). Faire du marketing sur les réseaux sociaux : 12 modules pour construire sa stratégie social media. Ed Eyrolles.
Lewi G. (2009). Mythologie des marques : Quand les marques font leur storytelling. Paris, Pearson Village Mondial.
Lewi. G. (2014). La fabrique de l'ennemi : Comment réussir son storytelling. Paris, Vuibert.
Libaert T. et Westphalen M.-H. (2012). Communicator. Paris, Dunod.
Lundqvist A., Liljander V., Gummerus J. et Van Riel A. (2012). "The impact of storytelling on the consumer brand experience: The case of firm-originated story". Journal of Brand Management, Vol. 20, No. 4, pp. 283-297. Dans Börner V. (2016). « Storytelling et consommateurs: Comment le Storytelling influence l'attitude envers la marque ». thèse de Bachelor, Université de Fribourg Faculté des sciences économiques et sociales Département de

économie Etudes : Bachelor Gestion d'entreprise, pp.I-60. En ligne sur https://www.unifr.ch › public › TravauxBachelor , Consulté à 23 heures 38 minutes.

Mattila A. S. (2000). "The Role of Narratives in the Advertising of Experiential Services". *Journal of Service Research*, Vol. 3, No. 1, pp. 35-45.

Mc Gregor I. et Holmes J. G. (1999). "How storytelling shapes memory and impressions of relationship events over time". Journal of Personality and Social Psychology, 76(3), 403–419. https://doi.org/10.1037/0022-3514.76.3.403

Mucchielli R. (1979). L'analyse de contenu des documents et des communications. Paris, Editions ESF.

Ngok Evina J.-F. (2014). « La compétitivité des entreprises africaines : le cas du Cameroun ». *La Revue des Sciences de Gestion*, N° 267-268, p.55, pp 51 à 58 Éditions Direction et Gestion. Article disponible en ligne à l'adressehttps://www.cairn.info/revue-des-sciences-de-gestion-2014-3-page-51.htm ; consulté le 18 mars 2023.

Siyam S., Kuaté S. et Daho S. (2009). « Réforme des télécommunications: Cas du Cameroun ». Association for Progressive Communications (APC) Septembre.

Tagmeni T. C. L. (2024). « L'image de marque et pratiques de communication numérique des opérateurs de téléphonie mobile au Cameroun : quelle utilité et vers quelles finalité ? ». In Guebou T. F., Pola G. M. et Kamole, C. (Dirs) (2024). L'incertain dans la société africaine face aux changements organisationnels : entre dynamiques identitaires et intégration de nouveaux outils managériaux. Paris, Connaissances et Savoirs, p.81-96..

Temadjo J. et Tagmeni T.C. L. (2020). « Les apories des Réseaux Sociaux Numériques au Cameroun : entre effet de mode, misappropriation et/ou « performation des usages » ». in Atenga T. et Madiba G. (coord.) (2020). Les questions de développement dans les sciences de l'information et de la communication en Afrique. Mélanges offerts à MISSE MISSE, Louvain-La-Neuve, Academia - L'Harmattan, p.321-348.

Woodside A. G. (2010). "Brand-consumer Storytelling Theory and Research: Introduction to a Psychology & Marketing Special Issue". *Psychology and Marketing Psychol*, Vol. 27, No. 6, pp. 531-40.

Zouaimia N. (2017). « L'impact de la communication digitale sur la notoriété des entreprises ». École Supérieure de Commerce, Conférence Internationale en Economie-Gestion et Commerce International (EGCI-2017), *Revue Internationale des Affaires et des Stratégies Economique- UBES*, Vol.6, pp.210-217.

Les organisations médiatiques privées à l'épreuve des réseaux sociaux numériques : l'exemple de la radio Désir FM et de la radio-TV La Distinction à Ngaoundéré

Fulbert FOFACK
Université d'Ebolowa au Cameroun
fulbertfofack@yahoo.fr

Résumé

L'avènement des Technologies de l'Information et de la Communication a introduit de profonds changements dans le champ des organisations médiatiques camerounaises en général et dans celui de la ville de Ngaoundéré en particulier. Pour faire écho à cette mouvance du numérique, les organisations médiatiques de la ville de Ngaoundéré, radio Désir FM et Radio-TV La Distinction, sont présentes sur le web et sur la plateforme numérique Facebook. Du fait de la qualité de leurs activités sur Facebook, le public des internautes a des représentations mitigées sur ces deux organisations. L'objectif de cette contribution est de montrer comment la présence de ces deux organisations médiatiques de Ngaoundéré sur Facebook reconfigure le tissu socio-économique de l'univers médiatique de cette localité et quelle est la nature des représentations construites par les publics numériques à leur égard. Du point de vue méthodologique, la démarche étant qualitative, cette étude s'appuie sur des entretiens compréhensifs avec les chefs de chaîne desdites radios, lesquels sont complétés par une articulation entre ethnographie en ligne et en dehors et de l'analyse de contenu pour donner sens aux informations collectées sur le terrain. La sociologie des usages et les représentations sociales constituent le l'armature théorique de cette étude. Les résultats démontrent que les organisations médiatiques situées dans la localité de Ngaoundéré procèdent à la mutualisation et à la diversification des contenus éditoriaux afin de se positionner sur les réseaux sociaux numériques. Par ce dispositif numérique, ces radios ambitionnent de renforcer leur image institutionnelle, leur notoriété, leur visibilité et la captation de la publicité, malgré les représentations mitigées de leur public.

Mots-clés : Facebook, médias, organisation, organisations médiatiques, radio

Abstract

The advent of Information and Communication Technologies has brought about profound changes in the field of media organisations in Cameroon in general and in the city of Ngaoundéré in particular. In response to this digital shift, the media organisations in the city of Ngaoundéré, Radio Désir FM and Radio-TV La Distinction, are present on the web and on the Facebook digital platform. Due to the quality of their activities on Facebook, the online audience has mixed feelings about these two organisations. The aim of this contribution is to show how the presence of these two media organisations from Ngaoundéré on Facebook is reconfiguring the socio-economic fabric of the local media landscape and what kind of representations are being constructed by digital audiences in relation to them. From a methodological perspective, as this is a qualitative study, it is based on comprehensive interviews with the heads of the aforementioned radio stations, supplemented by a combination of online and offline ethnography and content analysis to make sense of the information collected in the field. The sociology of usage and social representations form the theoretical framework for this study. The results show that media organisations located in the town of Ngaoundéré are pooling and diversifying their editorial content in order to position themselves on digital social networks. Through this digital strategy, these radio stations aim to strengthen their institutional image, their reputation, their visibility and their ability to attract advertising, despite the mixed representations of their audience.

Keywords: Facebook, media, media organisations, Organisation, radio.

Introduction

L'avènement des Technologies de l'Information et de la Communication a introduit de profonds changements dans l'écosystème médiatique au Cameroun en général et en particulier dans la localité de Ngaoundéré. En 2012, les travaux Jumbo (2012) abordant cette question soutiennent la thèse que l'hégémonie d'internet et les autres réseaux de communication est qualifiée de vecteur d'un nouvel âge du progrès économique et social. Les recherches sur l'économie des médias et du numérique en Afrique se trouvent ainsi légitimer par la quête de nouvelles niches d'audiences et de rentabilité économique (Ngono, 2022). C'est dans ce contexte caractérisé par la montée en puissance de la Technologie de l'Information et de la Communication et du numérique dans nos différentes sphères sociales et organisationnelles, que dans la ville de Ngaoundéré les organisations médiatiques que sont : radio Désir FM et la radio-TV La Distinction, sont présentes sur le web et la plateforme numérique Facebook. Cependant, si l'on note que les transformations ont donné lieu au développement, à la reconfiguration et à la modernisation des organisations médiatiques, celles-ci font face à une kyrielle de difficultés liées à l'usage et à l'appropriation efficients de ces outils technologiques. Les représentations mitigées de leurs divers publics numériques et/ou non sur la qualité de leurs services et activités contrastent sérieusement avec les ambitions affichées par ces organisations médiatiques et leur quête de rentabilité économique et sociale. Partant de ce constat, comment se déploient les organisations médiatiques de la localité de Ngaoundéré sur Facebook ? Quels sont les paradigmes économiques qui travaillent leur présence sur cette plateforme numérique et quelles représentations se sont construit leurs divers publics numériques ? Nous formulons l'hypothèse selon laquelle d'une part, les organisations médiatiques de la localité de Ngaoundéré (radio Désir FM et radio-TV La Distinction) présentent sur Facebook, reconfigurent le tissu socio-économique de l'univers médiatique et sont à la conquête des nouveaux publics connectés dans un contexte essentiellement concurrentiel. Et d'autre part, malgré les représentations mitigées de leur public, ces organisations économiques sont motivées par la recherche de la de la publicité, visibilité et de la rentabilité.

1. Ancrages méthodologique et théorique

La présente étude vise à comprendre comment se fait la reconfiguration du tissu socio-économique de l'univers médiatique par ces deux chaînes de radios sur les réseaux sociaux numériques, notamment Facebook, dans la localité de Ngaoundéré, quelles sont les logiques des acteurs qui sous-tendent cette velléité et quelle est la nature des représentations construites par les publics numériques à leur égard. Pour faire sens et donner un caractère épistémologique à la présente étude, des exigences méthodologiques et théoriques sont convoquées dans cette partie pour permettre de confronter la théorie à la réalité du terrain et d'atteindre des résultats probants à partir des données collectées sur terrain.

1.1. Démarche méthodologique

Cette contribution accorde une place centrale à la démarche qualitative et au travail de terrain. Deux organisations médiatiques de la ville de Ngaoundéré que sont la radio Désir FM et la radio-TV La Distinction sont considérées comme terrain d'études dans cette recherche. Le choix de ces deux organisations médiatiques privées se justifie par la simple raison qu'elles ont des comptes Facebook pour mener leurs activités de communication numérique en vue d'une forte mobilisation de ses différents auditeurs connectés sur son réseau social Facebook. En plus, une des radios est commerciale (la radio Désir FM) et l'autre est communautaire (la radio-TV La Distinction). Les deux radios privées ont un audimat assez intéressant dans la ville de Ngaoundéré.

Une ethnographie et une netethnographie de ce qui se passe « on line » et « offline » ont été réalisées. Elles se sont faites à travers une observation passive des pages Facebook des deux organisations médiatiques privées qui constituent le terrain d'études de cette réflexion. En effet, cette observation en ligne a nécessité une phase d'immersion où la présence prolongée et régulière du chercheur l'informe sur la dynamique, le ton et les thématiques des fils de discussion (Le-Caroff, 2015). Ce n'est qu'en devenant lui-même l'usager que l'observateur peut s'imprégner de l'architecture et du fonctionnement du dispositif, découvrir les différents outils de participation et de personnalisation mis à la disposition des individus, ainsi que ceux dédiés à la discussion et à l'interaction. Ces outils techniques, au cours du processus d'appropriation, deviennent autant d'outils sociaux. Ainsi, avons-nous intégré les pages Facebook des deux radios et avons fait l'observation en ligne du 3 avril au 28 mai 2025 afin de mieux assurer la collecte des données.

Les entretiens compréhensifs (Kaufmann, 2007) nous ont permis de collecter des informations à partir desquelles nos hypothèses ont pu être confirmées. Il a été question de nous entretenir avec chaque chef de chaîne de ces deux organisations médiatiques. En plus, un auditeur, expert en communication digitale et membre de la page Facebook de la radio-TV La Distinction. L'interview portait essentiellement sur les usages de Facebook à la pratique de la communication numérique de chaque acteur dans son organisation en situation professionnelle. Les entretiens compréhensifs ont eu lieu au sein de leur bureau respectif. Ils se déroulaient après la prise de rendez-vous et la durée de chacun était de quinze minutes. Les données recueillies ont fait l'objet d'analyse de contenu (Bardin, 1997) pour donner du sens aux informations issues des entretiens avec les personnes interviewées.

1.2. Ancrage théorique

Le courant francophone de la sociologie des usages (Jouet et Chambat, 1994 ; Proulx, 2005 ; De certeau, 1980 ; Mallein et Toussaint, 1994) est mobilisé dans cette étude pour éprouver l'usage du réseau social Facebook par ces deux chaînes de radios et à quelle fin ? Les résultats des études de cette communauté de chercheurs s'intéressent aux nouveaux objets de communication. Ils révèlent l'écart entre « les usages prescrits » et les « usages effectifs ». Les travaux de Jouet (2000), Mallein et Toussaint (1994) semblent s'accorder pour dégager la notion d'usage dans sa capacité à signifier l'autonomie des pratiques, c'est-à-dire à reconnaitre l'usager non plus comme un simple consommateur passif, mais comme un acteur capable de se détourner des usages prescrits. Il s'agit ici de lire une dénonciation du déterminisme technologique et ses approches. Car « les premières expérimentations avec les technologies de la communication font apparaître qu'il n'y a de la part de leurs promoteurs institutionnels aucune considération des usagers autrement comme récepteurs des stratégies politiques, économiques » (Jauréguiberry et Proulx, 2011, p. 51).

La sociologie des usages permet dans cet article d'analyser les logiques sociales qui travaillent la pratique du journalisme à l'ère du numérique à travers l'utilisation de Facebook par les organisations médiatiques radio Désir FM et la radio-TV La Distinction situées dans la ville de Ngaoundéré. En plus, cette théorie permet de saisir les rationalités des journalistes ou des entrepreneurs médiatiques de ces organisations médiatiques dans l'exercice de la profession.

Les représentations sociales permettent dans cette étude de mettre en lumière les imaginaires qui gouvernent les usages de ce dispositif sociotechnique par les journalistes et les responsables des organisations médiatiques privées à Ngaoundéré. En effet, Moscovici Serge s'est beaucoup inspiré du concept de « représentations collectives » d'Émile Durkheim pour élaborer le concept de représentation sociale. De cette recherche fondatrice est ouvert tout un champ d'étude autour du concept de représentation sociale.

La représentation sociale est un système de valeurs, de notions et de pratiques relatives à des objets, des aspects ou des dimensions du milieu social, qui permet non seulement la stabilisation du cadre de vie des individus et des groupes, mais qui constitue également un instrument d'orientation de la perception des situations et d'élaboration des réponses (Ficher, 1996). D'autres chercheurs ont également tenté de comprendre ce concept. Jodelet (1984) s'accorde avec Moscovici pour la définir comme une forme de connaissance, socialement élaborée et partagée, ayant une visée pratique concourant à la construction d'une réalité commune à un ensemble social. Plus simplement, Abric (1994) indique que les représentations sociales sont des ensembles sociocognitifs, organisés de manière spécifique, et régis par des règles de fonctionnement qui leur sont propres. Ce qui conduit à la base sociale de toutes représentations, lesquelles sont enracinées dans un contexte social, dans une structure sociale bien déterminée. Par conséquent, la représentation sociale n'est ni tout à fait objective ni tout à fait subjective.

Cette théorie est pertinente pour la recherche sur les organisations médiatiques et la communication à plusieurs égards d'autant qu'elle permet, dans la présente étude, d'éprouver les faits sur le réseau social Facebook. Au demeurant, comment se manifeste la présence des radios Désir FM et la radio-TV La Distinction sur Facebook ? Comment se déploient-elles à travers leurs activités ? Que disent-elles et quelles logiques sous-tendent leurs activités ? Quelles réactions les internautes ont-ils vis-à-vis d'elles ? Comment leurs publics numériques se représentent-ils leur déploiement sur le réseau social Facebook ? Et en quoi leurs activités numériques participent-elles à la construction et à la reconfiguration de l'écosystème médiatique et du tissu socio-économique de la ville de Ngaoundéré ? Telles sont les questions qui, implicitement, constituent le soubassement idéologique de la présente réflexion. La représentation sociale spécifie ici un certain nombre de mécanismes de communication expliquant comment les idées sont communiquées et transformées en ce qui est perçu comme le sens commun. C'est là le cœur même de la communication médiatisée qui montre comment les médias naturalisent la pensée sociale et génèrent une cognition collective.

L'utilisation dans cette étude a servi à faire ressortir les différentes idées que les journalistes et les responsables des organisations médiatiques à Ngaoundéré se font de Facebook en rapport avec la profession et comment le public des internautes connectés se représentent ces deux organisations, leurs activités numériques et leur « image perçue ». Autrement dit, il s'agit de relever les imaginaires qui travaillent les usages de cette technologie par les journalistes et les responsables de la radio Désir FM et la radio-TV La Distinction et les représentations construites par les divers publics en ligne.

2. Un paysage radiophonique diversifié et une économie numérique des médias fragiles

Dans cette recherche, la radio Désir FM et la radio-TV La Distinction FM sont considérées comme des organisations au sens général et spécifiquement des organisations médiatiques privées parce qu'elles produisent des contenus médiatiques qui sont des services rendus au grand public. De manière générale, l'organisation dans le cadre de ce travail au sens de Kamdem (2000, p. 2) est prise comme un « groupement de personnes poursuivant des objectifs plus ou moins déclarés et partagés et qui, par ailleurs, se donnent le moyen pour la réalisation de ces objectifs ».

2.1. Le paysage radiophonique de Ngaoundéré

Parler du paysage radiophonique à Ngaoundéré n'évite pas d'évoquer également la pratique du journalisme d'un point de vue général. Ainsi, le journalisme est à l'image de la société. Chaque société a ses travers. Ce qui reviendrait donc à dire que les pratiques du journalisme peuvent prendre de la coloration de ces travers sociaux (Madiba, 2012, p. 119). C'est pourquoi le journalisme est souvent au centre des débats sociaux. Et chaque citoyen, dans la familiarité qui le lie aux médias, croit pouvoir apporter un regard sur ses maux. Profession de l'actualité par excellence, le journalisme est également lié aux pratiques de l'époque. C'est aussi une activité qui a une forte emprise avec les réalités sociales entourant l'environnement. Si les médias sont des acteurs importants de la démocratisation d'un régime, alors le journalisme n'est pas une profession comme les autres, c'est un maillon essentiel de la démocratie (Madiba, 2012, p. 119).

La région de l'Adamaoua, située au cœur du Cameroun et dont le chef-lieu est Ngaoundéré, a une superficie de plus de 63 701 km2 pour une population d'environ 1,4 million d'habitants. Elle se distingue par sa richesse culturelle et sa diversité ethnique. Dans ce contexte, les médias jouent un rôle essentiel en tant que vecteurs d'informations, d'éducation et de promotion des valeurs démocratiques. Ainsi l'exploitation de l'état des lieux des médias, en l'occurrence, des radios dans cette région, et au mieux de Ngaoundéré, offre un aperçu précieux des défis et des opportunités qui caractérisent l'écosystème médiatique local. En plus, la mise en lumière du paysage radiophonique de la région de l'Adamaoua permet de mieux comprendre comment ces radios participent à la formation de l'opinion publique, à la diffusion de l'information, à la reconfiguration de la réalité socio-économique et au développement de la démocratie locale. Un rapide panorama des radios dans la région de l'Adamaoua en général et à Ngaoundéré en particulier donne sens à la cartographie suivante : quatre (4) radios commerciales dans l'Adamaoua (CRTV /Adamaoua ; Kawtal FM [Echo du Mbéré] ; Désir FM ; 2ZFM) et douze (12) radios communautaires dans l'Adamaoua (La Voix du Mont-Djim ; Mont Ngaoui FM ; Radio Communautaire de Dang [Radio Campus] ; Radio Communautaire de Nyambaka ; Radio Amour ; Radio Banyo ; Radio Bonne Nouvelle ; Radio la Distinction ; Radio Pagnéré FM ; Radio Sawtu Jam Jamanu ; Sawtu Linjiila ; Tikiri FM)[38].

2.2. Une économie numérique des médias fragiles

La question de l'économie des médias classiques en général et celle de l'économie numérique des médias en particulier a fait l'objet des travaux par de différents chercheurs (Desmoulins-Toussaint, 2004 ; Sonnac et Gabszewicz, 2006 ; Accardo, 1998 ; Jumbo, 2012 ; Boteteme et *al.*, 2020 ; Ngono, 2022). Ils se sont préoccupés tour à tour du coût de production des médias, des recettes des entreprises médiatiques, de la demande des produits médiatiques par les consommateurs et les annonceurs, de la précarité ambiante, bref du fonctionnement et de la rentabilité des organisations médiatiques.

[38] Source : la cartographie des médias au Cameroun du 15 décembre 2024 du Conseil National de la Communication

En effet, les travaux de Boteteme, *al.* (2020) font un état des lieux de l'économie des médias classiques dans les coulisses de la presse au Cameroun. Selon les auteurs de cet ouvrage, le problème de la presse dans ce pays, c'est la mauvaise organisation du secteur. La précarité ambiante, le manque de formation de ses acteurs, l'affairisme, la pratique du deux poids deux mesures, les salaires de catéchistes, l'absence de convention collective, la rareté des subventions. À tout cela s'ajoute l'économie de la coercition.

Toujours au Cameroun, les médias à capitaux publics tirent leurs sources de revenus des recettes publicitaires, de la redevance audiovisuelle et de la vente au numéro pour le cas de la presse écrite. Mais, ce n'est pas le cas pour les médias à capitaux privés. Ces derniers doivent leur fonctionnement aux recettes publicitaires, l'aide à la presse privée faite par l'État. C'est le lieu d'ajouter à ces sources de revenus connues de fonctionnement des médias à capitaux privés, l'intrusion des capitaux privés. En effet, c'est une catégorie d'acteurs qui se chargent d'injecter de l'argent dans un média et, en retour, ils instrumentalisent ce dernier pour des logiques plus au moins inavouées. Il peut s'agir des hommes politiques, des hommes d'affaires, des ministres, bref des autorités détenteurs surtout du capital financier.

Dans un contexte de fragilité et précarité des médias en général au Cameroun et ceux de Ngaoundéré en particulier, cette situation favorise l'entrée avec aisance des investisseurs souterrains dans les médias en vue de les contrôler. Au regard de cette analyse, la question qui peut attirer l'attention est celle de savoir comment se structure le système ou le mécanisme du modèle de l'économie numérique des médias au Cameroun de manière générale et dans l'Adamaoua en particulier.

Pour Ngono (2022), l'avènement de l'Internet et l'explosion du numérique se sont accompagnés du phénomène de la migration en ligne de structures médiatiques. Il analyse les enjeux et modalités d'appropriation des réseaux sociaux numériques par les médias classiques en Afrique. Pour cet auteur, l'accent est mis sur les modèles socio-économiques qui gouvernent le processus de marchandisation de contenus à l'ère de la numérisation. Un accent est notamment mis sur les stratégies numériques de déploiement des producteurs et éditeurs médiatiques. C'est dans la même logique que les travaux de Jumbo (2012), décrivent ce mécanisme de recomposition et de reconfiguration de la pratique du journalisme à l'ère du numérique. Selon lui, la presse en ligne a pour principal modèle économique la vente de son audience aux annonceurs c'est-à-dire la monétisation de son espace publicitaire. Puisque l'essentiel de ces contenus éditoriaux est gratuit. Il lui faut donc trouver de nouvelles stratégies soit pour augmenter cette audience ou multiplier ses recettes.

En fait, les galeries marchandes constituent une possibilité offerte aux sites d'information en ligne de gagner de l'argent. Ce qui peut développer une relation étroite entre le contenu rédactionnel, le produit à promouvoir et le consommateur-client. Le procédé en lui-même consiste à placer des formulaires d'achat à des clics d'articles donnant l'opportunité aux lecteurs de s'informer et de consommer en même temps. L'introduction de cette technique dans la vie des médias n'est pas sans risque pour l'autonomie des rédactions par rapport aux services commerciaux.

3. Discussion

En paraphrasant Floris (1996), si vous ne dites pas ce que vous êtes, les autres diront ce que vous n'êtes pas. Pour éviter de voir son image soit travestie par les publics internes ou externes, l'organisation doit communiquer sur ce qu'elle fait, sur ses ambitions et sur ce qu'elle est. La crédibilité d'une organisation se mesure aussi par la relation qu'elle entretient avec ces différents publics. Ainsi, en partant du principe selon lequel toute organisation (marchande ou non marchande (publique, privée) quelle que soit sa taille se doit de communiquer, la communication des organisations est appréhendée dans cette étude au sens de Boyomo (2012) comme un processus d'écoute et d'émission de messages et de signes à destination de publics particuliers et visant à l'amélioration de l'image, au recrutement de ses relations, à la promotion de ses produits ou services et à la défense de ses intérêts. Dans cette dynamique, une organisation peut mener des actions de communication des organisations pour atteindre des objectifs que sont : (faire connaître l'entreprise ou le produit ; faire aimer l'entreprise ou le produit ; pousser à l'achat du produit ; chercher la visibilité ; accroitre sa notoriété ; renforcer son image de marque).

3.1. Facebook au service de la radio Désir FM et le renforcement de son image institutionnelle

L'image de l'organisation entendue ici comme la représentation qu'a le public de l'organisation à travers les différents « signes » que celle-ci émet est l'élément le plus tangible qui persiste le plus dans les imaginaires du public. C'est dans ce sens qu'il est loisible de parler dc la communication institutionnelle qui vise à fournir une image forte de l'entreprise et à la positionner sur des valeurs susceptibles de lui fournir un avantage concurrentiel durable. Expression de son identité, pour parodier (Garbett, 1981), les chaînes de radio de Ngaoundéré doivent dire ce qu'elles sont, ce qu'elles veulent et ce qu'elles ont fait. Dans la présente étude, cette stratégie consistant à la fabrication de son identité et son image passe par la diffusion des contenus attractifs aux publics connectés et d'autres *followers* par la chaîne de radio. Il s'agit notamment des titres des émissions et des programmes qui sont diffusés à la radio et ensuite rediffusés sur la page Facebook de cette organisation médiatique. En plus, des condensés de l'actualité nationale et internationale sont relayés sur la plateforme numérique.

Les mutations technologiques de l'activité des entreprises vont, elles aussi, s'inscrire dans des formes esthétiques de représentation, et s'inscrire dans l'esthétique du texte, du son et de l'image de l'organisation (Boteteme, 2012, p. 28). Pour faire écho à Alloing (2015 ; 2016) ; Boistel et Laroutis (2019), leurs travaux s'inscrivent dans la même logique en montrant que l'émergence des réseaux sociaux numériques a véritablement modifié la gestion de la réputation et l'engagement des entreprises. Ainsi, il ressort de l'entretien avec Ndongo Salomé, chef de la chaîne de la radio Désir FM, qu'une des raisons de la présence sur les réseaux sociaux numériques de ce média est la reprise du contrôle de l'image institutionnelle sur internet.

Les organisations médiatiques ne peuvent plus être des abonnés absents sur les réseaux sociaux numériques. Et cette technologie induit la modernisation et la reconfiguration qui participent au changement organisationnel. C'est pour cette raison que cette radio est présente en ligne à travers sa page Facebook. L'objectif principal est le renforcement de l'image de l'entreprise sur la toile ainsi que sa réputation. Dans un environnement concurrentiel des organisations médiatiques publiques et privées à Ngaoundéré, il faut chercher à mieux se positionner auprès des auditeurs et des annonceurs. En dehors de l'usage des outils numériques pour communiquer, d'habitude, d'autres actions de communication sont menées à la fois en interne et en externe pour maintenir l'image et la réputation de la radio auprès du public interne et externe. Le personnel de cette organisation cherche à créer et à renforcer le lien social avec le public connecté de la radio sur les plans national et international. Montrer les contenus diffusés sur la plateforme numérique de la radio constitue aussi un autre objectif : « avec les réseaux sociaux numériques, nous faisons attention à notre réputation en ligne, c'est pour cette raison que ces plateformes sont administrées par un *Community manager* »[39].

À la lumière de ce qui précède, il ressort que les réseaux sociaux numériques ont profondément modifié les pratiques de communication, les dynamiques internes et externes, ainsi que la gestion des relations entre l'organisation et ses publics, surtout dans un environnement de compétitivité des organisations médiatiques.

3.2. De la fabrication de la visibilité au renforcement de la notoriété

À partir du moment où les organisations déploient des stratégies de communication pour construire leur visibilité dans l'espace public, les entreprises se voient reconnaître une identité et un statut institutionnel (Boteteme, 2012, p. 29). C'est ainsi qu'en plus du renforcement de l'image institutionnelle, la radio Désir FM justifie sa présence sur Facebook par le fait qu'elle veut créer la visibilité et renforcer aussi sa notoriété. Cette notoriété fait référence au niveau de familiarité que les consommateurs ont avec une marque en particulier, et ceci sur la durée. Ce point de vue est soutenu par Salomé Ndongo :

> en dehors de vouloir renforcer notre image institutionnelle sur Facebook, nous avons aussi pour objectif d'augmenter notre visibilité et notre notoriété. Notre chaîne de radio en ligne est écoutée hors du Cameroun. Par exemple, elle est suivie dans plusieurs pays africains. C'est pour cette raison que 'avec le numérique, nous voulons nous saisir de l'opportunité offerte par cette technologie pour diffuser des contenus accrocheurs et attractifs en prenant en compte la demande des différents auditeurs.

En plus de cette visibilité dont parle cette interlocutrice, la notoriété est mesurée en fonction de la capacité des consommateurs à reconnaître le logo, le nom, les produits et les autres ressources de la marque. Dans un contexte de concurrence, il est plus que jamais crucial, pour une entreprise qui se veut pérenne, de communiquer avec tous ses publics (Klauss,

---

[39] Entretien réalisé avec Ndongo Salomé, journaliste, chef de chaîne de la radio Désir FM à Ngaoundéré, le 16 mai 2025 à 12H 30 minutes au siège de la radio, carrefour cinéma Adamaoua à Ngaoundéré.

2017, p. 103-107). Par ses publics, la référence est faite ici aux différentes entités qui interviennent à tous les niveaux du processus de création de valeur, de la conception du service jusqu'au consommateur final.

> En plus, il est question pour notre entreprise d'établir des interactions avec nos différents publics pour les offrir la possibilité de faire des remarques et suggestions sur nos émissions et programmes. C'est pour cela qu'on diffuse des contenus comme « les grandes Unes des journaux », et autres contenus de certains programmes avec pour but de construire la visibilité et de renforcer la notoriété de la radio auprès de sa cible. Il s'agit d'amener ce public de *followers* à interagir avec les « commentaires », les « *likes* », sur notre compte Facebook[40].

Au regard de ce qui précède, la radio Désir FM est Facebook, un dispositif sociotechnique de communication, pour interagir avec son public numérique dans le but de créer et de renforcer la visibilité et la notoriété de l'organisation. Les remarques et les suggestions des internautes permettent de mieux construire la personnalité de l'entreprise et donnent un feedback réel de « l'image perçue » de l'organisation. Il est important de le souligner : dans une perspective de communication, c'est-à-dire le premier niveau de la pyramide, les plateformes socionumériques servent de canal de diffusion, tout comme les médias de masse. Cette perspective peut s'avérer intéressante pour les organisations médiatiques de Ngaoundéré qui souhaitent se familiariser avec les outils des médias socio-numériques, puisqu'elle permet d'y assurer une présence tout en limitant les risques, notamment par le contrôle du contenu diffusé (Yates, et Arbour, 2013, p. 15).

Le second niveau fait référence à une stratégie dite d'interactions, selon laquelle les organisations cherchent à échanger davantage avec les citoyens afin de recueillir leurs commentaires à propos des services offerts ou des enjeux auxquels elles font face. Dans une telle perspective, les organisations cherchent également à tirer bénéfice de « l'intelligence collective » (Lévy, p. 1994), notamment par la création de nouveaux contenus par de tiers partis. Une telle stratégie nécessite temps et efforts, notamment en vue de conserver un certain droit de regard sur le contenu ainsi créé pour s'assurer de sa qualité.

---

[40] Entretien réalisé avec Salomé Ndongo, journaliste, chef de chaîne de la radio Désir FM à Ngaoundéré, le 16 mai 2025 à 12 h 30 minutes au siège de la radio, carrefour cinéma Adamaoua à Ngaoundéré.

Ces changements sont analysés par les théories de la visibilité numérique et de l'économie de l'attention, qui prennent en compte les mécanismes de diffusion et d'amplification des informations. Les réseaux sociaux numériques ont non seulement transformé la manière dont les entreprises construisent et maintiennent leur image publique, mais aussi réagissent aux crises (Bogui et Agbobli, 2017). En tenant compte des dynamiques d'attention et de visibilité en ligne (Treem, et Leonardi, 2012), il devient crucial de comprendre comment ces nouvelles réalités impactent l'efficacité des stratégies mises en place et comment les entreprises doivent adapter leurs approches en conséquence.

3.3. Facebook au service de la radio-TV La Distinction : de la mise en scène de la publicité à la fabrique de la célébrité et de la visibilité

La radio-TV La Distinction FM mobilise également Facebook pour des objectifs liés à la publicité, la fabrique de la célébrité et la visibilité. En effet, il s'agit pour cette organisation médiatique privée de mener des actions de communication publicitaire en diffusant des contenus religieux sur Facebook. Hormis les programmes religieux, elle informe sur les activités menées par la radio en lien avec l'église. Dans ce cas, il est question de toucher le public connecté de la ville de Ngaoundéré et hors de la ville. C'est ce public qui écoute la radio qui est également membre ou fidèle de l'église. En dehors de ce versant publicitaire, l'on relève aussi des logiques de célébrité et de visibilité qui gouvernent la radio-TV La Distinction à travers son promoteur, qui est aussi un entrepreneur religieux.

3.3.1. La mise en scène de la publicité

Le Cameroun, pays qui se caractérise par une grande diversité religieuse[41], connaît une croissance remarquable de l'usage du numérique[42]

[41] Selon les chiffres publiés par l'Institut National de la Statistique (INS), les catholiques représentent environ 37 % de la population, les protestants environ 24 %, les musulmans environ 32 %, les orthodoxes environ 0,5 %, les autres chrétiens environ 4 %, les animistes environ 3,6 %.

[42] Depuis 2015, le nombre d'internautes au Cameroun a plus que triplé, passant de 4,1 millions en 2015 à environ 12,4 millions en 2025, selon les rapports annuels de We Are Social et Hootsuite.

par divers acteurs de diverses organisations. Les organisations religieuses ne sont pas en marge de cette migration vers le digital. Les confessions religieuses essayent pour certaines et pour d'autres de manière spectaculaire de s'adapter progressivement à ces nouvelles réalités.

Avec l'essor de l'internet, des réseaux sociaux numériques et des technologies mobiles, la manière dont les organisations religieuses communiquent avec leurs fidèles a radicalement changé. Cela se caractérise notamment par l'accessibilité accrue des messages religieux qui sont désormais diffusés instantanément à une audience mondiale, 24 h/24, 7jours/7. L'on assiste également à un fort engagement numérique. En effet, le réseau social numérique Facebook offre aux organisations religieuses une plateforme pour interagir directement avec les fidèles qui peuvent poser des questions, partager des réflexions. Il permet aux personnes qui ne peuvent pas se déplacer pour des raisons physiques, géographiques ou autres de participer à des services religieux.

Lors de nos entretiens infra avec le responsable de la chaîne de radio-TV La Distinction, la quête de la publicité est capitale parmi les autres raisons qui motivent la présence de cette organisation médiatique en ligne. La publicité est alors entendue comme étant toutes les techniques de promotion utilisées pour faire connaître ou faire valoir une organisation, un produit, un service, un évènement ou une idée, quelles que soient la forme et la finalité (Boteteme, 2014). Pour aller dans ce sens, ce chef de chaîne affirme :

> *[...] Nous avons une église. Et la radio-TV La Distinction offre des programmes variés à nos auditeurs, qui sont parfois aussi nos fidèles. Du coup, avec le numérique, nous avons aussi mis l'accent sur les réseaux sociaux numériques, comme Facebook pour étendre notre communication même auprès du public en ligne et hors de la ville de Ngaoundéré. En effet, cette plateforme numérique nous permet de faire la publicité de notre radio en tant qu'entreprise. En plus, il est aussi question de capter les annonceurs pour faire vivre notre organisation médiatique, puisque c'est la publicité qui est la principale source de revenus des médias privés. Au final, nous voulons susciter les interactions entre l'entreprise médiatique et le public, fidèles de l'église*[43].

[43] Entretien réalisé avec IYA Marcelle, journaliste, chef de chaîne de la radio-TV La Distinction à Ngaoundéré, au siège de la radio au quartier Mbideng à Ngaoundéré, le 16 mai 2025 à 15H 30 minutes.

À la lumière de ce qui précède, il en ressort que les enjeux publicitaires travaillent à la fois les organisations médiatiques et religieuses. En plus, Facebook offre à ces organisations une possibilité de mener une communication publicitaire numérique afin de mieux opérer un positionnement auprès du public connecté. C'est pour cette raison que l'accent est mis sur la publicité, au mieux sur la communication publicitaire.

À ce sujet, Dayan (2001) montre que la publicité permet de valoriser les produits et les marques d'une firme auprès des consommateurs. Elle facilite l'écoulement des produits sur un marché. Ensuite, la publicité est une technique de communication qui facilite la vulgarisation des valeurs chères à l'entreprise dans un environnement donné. Elle est aussi au service d'une cause.

La communication publicitaire devient donc une activité professionnelle qui a ses spécialistes et ses méthodes qui sont mis au profit des organisations de tout type. Le publicitaire se situe à une position clef de la diffusion des biens de consommation. Ce qui est important, ce sont les gains financiers. Conscient de la capacité des cibles de communication à agir uniquement pour leurs intérêts, il met sur pied des stratégies pour qu'ils succombent au charme de ses produits (Ndongue, 2018, p.21).

En ce qui concerne les organisations religieuses, ces médias sont aussi le lieu des conséquences fâcheuses pour une société (Méka, 2009). En vantant leur charisme de guérison, en proposant des séances de guérison et d'exorcisme en direct dans la radiodiffusion ou les réseaux sociaux numériques, certains pasteurs drainent vers eux des malades qu'ils détournent des hôpitaux (Mouthe, 2012, p.88). La perte de confiance de la médecine naturelle ou moderne au profit d'une médecine « spirituelle » ou l'appel aux dons obligatoires constitue un risque réel que plusieurs spécialistes du développement de nouveaux groupes religieux africains dénoncent (Francello, 2006) et considèrent ces « prophètes » comme des « escrocs de Dieu » (Marshall-Fratani, 2001). La communication numérique avec pour finalité l'attractivité, la publicité, la visibilité et la célébrité des chaînes de radios religieuses a ses effets, car il est difficile pour l'auditeur profane ou en manque d'esprit de distanciation de distinguer la bonne graine de l'ivraie.

3.3.2. La quête de la célébrité et de la visibilité

Les travaux de Mballa et Abouga (2023) montrent effectivement comment les activistes politiques au Cameroun peuvent mobiliser les plateformes numériques pour se construire une visibilité. C'est partant aussi de cette littérature que les activités de la radio-TV La Distinction en ligne ne se détournent pas de ce principe de la recherche de la reconnaissance sociale et de la célébrité. C'est ainsi que les activités religieuses menées par le professeur Iya Moussa, promoteur de la radio et télévision La Distinction et de l'église La Distinction, n'échappent pas aux logiques de la quête de visibilité et de la célébrité qui ont cours sur les réseaux sociaux numériques. Des plateformes comme TikTok, Instagram, Twitter ou encore Facebook sont de véritables lieux de vente ou de vulgarisation d'images de soi, dimension relative à la quête de visibilité, de reconnaissance et de célébrité qui est une donnée et une réalité essentielle et existentielle des mobilisations des hommes de Dieu comme des pasteurs, des prêtres au point que l'on présagerait difficilement autant d'enthousiasme en dehors de ces plateformes. Autrement dit, c'est ainsi que la carrière de ces entrepreneurs religieux se construit au travers des velléités empreintes de populismes.

C'est partant de là que les réseaux sociaux numériques sont les lieux par excellence de production et de reproduction des luttes de visibilité de soi et, par conséquent, rendent populaires ces acteurs au moyen des démarches populistes qui imprègnent ceux qui s'y emploient. À l'image de tous les acteurs qui s'y déploient donc, les activistes numériques et les influenceurs sont aussi traversés par une lutte permanente pour le plus grand nombre d'abonnés ou *followers*, pour un nombre croissant et important de commentaires, de *likes* et de partages, qui constituent en réalité des indicateurs non négligeables de popularité et de célébrité dont il ne suffit pas d'une simple volonté pour s'en départir. C'est dans ce sens qu'asserte Yaya Paul, membre de la page Facebook de la radio, de l'église et auditeur de la radio :

> *Le promoteur de l'église et de la chaîne de radio à travers sa page Facebook cherche à se construire une célébrité et, par ricochet, la visibilité de son entreprise médiatique et son organisation religieuse. Puisque les deux organisations sont liées. C'est dans cette logique qu'il met en scène toute cette communication numérique avec Facebook en produisant les bons contenus pour obtenir des likes et les abonnés ou followers, ainsi que les commentaires, le nombre de vues des vidéos*[44].

[44] Entretien réalisé avec Yaya Paul, membre de la page Facebook de la radio et de l'église et auditeur de la radio-TV La Distinction à Ngaoundéré, le 17 mai 2025 à 110H 30 minutes au siège de la radio, à au quartier plateau à Ngaoundéré.

En effet, engagées dans les luttes de visibilité en vue d'accroître leur capital célébrité, les mobilisations des entrepreneurs religieux sont révélatrices de logiques qui commandent parfois la publication ou la transmission sans décodage de certaines informations aux multiples auditeurs et fidèles de l'église. Finalement, la communication numérique passe pour être un levier incontournable pour les organisations religieuses en quête d'affirmation, de visibilité, de conquête et de fidélisation des adeptes dans un contexte hautement concurrentiel.

Conclusion

À défaut de conclure, le présent travail avait pour objectif d'analyser et d'appréhender les logiques qui structurent la pratique de la communication numérique à travers la mobilisation de la plateforme numérique Facebook par les organisations médiatiques privées de la localité de Ngaoundéré. Autrement dit, il s'agit de déterminer l'apport de ce réseau social numérique dans la pratique de la communication numérique par les organisations médiatiques. De ce fait, nous avons postulé que, d'une part, les organisations médiatiques de Ngaoundéré (la radio Désir FM et la radio-TV La Distinction) migrent sur les réseaux sociaux numériques pour reconfigurer le tissu socio-économique de l'univers médiatique et pour conquérir de nouveaux publics connectés dans un contexte de concurrence des entreprises médiatiques. Et d'autre part, la quête de la visibilité et de la publicité constitue une autre motivation.

Ainsi, pour procéder à la vérification de l'hypothèse de départ, nous avons fait recours à l'observation en ligne, et aux entretiens compréhensifs, comme outil de collecte de données. De façon globale, les entretiens avec le personnel des organisations médiatiques révèlent que, de nos jours, l'avènement du numérique est venu reconfigurer le champ professionnel des organisations médiatiques. Dans la même logique, la concurrence des organisations médiatiques privées et publiques pose aussi la problématique de la révision des stratégies de communication. Il s'agit d'adapter la communication au contexte du numérique. Le contexte n'est pas simplement une évocation sémantique, il désigne de plus en plus l'ensemble des informations qui contribuent à donner à un individu ou un groupe une signification à une situation (Boteteme, 2012, p. 21).

Finalement, les résultats de l'étude montrent que les organisations médiatiques la radio Désir FM et la radio-TV La Distinction mobilisent Facebook pour conquérir le public connecté ou le public en ligne. En plus, il s'agit aussi de communier avec le public radiophonique et certains fidèles qui se trouvent hors de la ville de Ngaoundéré, voire hors de la région de l'Adamaoua. Il est question enfin pour ces organisations médiatiques d'utiliser Facebook pour mener les actions de communication institutionnelle. Cette forme de communication renforce la notoriété et l'image de l'organisation. Les logiques de fabrication de la visibilité de l'entreprise et de ses produits et la quête de la publicité chez les annonceurs gouvernent aussi la mise en scène des organisations médiatiques sur Facebook.

Étant donné que Facebook semble offrir plus de possibilités d'interactivité et, de ce point de vue, permet aux divers publics de réagir, de donner leurs opinions sur les émissions et les programmes des organisations médiatiques, cette recherche renseigne que la gouvernance participative tant prônée par les organisations médiatiques est loin d'avoir atteint son efficacité, à cause de la faible interaction entre les radios, leurs auditeurs et les internautes sur Facebook. En fin de compte, l'observation des usages des réseaux sociaux numériques par les organisations médiatiques dans la pratique de la communication numérique selon nos enquêtes, informe qu'il y aurait une sorte de « mimétisme » ou « un effet de mode » pour s'arrimer aux pratiques sociales des sociétés occidentales.

Références bibliographiques

Alloing C. (2015). Votre entreprise plus nette sur le Net : Comment les professionnels fabriquent-ils les publics et les imaginaires de l'e-réputation ? Communication, Information médias théories pratiques, 33(2).

Alloing C.,(2016). [E]réputation : Médiation, calcul, émotion. CNRS Éditions, coll. CNRS Communication.

Abric J-C. (1994) Pratiques sociales et représentations. Paris, PUF.

Accardo A. (1998). Journalistes précaires. Bordeaux, Le Mascaret.

Bardin L. (1997). L'analyse de contenu. Paris, PUF.

Boyomo A. L. C. (2013). Communication des organisations, sociologie Presses de l'UCAC.

Boteteme J. (2012). Des identités locales à l'interculturalité dans les entreprises basées au Cameroun. in Atenga T., Madiba G. (Dir). La communication au

Cameroun. Les objets, les pratiques. Paris, Editions Les archives contemporaines.
Boteteme J. (2014). La camerounisation du message publicitaire audiovisuel. Thèse de doctorat en Sciences de l'information et de la communication, Université de Douala.
Boteteme, J., Cwako Monkam G. et *al*. (2020). L'économie des médias. Dans les coulisses de la presse au Cameroun. Paris, Editions Universitaires Européennes.
Bogui J.-J., Agbobli C. (2017). L'information en périodes de conflits ou de crises : Des médias de masse aux médias sociaux numériques. Communication, technologies et développement, (4).
Boistel P., Laroutis D. (2019). E-réputation et réputation : Similitudes et différences. Une analyse comparative conceptuelle. RIMHE : Revue Interdisciplinaire Management, Homme(s) & Entreprise, (3), p. 104-120.
Chambat P., Jouet J. (1994). « Usages des technologies de l'information et de la communication : évolution des problématiques ». in Technologies, et Société, vol 6 n°3.
Dayan A. (2001). La publicité, Armand Colin.
De Certeau M. (1980). L'invention du quotidien. Paris, UGE.
Francello S. (2006). Les Aventuriers du pentecôtisme ghanéen. Paris, Karthala et IRD.
Ficher G. (1996). Les concepts fondamentaux de la psychologie sociale. Paris, Dunod
Floris B. (1996). La communication managériale. Presses Universitaires de Grenoble.
Jumbo L. (2012). La recomposition des identités professionnels des journalistes camerounais par Internet. in Atenga T., Madiba G. (Dir). La communication au Cameroun. Les objets, les pratiques. Paris, Editions Les archives contemporaines.
Jouet J. (2000). « Pratiques de la communication et figures de la médiation ». Réseaux, n°60, p.389-521.
Jouet J. (2000). « Retour critique sur la sociologie des usages ». in Réseaux, Volume 18, n°100, 2000. Communiquer à l'ère des réseaux. pp. 487-521.
Jodelet D. (1987). « Représentation sociale : Phénomènes, concept et théorie ». in Moscovici S., Psychologie sociale, Paris, PUF.
Kaufmann J-C. (2007). L'entretien compréhensif. Paris, Arman Colin.
Kamdem E. (2000). « L'analyse des organisations en Afrique : un champ de recherche émergent ». in « revue africaine de sociologie », 4, (2).
Le-Caroff C. (2015). « Le genre et la prise de parole sur Facebook » De Boeck/Supérieur « Participation ». n° 12, p. 109-137
Lévy P. (1994). L'intelligence collective. Pour une anthropologie du cyberespace. Paris : La Découverte

Madiba G. (2012). Le journalisme au Cameroun : logiques de débrouillardise d'un territoire professionnel en chantier. in Atenga T., Madiba G. (Dir). La communication au Cameroun. Les objets, les pratiques. Paris, Editions Les archives contemporaines.

Marshall-Fratani R. (2001). « Prospérité miraculeuse : pasteurs pentecôtistes et argent de Dieu au Nigeria ». Politique africaine, n°82, Paris, Karthala, juin 2001, p.24-44.

Mallein P. Toussaint Y. (1994). « L'intégration sociale des technologies de l'information et de la communication : une sociologie des usages ». TIS, vol 6, n°4

Méka A. (2009). Enjeux et stratégies de la communication des églises pentecôtistes au Cameroun. Mémoire de Master en Sciences de l'Information et de la Communication, Douala, Université de Douala

Mouthe G. (2012). Dynamiques et identités de l'audiosphère chrétienne au Cameroun. in Atenga T., Madiba G. (Dir). La communication au Cameroun. Les objets, les pratiques, Paris, Editions Les archives contemporaines.

Mballa E. E., Omgba A. C. (2023). « Être activiste à l'ère du numérique au Cameroun : entre logiques de visibilisation des causes sociales, luttes de visibilité de soi et stratégies d'accumulation ». Communication, technologies et développement [En ligne], 13 | 2023, mis en ligne le 20 octobre 2023, consulté le 18 avril 2025. URL : http://journals.openedition.org/ctd/9361 ; DOI : https://doi.org/10.4000/ctd.9361

Ndongue E. T. (2018). Les pratiques publicitaires au Cameroun : utilisation et enjeux des formes de proximité langagière dans les affiches publicitaires. Thèse de Doctorat en Sciences de l'information et de la communication, Université de Douala.

Ngono S. (2022). L'économie des médias et le numérique en Afrique. Saint Denis de la Réunion (France), Presses Universitaires Indianocéaniques.

Sonnac N., Gabszewicz J. (2006). L'industrie des médias. Paris, Éditions La Découverte.

Toussaint-Desmoulins N. (2004). L'économie des médias. Paris, PUF.

Treem J. W., Leonardi P. M. (2012). Social media use in organizations : Exploring the affordances of visibility, editability, persistence, and association. Communication Yearbook, 36, 143-189.

Conclusion générale

MUNNÉ BATET BOTÉTÈMÈ
Université de Douala
botetememunet@gmail.com

Comment conclure un ouvrage aussi dense ? Le concept de conclusion dans sa définition étymologique est chargé de sens et de significations. Sa définition stipule que le concept de conclusion marque l'aboutissement de quelque chose. Il représente l'accomplissement d'une action, d'un ouvrage, la déduction logique et souvent même synallagmatique d'une œuvre, au dénouement certain et sûr, d'une situation jugée au départ sans issue et incertaine, un épilogue probant, une fin logique et un résultat qui frise l'harmonie. Disons tout simplement que la communication des organisations vit ses plus beaux jours. Les nouveaux outils de communication se renouvellent au gré des inventions, de nouveaux acteurs de plus en plus nombreux et performants apparaissent, disséminés de part et d'autre. Ils offrent des spécialités adaptées aux nouvelles donnes professionnelles et académiques. Ces spécialistes se sont même professionnalisés dans des domaines spécifiques. De nouveaux métiers plus précis, plus concis, plus techniques et professionnalisants ont fait leur apparition. L'avènement de nouveaux dispositifs, de nouvelles perspectives, des stratégies innovantes et des enjeux de plus en plus abondants caractérisent cette ère. Chaque jour qui apparaît apporte son lot quotidien de surprise dans le champ très vaste de la communication des organisations. Comme un phénix/phœnix, la communication des organisations renaît de ses cendres. L'inquiétude de nos pairs formateurs dans cette spécialité a disparu depuis longtemps. La continuité et la succession sont assurées. La communication des organisations aujourd'hui a de la graine. Elle a de l'avenir. Elle compte des spécialistes, des professionnelles, des enseignants.

Le présent ouvrage, premier volume d'une série d'ouvrages sur la communication des organisations, apparaît au moment où les études de communication font polémiques. En effet, pour le commun des mortels, la communication s'apparente à une discipline artistique. Tout le monde communique. On échange, on bavarde, on rit, on pleure, on danse, on crée des chorégraphies, on invente des gestuels, des mimiques, bref, on rend dynamique l'art de la communication. Cet art de la communication n'a pas d'âge. On communique à toute heure, à tout moment. On est l'artiste de sa propre communication au quotidien. Mais, est-ce cela la véritable communication enseignée dans les écoles et les facultés ? Nous ne disons pas à travers cette conclusion que l'art ne peut pas être enseigné, puisque nous savons tous que, pour peindre comme Picasso, il faut aller à une école de peinture. L'art s'acquiert, mais aussi s'enseigne pour une meilleure performativité. Avec les études de communication, la communication devient une science. Elle a un objet d'étude, une méthodologie, des théories et des concepts qui lui sont propres, son histoire, ses enjeux et stratégies que l'on enseigne seulement dans des environnements académiques (écoles et des facultés). La communication des organisations est une science, telle est la préoccupation du présent ouvrage.

Ce livre paraît au moment où la communication est la discipline la plus prisée, la plus courue dans les études universitaires et post-baccalauréats, et cela à juste titre. En effet, plusieurs entreprises aujourd'hui ont compris la nécessité qu'il y a de communiquer sur elles-mêmes et sur leurs produits. Cette nécessité devenue vitale les a emmenés à créer pour certaines des cellules, des services, des départements et pour d'autres, plus grandes, des directions de communication en leur sein, offrant ainsi aux spécialistes de la communication, des postes d'emplois hautement stratégiques dans ces organisations. Avec la présence des spécialistes de la communication en leur sein, les organisations n'ont plus droit à l'erreur. Leur image de marque, leur identité visuelle, leur logotype, leur organisation interne et leur environnement externe et international doivent être objet de communication. Les interactions annonceur-consommateurs doivent être permanentes.

Le présent ouvrage paraît en second lieu au moment où la polémique sur les études de communication sont amplifiées, banalisées, rejetées, souvent taxées de bavardages intempestifs. Pourtant, les études de communication ont toute leur place, toute leur importance dans un monde en pleine mutation. En effet, depuis les évènements qui ont chamboulé le monde en 2012, connu sous l'appellation de printemps arabe (Saskia,

2012), le monde est entré dans une nouvelle dimension, celle de la participation et de l'intégration. Ces concepts stipulent que les médias classiques n'ont plus le monopole sur la collecte de l'information, son traitement et partant sa diffusion. Chacun peut aujourd'hui, à son niveau, créer et partager des informations sur ses pages *Facebook*, *Instagram*, *WhatsApp*, X, etc. Le concept de consom-acteur fait sa parution. Le consommateur, devenu exigeant, souhaite participer et exposer son point de vue sur tout ce qui a une relation avec son quotidien. L'organisation doit se plier à cette nouvelle exigence. Elle doit s'assurer à travers des prises de parole, des choix, des décisions qui la légitiment auprès de ses publics cibles. L'interaction organisation-consommateur doit être permanente. Elle doit rassurer le consommateur devenu un véritable roi. Et aujourd'hui, avec les réseaux sociaux numériques, sa royauté n'a plus de limite. Et le roi semble dire aux organisations : vous avez besoin de mon argent et de ma fidélité, alors j'exige de vous la transparence, la participation et à l'intégration aux décisions à prendre, l'honnêteté dans les prises de décision et surtout, le plus fondamentale, une interaction permanente avec moi.

L'avènement du web 2.0 encore appelé web social inaugure l'entrée de l'humanité dans une autre ère, dans une autre époque ou civilisation : l'ère de la Société de l'Information, de la Communication et de la Mobilité Social (Web 2.0). Cette ère sonne le glas de la société qui lui précède, connu sous l'appellation de Nouvel Ordre Mondial de l'Information et de la Communication (NOMIC). Avec l'avènement du web social, les études de communication prennent tout leur sens et leur nécessité dans le monde et surtout dans les organisations. Il faut qu'il y ait une discipline qui étudie la communication, perçoit les implications logiques et les mutations contemporaines, les analyse et en divulgue les résultats à travers le monde. Et cela s'appelle faire de la science. Au-delà de sa dimension artistique qui est inhérente à tout individu, la science s'enseigne, s'apprend et s'acquiert.

Partant des mutations qu'a connu le monde, l'ouvrage collectif le plus récent en communication des organisations publié au Cameroun date de 2012 (*La communication au Cameroun. Les objets, les pratiques*). Une date à la fois lointaine et proche. Entre temps, beaucoup d'eau a coulé sous le pont. Des concepts, des réalités nouvelles, des pratiques nouvelles, des savoir-faire innovants, des stratégies et approches théoriques et méthodologiques ont fait leur apparition pour certaines et leur mue pour d'autres. Il était donc judicieux que l'on pense à revisiter la communication des organisations au Cameroun dans une perspective synallagmatique. Cet ouvrage vient donc à point pour clarifier, analyser et proposer dans une approche à la fois synchronique et diachronique de la nouvelle donne de la communication des organisations aujourd'hui. C'est un ouvrage qui associe sans dissocier deux générations de chercheurs : les anciens et les nouveaux dans la discipline. Nous nous refusons d'utiliser le concept de disciple et maître qui ma foi nous paraît surannée. Les anciens, dans une perspective diachronique retracent l'histoire de la communication des organisations en y jetant un brin de nostalgie dans leur écrit et les nouveaux, dans un élan synchronique mais vivace ressortent allègrement les nouvelles avancées et perspectives de l'ouvrage.

L'ouvrage revisiter la communication, au-delà d'enseigner, cultive son lecteur. Le niveau d'érudition témoigne de la culture et du niveau de connaissance acquis au fil des temps et de l'accumulation des expériences des uns et des autres.

L'ouvrage passe en revue plusieurs domaines de la communication des organisations : l'institutionnelle, l'organisationnelle, la crise, la RSE, le message, la communication interne, la communication externe, la promotion, la publicité, le marketing direct, l'évènementiel, etc. Le fait de passer ces domaines de la communication en revue ne fait pas désordre ; au contraire, c'est une preuve de vivacité dans le champ de la communication des organisations au Cameroun.

Contributeurs

Baba WAME est Maître de conférences en Sciences de l'information et de la communication à l'ESSTIC de l'Université de Yaoundé II-Soa. Enseignant de journalisme numérique et des Technologies de l'Information et de la Communication, il concentre ses recherches sur l'impact du numérique sur les pratiques sociales, culturelles, politiques et communicationnelles, avec un ancrage particulier en Afrique et au Cameroun. Ses travaux, essentiels pour comprendre les mutations contemporaines, sont développés au sein du Laboratoire de recherche en sciences de l'information et de la communication (LRESTIC) de la même université. Il est joignable à l'adresse : babawame@gmail.com.

BOTETEME MUNNE BATET est titulaire d'un Doctorat/Ph. D. en Sciences de l'Information et de la Communication. Maître de conférences, il est enseignant-chercheur au département de communication de la Faculté des Lettres et sciences humaines de l'Université de Douala. Il est membre du Laboratoire des Arts et de la Communication (LAC). Il se consacre à la recherche sur la communication des organisations et est consultant auprès de plusieurs institutions et centres de formation en communication et en management stratégique. Auteurs de plusieurs ouvrages et de plusieurs publications scientifiques.

Cécile Caroline MÉTOTÈ est Maître de Conférences, spécialiste de la communication des organisations. Elle est enseignante-chercheure au département de communication de la Faculté des lettres et sciences humaines (FLSH) de l'Université de Douala. Elle est membre du Laboratoire des Arts et de la Communication (LAC) et du Cercle camerounais de philosophie. Ses champs d'intérêt sont : la cohésion organisationnelle, le discours et les interactions, les problématiques organisationnelles, les stratégies managériales et la Responsabilité Sociale de l'Entreprise (RSE). À son actif, elle est auteure de plusieurs ouvrages et de plusieurs articles scientifiques.

Chantal MOUKOKO KAMOLE est Maître de conférences, spécialiste de la communication des organisations/information. Ses centres d'intérêt scientifique sont la documentation/digitalisation et l'information documentaire. Enseignante au département de communication de la Faculté des lettres et sciences humaines (FLSH) de l'Université de Douala où elle assure également la gestion de la bibliothèque Engelbert Mveng, elle est membre du Laboratoire des Arts et de la Communication (LAC), du Centre de Recherche sur les Dynamiques des Mondes Contemporains (CERDYM) et des Sociétés savantes : AIFBD, IFLA, ICA, CIFBD, ABADCAM, APIDCA. Elle est à l'origine de la création du Master en documentation, archivistique et patrimoine. Passionnée par les questions liées à l'information en tant que levier de transformation des organisations, elle partage activement son expertise dans ce domaine. Elle est par ailleurs (co)auteure de plusieurs ouvrages et articles scientifiques.

Chimène Laure TAGMENI TAGMENI est titulaire d'un Ph. D. en Sciences de l'information et de la communication, option communication des organisations obtenu à l'Université de Douala au Cameroun. Actuellement elle est chargée de cours au département des sciences du langage et de la communication de la Faculté des arts, lettres et sciences humaines de l'Université de Maroua au Cameroun. Elle est membre du Laboratoire des Arts et de Communication (LAC) et du Laboratoire des Conjonctures de Communication (LACOCOM). Enseignante-chercheure, ses principaux travaux sont axés sur la communication des organisations. Les marques et les pratiques de communication sur les réseaux sociaux numériques (RSN), TIC, changements sociaux et organisations, Communication interpersonnelle, santé et genre.

Colette DJADEU NGUEMEDYAM est Maitre de Conférences en Sciences de l'Information et de la Communication. Elle est membre du Laboratoire de Recherche en Sciences et Techniques de l'Information et de la Communication (LRSTIC) de l'École Supérieure de l'Information et de la Communication (ESSTIC), du Yaoundé *Médiations and Informations Studies* (YMIS), Membre de la Chaire UNESCO Gestion Globale Responsable de la haute école spécialisée Bernoise, membre associée du Laboratoire des sciences de la communication, des Arts et de la culture de l'Université Houphouët Boigny (LASCAC). Elle est Enseignante permanente au département de Publicité à l'ESSTIC de Université de Yaoundé II-Soa et par ailleurs promotrice de l'association *Social Intellect Patrol* (*SIP*) dont le but est de vulgariser le marketing social comme outil de transformation et de changement de comportement. Ses travaux de recherche s'inscrivent dans les domaines de la Communication et Marketing Social, Communication et Marketing Humanitaire, Communication pour le Développement, Communication Évènementielle.

Fulbert FOFACK est titulaire d'un Doctorat/Ph. D. en Sciences de l'Information et de la Communication. Il est Chargé de cours au département des sciences et techniques de la communication (STC) de la Faculté des arts, lettres et sciences humaines de l'Université d'Ebolowa au Cameroun. Il est membre du Laboratoire des Arts et de la Communication (LAC) ainsi que du laboratoire des conjonctures de communication (LACOCOM). Ses recherches portent sur les champs de la communication médiatique et les nouveaux médias, la communication sociale et la communication publique. Il s'intéresse particulièrement à l'univers et aux pratiques de communication des mondes d'en-bas ou par le bas des délaissés sociaux, l'ordinaire de la communication, L'analyse du discours des mondes d'en-bas en situation de domination politique, économique et culturelle. Auteur et coauteur de plusieurs articles scientifiques et chapitres d'ouvrages collectifs.

Honorine Nadège MACHE est titulaire d'un doctorat/Ph. D. en Sciences de l'Information et de la Communication, spécialité Communication des organisations, obtenu à l'Université de Douala — Cameroun en décembre 2020, en lien avec le Laboratoire des Arts et de la Communication. Elle cumule d'édifiantes expériences professionnelles dans la pratique de la communication globale. Sur le plan scientifique, elle s'intéresse particulièrement aux problématiques communicationnelles des organisations contraintes ou animées par l'intérêt général, dont les services publics, les organisations non gouvernementales ainsi que les organisations confessionnelles. Elle est, entre autres, auteure de plusieurs articles scientifiques dans le champ des Sciences de l'Information et de la Communication (SIC).

Jacques TEMADJO est chargé de cours au département de communication de la Faculté des lettres et sciences humaines de l'Université de Douala, spécialité communication des organisations. Il est membre du Laboratoire des Arts et de la Communication (LAC), du Centre de Recherche sur les Dynamiques des Mondes Contemporains (CERDYM) et des *Dynamic researchers*. Spécialiste du système LMD, ses domaines de recherche sont : la Communication publique, la Communication institutionnelle, la Publicité, les Relations publiques, l'Édition, l'entrepreneuriat dans le système LMD. Il questionne les dispositifs de communication notamment la complexité des plateformes numériques et leurs rôles de plus en plus complexes dans la construction/déconstruction et reconfiguration des réalités organisationnelles, sociales et des prises de décision par les pouvoirs publics.

NKEMZIKANN A NDEM BENAJA poursuit un master recherche en Sciences de l'Information et de la Communication à l'École Supérieure des Sciences et Techniques de l'Information et de la Communication (ESSTIC) de l'Université de Yaoundé II-Soa. Spécialisé en communication et relations publiques, il s'intéresse particulièrement à la communication des organisations, à la communication pour le développement durable ainsi qu'à la transformation digitale. Ses axes d'intérêt couvrent la communication stratégique, la médiation sociotechnique, et les outils numériques favorisant la participation et la transformation organisationnelle. Membre de *l'International Public Relations Association* (*IPRA*) et de l'Association des Communicateurs en Marche (ACOMA), il est également le Président-Fondateur d'ACOMA. Cette association fédère des professionnels de la communication, des relations publiques et du marketing du Cameroun et d'Afrique centrale. À noter que l'ACOMA est affiliée à l'IPRA, réseau mondial reconnu depuis plus de 70 ans par les Nations Unies, regroupant professionnels et universitaires de la communication et des relations publiques.

Timothée NDONGUE EPANGUE est docteur en Sciences de l'Information et de la Communication, enseignant-chercheur au département de communication de l'Université de Douala. Coordinateur délégué et rédacteur en chef du premier numéro de la revue scientifique du Laboratoire d'Analyse des Conjonctures de Communication (LACOCOM), il est également chercheur associé au Laboratoire des Médias Audio-visuels pour l'études des sociétés et des Cultures (LAMACS) de l'Université d'Ottawa. Intéressé par les *Cultural Studies, les Subaltern Studies*, les questions d'identité et les études postcoloniales, il saisit généralement les phénomènes étudiés à travers les réseaux sociaux numériques, les discours des acteurs sur les organisations et la publicité.

Table des matières

www.ingramcontent.com/pod-product-compliance
Lightning Source LLC
LaVergne TN
LVHW040427051026
849517LV00002B/502
* 9 7 8 9 9 5 6 4 5 9 9 4 0 *